Power-Sprachkurs

SCHWEDISCH FÜR FORTGESCHRITTENE

von
Paola Kucera

PONS GmbH
Stuttgart

PONS
Power-Sprachkurs
SCHWEDISCH FÜR FORTGESCHRITTENE

von
Paola Kucera

1. Auflage 2018

Projektmanagement: Angela de Riese
Redaktion: Suse Bretthauer, Angela de Riese
Logoentwurf: Erwin Poell, Heidelberg
Logoüberarbeitung: Sabine Redlin, Ludwigsburg
Einbandgestaltung: Anne Helbich, Stuttgart
Titelfoto: Leuchtturm: Thinkstock/MattRied; Zimtschnecken: Shutterstock/ Susanna Svensson
Audioproduktion: dbmedia.de dupré & buhr gbr
Sprecher: Lars Karlberg, Johan Lindquist, Anna Nederdal, Mia Renwall
Layout: Petra Michel, Gestaltung und Typographie, Bamberg
Satz: digraf.pl - dtp services
Druck und Bindung: Gebr. Geiselberger GmbH, Altötting

ISBN: 978-3-12-562982-0

So benutzen Sie dieses Buch

Sie möchten Ihre Schwedischkenntnisse weiter vertiefen und die Sprache noch besser **verstehen**, **sprechen**, **lesen** und **schreiben** und sprachliche Sicherheit in allen wichtigen Alltagssituationen gewinnen.
Der **Power-Sprachkurs Schwedisch für Fortgeschrittene** enthält alles, was Sie dazu brauchen. Er ist unterhaltsam, motivierend und vermittelt Ihnen ein lebendiges Bild des heutigen Schwedisch. Zusätzlich erfahren Sie viel Nützliches und Interessantes rund um Land, Leute und Kultur.

Wie lernen Sie mit dem Power-Sprachkurs?

Jede der zehn Lektionen umfasst vier Doppelseiten, auf denen Sie die schwedische Sprache gezielt nach den vier sprachlichen Fertigkeiten Hören, Lesen, Schreiben und Sprechen erlernen.

- **Ohren spitzen!** – Die erste Doppelseite einer Lektion ist besonders dem Hörverstehen in der Fremdsprache gewidmet.
- **Augen auf!** – Auf diesen Seiten trainieren Sie anhand alltagsnaher Übungen schriftliches Schwedisch zu verstehen.
- **Stift her!** – Hier üben Sie vor allem, auf Schwedisch zu schreiben.
- **Mitreden!** – Authentische Gespräche auf Schwedisch in unterschiedlichen Situationen sind nun ein Leichtes für Sie.

Wiederholung

- Nach den Lektionen 5 und 10 können Sie in einem jeweils mehrseitigen **Rückblick** Ihre Kenntnisse überprüfen, Gelerntes auffrischen und gezielt vertiefen.

So lernen Sie am schnellsten:

- Lernen Sie regelmäßig und in kurzen Etappen.
- Verweilen Sie nicht zu lange bei einem Punkt. Denn Sie werden sehen: Auch wenn Sie noch nicht alles im Detail verstanden haben, lösen sich Unklarheiten von selbst, wenn Sie voranschreiten.
- Hören Sie alle Tonaufnahmen nicht nur einmal, sondern mehrmals und immer wieder an.

Anhang

Im Anhang finden Sie viele nützliche Lernhilfen.

- **Lektionswortschatz:** Mithilfe des Lektionswortschatzes können Sie sich lektionsweise den schwedischen Wortschatz aneignen.
- **Lösungen:** Hier finden Sie die Lösungen zu allen Übungen im Kurs.
- **Audiotexte:** Alles, was Sie auf der CD hören, können Sie hier nochmals nachlesen, sofern der Text nicht direkt in der Lektion abgedruckt ist. Hier finden Sie auch eine deutsche Übersetzung zu allen Dialogen.
- **Grammatik:** In der systematischen Grammatik finden Sie schnell Antworten auf Ihre Grammatikfragen.
- **Wortverzeichnis Schwedisch - Deutsch:** Schlagen Sie hier nach, wenn Sie ein schwedisches Wort vergessen haben.
- **Wortverzeichnis Deutsch - Schwedisch:** Hier können Sie nachschauen, wie ein Wort auf Schwedisch heißt

Folgende Icons helfen Ihnen, sich schnell im Kurs zurechtzufinden:

Verweis auf die systematische Grammatik

Hören Sie den zugehörigen Audiotext auf CD

Interessantes über Land und Leute

Nützliche Lern- und Sprachtipps

ABC Wortschatz-Infos

Die CDs enthalten alle Dialoge und Hörübungen in der Reihenfolge, in der sie in den Lektionen auftreten. Unter **www.pons.de/power-sprachkurs** finden Sie auch den gesamten Inhalt der beiden CDs nochmals zum Download als MP3-Dateien.

Viel Spaß und Erfolg!

INHALT

Norrbotten
Västerbotten
Västernorrland
Jämtland
Gävleborg
Dalarna
Västmanland
Uppsala
Värmland
Örebro
Södermanland
Östergötland
Västra Götaland
Jönköping
Kalmar
Gotland
Halland
Kronoberg
Blekinge
Skåne

LEKTION 1 Bostad

CD 1 - TR. 1

1

Hören Sie, wie die verschiedenen Arten von Wohnungen und Häusern heißen und ordnen Sie die Wörter den Bildern zu.

lägenhet | torp | villa | höghus | kollektiv | parhus | studentrum | radhus

1 ____________

2 ____________

3 ____________

4 ____________

5 ____________

6 ____________

7 ____________

8 ____________

CD 1 - TR. 2

SPRACHTIPP

Hyresrätt ist eine Mietwohnung, **bostadsrätt** eine Wohnung in einer Art Eigentümergemeinschaft. Die Wohnung gehört der **bostadsrättsförening** (ähnlich einer Baugenossenschaft), man besitzt nicht die Wohnung selbst, sondern nur das Recht, darin zu wohnen, hat aber mehr Rechte als ein Mieter.

2

Die Personen in den drei kurzen Dialogen sprechen über ihre Wohnungen. Hören Sie sich die Dialoge an und kreuzen Sie richtig oder falsch an.

	RÄTT	FEL
Dialog 1		
1. Åsa bor i en tvårumslägenhet	☐	☐
2. Hon har en sambo.	☐	☐
3. Lägenheten är en bostadsrätt.	☐	☐
4. De betalar 9300 kronor i månaden i hyra.	☐	☐
5. De har ett förråd i källaren.	☐	☐
Dialog 2		
6. Markus bor i ett radhus med sin familj	☐	☐
7. Huset är på 270 m^2 stort.	☐	☐
8. Trädgården är ganska stor och har fruktträd.	☐	☐
Dialog 3		
9. Anna bor där med sin katt och sina barn.	☐	☐
10. Huset och trädgården är stora.	☐	☐
11. Hon kan inte se havet från huset.	☐	☐
12. Hon tycker mycket om sina grannar.	☐	☐

3

Carola hat eine neue Wohnung. Sie schickt ihrer Freundin Pernilla eine Sprachnachricht. Hören Sie den Text zunächst, ohne ihn mitzulesen. Ordnen Sie dann die vorgegebenen Wörter aus dem Text den Bildern zu und hören Sie den Text erneut.

CD 1 - TR. 3

SPRACHTIPP

Wie alle Hörtexte finden Sie diesen Text abgedruckt und übersetzt im Anhang.

bokhylla | badkar | skrivbord | soffa | spis | säng | fåtölj | soffbord | tavla | gardin | skåp | matbord

1 ett ______

2 en ______

3 en ______

4 ett ______

5 en ______

6 en ______

7 en ______

8 ett ______

9 en ______

10 ett ______

11 ett ______

12 en ______

4

Verbinden Sie die passenden Satzhälften miteinander.

1. En tvårumslägenhet har	___ A	en partner som man bor ihop med.
2. Hyran är	___ B	en vy från fönstret eller balkongen.
3. En sambo är	___ C	en etage i ett hus.
4. En granne är	___ D	ett vardagsrum och ett sovrum.
5. En trädgård är	___ E	en plats runt huset med t.ex. träd.
6. En våning är	___ F	en person som bor bredvid dig.
7. En utsikt är	___ G	det man betalar för sin lägenhet.

SPRACHTIPP

In der Anzeige sehen Sie, dass man anstelle von **och** manchmal auch nur **o** schreibt. Das kommt vor allem in kurzen, informellen Texten wie Kurznachrichten vor.

WORTSCHATZ

trivsam - *gemütlich*
en våning - *Stockwerk, Etage*
ett område - *Gegend*
barnvänlig - *kinderfreundlich*
en lekplats - *Spielplatz*
synlig - *sichtbar*
en hyresgäst - *Mieter*
rökfri - *Nichtraucher*
ingå - *inklusive*
el = *elektricitet*
uthyres - *wird vermietet*
ett husdjur - *Haustier*
tillåtet - *erlaubt*
en visning - *Besichtigung*

5

Lesen Sie sich die Wohnungsannonce durch und beantworten Sie danach die Fragen.

Lägenhet Göteborgs stad - 3 rok- 87m² – 1 år - 14.030kr/mån

Raketgatan 49c
Uthyrningsperiod: **20XX-10-15 - 20XX-10-15**

Ljus o trivsam lägenhet på andra våningen.
Ett lugnt område, med balkong i västerläge.
Nyrenoverat badrum och stort praktiskt kök.

Mycket barnvänligt område, lekplats synlig från köksfönstret (20m).
Garage finns.

Önskar rökfria hyresgäster.
El ingår i hyran.
Uthyres möblerad. Husdjur tillåtet.
Läs mer och boka visning: **www.sambygg.se**

Uthyres av: Sambygg AB

1. Var ligger lägenheten? ______________________________

2. Hur många rum har lägenheten? ______________________________

3. Hur stor är den? ______________________________

4. Vad är hyran? ______________________________

6

Lesen Sie in diesem Text, wie die Schweden wohnen. Unterstreichen Sie dann alle Adjektive, die im Text vorkommen.

Cirka hälften av befolkningen i Sverige bor i ett ägt småhus, d.v.s. en villa, ett parhus eller ett radhus. Näst vanligast är att bo i hyresrätt i ett flerfamiljshus, vilket cirka 30 procent gör medan ungefär 20 procent av invånarna bor i bostadsrätt i flerbostadshus.

Det är ofta billigare att bo på landet än i stan och storstäder som Göteborg är definitivt dyrare än mindre städer. Dyrast är hyrorna och priserna på bostäder i Stockholm. Detta beror på att huvudstaden är populärast att bo i. Man kan köpa mycket större och bättre lägenheter och hus för lägre priser om man kan tänka sig att bo på landet eller i förorter långt ifrån centrum.

Sverige är ett av de länder som har flest singelhushåll i världen. Var tredje svensk bor ensam. Unga människor tenderar att flytta ifrån föräldrahemmet tidigare än i andra länder. De som däremot inte bor själva kan vara *gifta*, *sambo*, *mambo*, *inneboende* eller så bor de *i kollektiv*. Eftersom självständighet är så viktig i den svenska kulturen väljer många par att leva isär, vilket kallas för att man är *särbo*.

WORTSCHATZ

äga - *besitzen*
en hyresrätt - *Mietwohnung*
ett flerfamiljshus - *Mehrfamilienhaus*
en bostadsrätt - *Dauerwohnrecht in einer Genossenschaftswohnung (siehe auch Sprachtipp bei Übung 2)*
ett singelhushåll - *Singelhaushalt*
ett föräldrahem - *Elternhaus*
en sambo - *Lebensgefährte*
sambo - *zusammenlebend (Paar)*
en mambo - *eine Person, die bei den Eltern wohnt*
mambo - *bei den Eltern lebend*
en inneboende - *Untermieter*
ett kollektiv - *Wohngemeinschaft*
en särbo - *Paar, das nicht gemeinsam lebt*
särbo - *getrenntlebend*

 2.4

Die Steigerung der Adjektive

Adjektive werden regelmäßig mit den Endungen **-are** und **-ast** gesteigert.

Grundform	Komparativ	Superlativ	Superlativ best. Form
dyr	dyrare	dyrast	den, det, de dyraste

Einige Adjektive haben jedoch unregelmäßige Steigerungsformen, z.B.
hög: högre, högst, det/det/de högsta
bra: bättre, bäst, den/det/de bästa
Um einen Vergleich zwischen zwei Dingen herzustellen, benötigt man die Komparativform eines Adjektivs, wohingegen man den Superlativ benötigt, um einen Vergleich zwischen mehr als zwei Dingen herzustellen. Als vergleichende Konjunktionen/Präpositionen werden **som**, **än** und **av** benutzt.
Villan är lika dyr som radhuset. *Das Einfamilienhaus ist genau so teuer wie das Reihenhaus.*
Flerfamiljshuset är högre än villan. *Das Mehrfamilienhaus ist höher als das Einfamilienhaus.*
Stockholm är dyrast av alla städer i Sverige. *Stockholm ist die teuerste aller Städte in Schweden (die teuerste von allen Städten).*

SPRACHTIPP

Achtung! Folgende Adjektive haben unregelmäßige Steigerungsformen:

liten - mindre - den, det, de minsta
stor - större - den, det de största
många - fler - den, det, de flesta
mycket - mer - den, det, de mesta
låg - lägre - den, det, de lägsta
hög - högre - den, det, de högsta

7

Ergänzen Sie die Lücken und setzen Sie dabei die richtigen Steigerungsformen der Adjektive ein.

låg | stor | hög | liten | dyr | billig | många

1. Fyrarumslägenheten är ____________ än tvårumslägenheten.
2. Torpet på 45 kvadratmeter är ____________ än villan på 180 kvadratmeter.
3. Det finns cirka en miljon invånare i Stockholm medan Göteborg har en befolkning på ungefär 600 000. Det bor ____________ människor i Stockholm än i Göteborg.
4. Kebnekaise är ____________ av alla berg i Sverige.
5. Många människor flyttar från landet till stan. Det är ____________ att bo i stan än på landet.
6. Bostadsrätten kostar två miljoner kronor och villan kostar också bara två miljoner kronor. Villan är lika ____________ som bostadsrätten.
7. Landshövdingehuset har tre våningar medan höghuset har sex våningar. Landshövdingehuset är ____________ än höghuset.

 2.2, 2.3

Bestimmte und unbestimmte Form der Adjektive
Nach **den**, **det** und **de** stehen Adjektiv und Substantiv in der bestimmten Form. In der bestimmten Form enden Adjektive im Singular und Plural auf **-a**.

unbestimmte Form des Adjektivs	bestimmte Form des Adjektivs
en **svensk** kultur	den **svenska** kulturen
ett **svenskt** radhus	det **svenska** radhuset
svenska städer	de **svenska** städerna

Nach Possessivpronomen und nach Genitiv steht das Adjektiv in der bestimmten Form, während das Substantiv in der unbestimmten Form auftritt.
min stora lägenhet – *meine große Wohnung*
mitt dyra kök – *meine teure Küche*
mina trevliga grannar – *meine netten Nachbarn*
Kalles stora lägenhet – *Kalles große Wohnung* (**Kalles** ist Genitiv)

8

Schreiben Sie die Adjektive und Substantive in der richtigen Form.

1. Den ______________________ (populär lägenhet) ligger i Örgryte.
2. Det ______________________ (dyr radhus) är gammalt men renoverat.
3. De ______________ (hög hyra) gör att många unga människor måste bo kvar i föräldrahemmet.
4. Vad härligt ditt ______________________ (stor vardagsrum) är!
5. Oskars ______________________ (billig studentrum) ligger i en förort.
6. Marias ______________________ (trevlig granne) heter Pernilla och Gustav och bor på andra våningen.

9

Setzen Sie die Präpositionen an der richtigen Stelle ein. Achtung: Nicht alle Präpositionen werden verwendet, andere dafür doppelt.

i   till höger om   ovanför   under   på   framför

bakom   till vänster om   mitt emot

1. Det står en soffa ______________ fönstret.
2. Det ligger fem kuddar ______________________ soffan.
3. Det står en lampa ______________________ soffan.
4. Det ligger en matta ______________ golvet ______________ soffbordet.
5. ______________ soffbordet står en vas med rosa blommor.
6. Det sitter en stor TV ______________________ TV-bänken.
7. Soffan står ______________________ teven.
8. Det står tre korgar ______________________ TV-bänken.

SPRACHTIPP

Positionsverben
Wenn ein Objekt liegt, wird **ligga** benutzt. **En matta ligger på golvet.** *Ein Teppich liegt auf dem Boden.*
Wenn ein Objekt steht, wird **stå** verwendet. **En stol står i rummet.** *Ein Stuhl steht im Raum.*
Wenn ein Objekt geklebt oder festgenagelt ist, wird **sitta** benutzt. **En tavla sitter på väggen.** *Ein Bild hängt an der Wand.*
Wenn man einen Satz mit Positionsverb mit **det** beginnt, steht das eigentliche Subjekt danach in der unbestimmten Form. **Det ligger en matta på golvet.** *Es liegt ein Teppich auf dem Boden.*

CD 1 - TR. 4

SPRACHTIPP

Statt m² liest man häufig auch kvm als Abkürzung für kvadratmeter.

10

Sie interessieren sich für die Wohnungsanzeige aus Übung 5 und rufen den Makler an. Was für Fragen würden Sie stellen? Sehen Sie sich den Dialog unten an. Bei den Fragen sind die Wörter durcheinander. Sprechen Sie Ihren Part im Dialog zunächst laut mit. In der zweiten Runde hören Sie dann den gesamten Dialog.

Kicki: Sambygg AB. Du talar med Kicki Andreasson.
Du: Hej, jag heter Malin och jag ringer angående annonsen om lägenheten på Raketgatan 49c. 1. Hur | stor | den | är?
Kicki: Det är en trea på 87 m².
Du: 2. Vad | hyran | ligger | på?
Kicki: Hyran är på 14030 kronor i månaden.
Du: 3. Hur länge | hyra | man | den | kan?
Kicki: Man kan hyra lägenheten under ett år.
Du: 4. När | man | flytta in | kan?
Kicki: Man kan flytta in tidigast den 15 oktober.
Du: 5. Vilken | våning | på | ligger | lägenheten?
Kicki: Den ligger på andra våningen.
Du: 6. Mycket trafik | området | det | är | i?
Kicki: Nej, det är det inte. Området är mycket lugnt.
Du: 7. Parkeringsplats | finns | det?
Kicki: Ja, det finns till och med ett garage.
Du: 8. El | ingår | i | hyran?
Kicki: Ja, elektriciteten ingår i hyran.
Du: 9. Kan | boka | jag | en | visning?
Kicki: Ja du kan boka en visning. Passar det bra att komma på onsdag den 25 september?
Du: Ja, det passar bra. Då kommer jag på onsdag.

CD 1 - TR. 5

11

Hören Sie sich die folgenden Wörter an und sprechen Sie nach.

lägenhet | torp | villa | källare | höghus | tvättstuga | studentrum | radhus | kök | vardagsrum | skrivbord | gardin | bokhylla | fåtölj | kudde | skåp | badkar | tavla | utsikt | hyra | dyr | stor | människor | garage | lugnt | trädgård | bostadsrätt

12

Lesen Sie den folgenden Dialog laut und sagen Sie in den Lücken das passende Wort. Hören Sie danach den Dialog und kontrollieren Sie Ihre Antworten. Hören Sie den Dialog dann noch einmal und sprechen Sie nach, wobei Sie sich besonders auf die korrekte Aussprache konzentrieren.

CD 1 - TR. 6

Man: Kan du beskriva din lägenhet?

Kvinna: Jag har en stor fyra på 90 m^2 som är välplanerad och luftig. Köket är alldeles nyinstallerat. Det 1. ________ ett stort matbord 2. ________ fönstret. Det 3. ________ blåa gardiner i fönstret. 4. ________ vänster 5. ________. bordet 6. ________.en spis och 7. ________.den 8. ________ flera vita köksskåp. Kylskåpet 9. ________.mitt emot spisen.

Man: Har du ett stort vardagsrum?

Kvinna: Ja, det har jag. Det 10. ________ en stor soffa och två fåtöljer i mitten av vardagsrummet. 11. ________ soffan står ett svart soffbord. 12. ________ soffbordet 13. ________ en vacker, persisk matta. Bakom fåtöljerna 14. ________ fyra bokhyllor. Till höger om bokhyllorna 15. ________ en krukväxt. Det 16. ________ fem tavlor på väggarna.

Schwedischer Einrichtungsstil und Möbel

Der schwedische Einrichtungsstil zeichnet sich meistens durch Schlichtheit, klare Linien und helle Farben aus und ist eher minimalistisch. Wichtig ist, dass die Möbel praktisch und funktional sind.

Außerhalb Schwedens verbindet man mit schwedischem Design häufig die Bilder, die sich im IKEA-Katalog finden. IKEA ist ein internationales Unternehmen, das 1943 von Ingvar Kamprad in Älmhult in Småland. Zunächst wurde es als Versandhandel betrieben und vertrieb unter anderem Stifte, Uhren und Schmuck. Erst seit den 50er-Jahren werden selbst entworfene Möbel verkauft. Kamprad ließ sich wohl unter anderem von Carl Larssons Bildern inspirieren. Larsson (1853–1919) fand seine Motive in seinem Zuhause in Sundborn in Dalarna. In seinem Werk spiegelt sich die zeittypische Nationalromantik wieder, die Familie, Zuhause, Herkunftsort und Nation ins Zentrum rückte. Zur Zeit Larssons und seiner Frau Karin legte man in Schweden großen Wert auf Selbstgemachtes und auf einen einfachen, harmonischen Stil.

LEKTION 2 Media

 CD 1 - TR. 7

1

Hören Sie, wie die verschiedenen Arten von Zeitungen und Zeitschriften heißen und ordnen Sie die Wörter den Bildern zu.

dagstidning | kvällstidning | serietidning | populärvetenskaplig tidskrift | livsstilsmagasin | skvallertidning

1 ______________

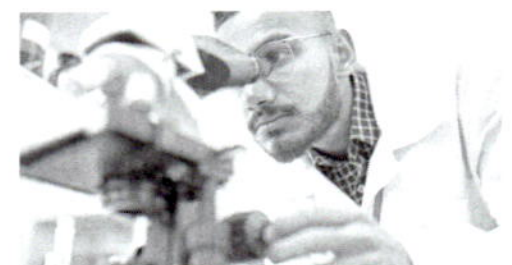

2 ______________

3 ______________

4 ______________

5 ______________

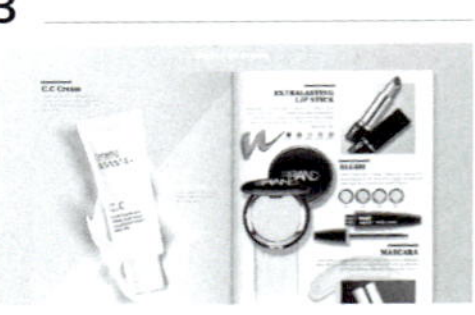

6 ______________

 CD 1 - TR. 8

 WORTSCHATZ

prenumerera - *abonnieren*
då och då - *ab und zu*
lita på - *sich auf etw. verlassen*
en skådespelerska - *Schauspielerin*
tydligen - *scheinbar*
otrogen - *untreu*
ta ut en skilsmässa - *die Scheidung einreichen*
konstig - *komisch*
plastikoperera sig - *eine Schönheits-OP durchführen lassen*
en hy - *Haut*
slät - *glatt*
en ålder - *Alter*
lärorikt - *lehrreich*
en läxa - *Hausaufgabe*
ett prov - *Test*
glömma - *vergessen*

2

In den drei kurzen Dialogen sprechen Menschen über Zeitschriften und Zeitungen. Hören Sie sich die Dialoge an und kreuzen Sie richtig oder falsch an.

	RÄTT	FEL
Dialog 1		
1. Sandra läser en artikel i en kvällstidning.	☐	☐
2. Göran vill sluta prenumerera på tidningen.	☐	☐
3. Göran vill prenumerera på en kvällstidning.	☐	☐
4. Sandra tycker att tidningar som Expressen är oseriösa.	☐	☐
Dialog 2		
5. Maria och Anna sitter och läser skvallertidningar.	☐	☐
6. Tommy Berg är gift med Susanne Lind nu.	☐	☐
7. Tommy Berg brukade träffa andra kvinnor.	☐	☐
8. Camilla Lilja ser vacker ut, tycker Anna.	☐	☐
9. Gustav gillar att läsa skvallertidningar.	☐	☐
10. Gustav tycker om populärvetenskapliga tidskrifter.	☐	☐
Dialog 3		
11. Pelle sitter och läser en bok om Sveriges historia.	☐	☐
12. Pelle sitter och läser en serietidning.	☐	☐
13. Pelle är färdig med läxorna.	☐	☐
14. Pelle har ett prov i matematik på fredag.	☐	☐

3

Um welche Art von Nachrichten handelt es sich? Verbinden Sie die Überschriften mit den passenden Rubriken.

1. Utrikesnyheter	___ A	Malmö IF vann mot Frölunda HC
2. Ekonomi	___ B	Tåg spårade ur: 50 skadade
3. Brott	___ C	GK partiet vinner valet
4. Sport	___ D	Afghanistan mer osäkert
5. Olyckor	___ E	Fortsatt sol och värme
6. Vädret	___ F	Höga skulder kan utlösa finanskris
7. Inrikespolitik	___ G	Man hittad mördad i park

WORTSCHATZ

utrikes - *Auslands-, international*
ett brott - *Verbrechen*
inrikes - *Inlands-, national*
vinna - *gewinnen*
spåra ur - *entgleisen*
skadad - *verletzt*
ett val - *Wahl*
osäkert - *unsicher*
en skuld - *Schuld*
utlösa - *auslösen*
mördad - *ermordet*

4

Hören Sie sich Ausschnitte aus den Radionachrichten an und entscheiden Sie, um welche Art von Nachrichten aus der linken Spalte in Übung 3 es sich handelt. Schreiben Sie die Rubriken auf.

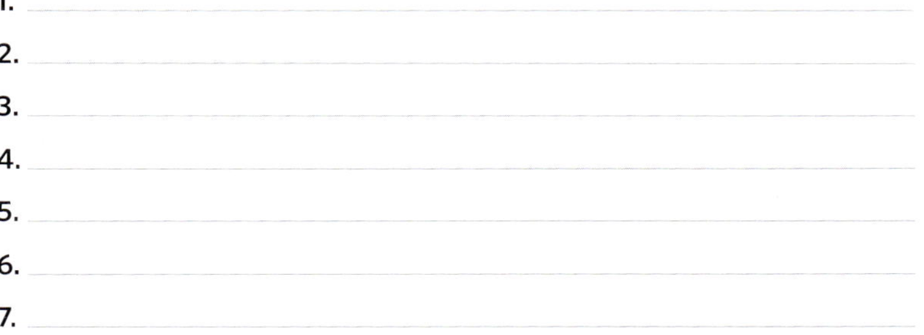

1. ______
2. ______
3. ______
4. ______
5. ______
6. ______
7. ______

CD 1 - TR. 9

WORTSCHATZ

delta - *teilnehmen*
ett toppmöte - *Spitzentreffen*
knivmördad - *erstochen*
en förövare - *Täter*
gå upp - *steigen*
mestadels - *großteils*
en regnskur - *Regenschauer*
en förhandling - *Verhandlung*
spräcka - *sprengen*
en regering - *Regierung*
tappa - *verlieren*
en väljare - *Wähler*
utbryta - *ausbrechen*
fly - *fliehen*
en eld - *Feuer*
en simning - *Schwimmen*
OS - *Olympische Spiele*
i fjol - *im Vorjahr*

WORTSCHATZ

ta reda på - *herausfinden*
en undersökning - *Untersuchung*
en sökning - *Suche*
en folkomröstning - *Volksabstimmung*
ett bidrag - *Geldleistung*
en ledighet - *arbeitsfreie Zeit*
en motståndare - *Gegner*
tvinga - *zwingen*
vore - *wäre (Konjunktiv von vara)*
åt alla håll - *in alle Richtungen*
skada - *verletzen*
ett ögonvittne - *Augenzeuge*
en brottsplats - *Tatort*
gripa - *ergreifen*
medveten - *bewusst*
ilsken - *wütend*
anfalla - *angreifen*
bita - *beißen*
skjuta - *schießen*
en bybo - *Dorfbewohner*

SPRACHTIPP

Im Satz "Tio personer skadades och fick föras till sjukhus." stehen die Verben im Passiv, das in Zeitungstexten sehr häufig verwendet wird. Das Passiv kann im Schwedischen mit der Endung -s gebildet werden. Mehr erfahren Sie in Lektion 7.

5

Lesen Sie die Zeitungsartikel und entscheiden Sie, welche Überschrift zu welchem Artikel gehört. Nicht alle Überschriften passen.

Google den mest använda sökmotorn hos svenskarna | Bil körde på folk i Kiruna | Björnar och älgar ofta fiender | Nej till fler pappamånader | Björn anföll älg på lekplats | Mer bidrag till papporna | Vad googlade svenskarna mest? | Bilfärd i Kiruna

1. ______

Idag använder många av svenskarna Google när de vill ta reda på något. Det kan vara intressant att undersöka vad de söker eftersom det berättar något om vad som har hänt under året. De mest populära orden i år har varit mobilen "iphone 8", tv-serien "Husläkaren" och programledaren Jens Falk. Det visar Googles egen undersökning av året. Över 60 miljoner sökningar var med i undersökningen.
-Förra året var svenskarna väldigt intresserade av politik såsom valet i USA och folkomröstningen i Storbritannien.
-I år har det däremot handlat mer om den svenska kungafamiljen.

2. ______

Föräldrar får bidrag för att vara lediga med barnen när de är små. Eftersom det är mest mammorna som stannar hemma trots att föräldrarna kan dela på ledigheten har regeringen tidigare bestämt att papporna ska vara hemma i tre månader. Familjen förlorar annars sina pengar i bidrag. Nu har det kommit ett nytt förslag om att papporna ska vara hemma i fem månader men detta säger regeringens motståndare nej till.
-Det vore förskräckligt med fem månader. Vi vill helst inte tvinga föräldrarna alls, utan vi tycker att de ska få bestämma det själva, säger Jessica Rutberg från Centerpartiet.

3. ______

En bil körde in i och skadade flera människor på Kungsgatan i centrala Kiruna på torsdagskvällen. Ett ögonvittne säger att han hörde skrik och såg offren flyga åt alla håll. Tio personer skadades och fick föras till sjukhus. För tre personer är tillståndet kritiskt. Polisen undersöker nu brottsplatsen. De har gripit föraren, en 35-årig man som är känd av polisen sedan tidigare.
-Vi tror att det var en medveten handling, men vi vet inget om motivet i nuläget, säger polisen under en presskonferens.

4. ______

En älg stormade plötsligt in på en lekplats i samhället Hede i Härjedalen. Efter sig hade älgen en ilsken och hungrig björn. Flera vittnen såg hur björnen anföll älgen och bet den. Men när en bil körde förbi blev björnen rädd och flydde in i skogen. Älgen var svårt skadad och kunde inte resa sig. En älgjägare kunde skjuta älgen kort därefter.
-Jag har aldrig sett något liknande, säger en bybo till tidningen.

6

Lesen Sie die Zeitungsartikel noch einmal und kreuzen Sie an: richtig oder falsch?

	RÄTT	FEL
1. Förra året googlade svenskarna mycket efter information om kungafamiljen.	☐	☐
2. I år har svenskarna ofta googlat efter ord som t.ex. "iphone 8".	☐	☐
3. Det är oftast bara kvinnorna som stannar hemma med barnen de första tre månaderna.	☐	☐
4. Jessica Rutberg tycker att man ska tvinga papporna att ta pappaledigt i fem månader.	☐	☐
5. En bil skadade tio personer i Kiruna.	☐	☐
6. Polisen tror att föraren ville köra på offren avsiktligt.	☐	☐
7. En björn jagade in en älg på en lekplats i Hede.	☐	☐
8. En jägare kunde skjuta både björnen och den skadade älgen därefter.	☐	☐

7

Mediennutzung in Schweden

Pro Tag lesen durchschnittlich 65 Prozent der schwedischen Bevölkerung zwischen neun und 79 Jahren in irgendeiner Form eine Tageszeitung. Ungefähr ein Viertel aller Schweden liest täglich die Online-Ausgabe einer Zeitung.
Drei von vier Schweden (69 Prozent) hören täglich Radio, sieben Prozent davon Webradio oder Radiopodcasts. 80 Prozent der Bevölkerung schauen fern, davon 22 Prozent Internetfernsehen. 81 Prozent verbringen täglich Zeit im Internet.
Die meiste Zeit (94 Minuten pro Tag) nimmt das Fernsehen ein, Radio wird durchschnittlich 81 Minuten pro Tag gehört. Das Lesen der Tageszeitung nimmt im Schnitt 24 Minuten am Tag in Anspruch.
(Quelle: Nordicom - Sveriges Mediebarometer 2015)

 6.2

 SPRACHTIPP

Zeitangaben, die einen abgeschlossenen Zeitraum bezeichnen und meist mit Präteritum verwendet werden:
i morse - *heute morgen*
igår - *gestern*
i förrgår - *vorgestern*
förra veckan - *letzte Woche*
förra månaden - *letzten Monat*
förra året/i fjol - *letztes Jahr*
i lördags - *letzten Samstag*
för 10 år sedan - *vor zehn Jahren*
1995 - *Jahreszahlen*

8

Unterstreichen Sie nun in den Zeitungsartikeln aus Übung 5 alle Präteritum- und Perfektformen, die Sie finden.

Präteritum und Perfekt
Präteritum bezeichnet ein abgeschlossenes Geschehen der Vergangenheit. Im Präteritum wird über Ereignisse und Verhältnisse in der Vergangenheit berichtet. Bei Zeitangaben in der Vergangenheit steht im Allgemeinen das Präteritum.
Svenskarna **var** intresserade av politik **förra året**.
En bil **skadade** flera människor **på torsdagskvällen**.
En älg **stormade** in på en lekplats **igår**.

Perfekt wird mit dem Präsens des Verbs **ha+ Supinum** gebildet und bezeichnet oft eine unbestimmte Zeit (keine Zeitangabe), ein Geschehen der Vergangenheit, das aber in der Gegenwart andauert oder relevant ist.
Jag **har** aldrig **sett** en björn som jagar en älg.
Keine Zeitangabe, aber man geht davon aus, dass er über die Erfahrung seines ganzen Lebens spricht, das noch nicht zu Ende ist.
Polisen **har gripit** föraren.
Det mest populära ordet i år **har varit** "iphone".
Die Zeitangabe „dieses Jahr" ist noch nicht zu Ende.
Hon **har bott** i Stockholm i 10 år.
Im Deutschen würde man in diesem Fall Präsens benutzen, im Schwedischen Perfekt, da sie immer noch in Stockholm wohnt.

 SPRACHTIPP

Zeitangaben, die einen nicht abgeschlossenen Zeitraum bezeichnen und meist mit Perfekt verwendet werden:
nu - *jetzt*
idag - *heute*
den här veckan - *diese Woche*
den här månaden - *diesen Monat*
det här året/i år - *dieses Jahr*
i 10 år - *seit zehn Jahren*

9

Präteritum oder Perfekt

Wählen Sie in jedem Satz die Zeitform aus, die am besten passt.

1. Jag såg | har sett en bil som körde | har kört på en man igår.
2. Det stormade | har stormat kraftigt i Göteborg den här veckan.
3. Ove var | har varit i Paris tre gånger. Han var | har varit där förra året.
4. Vad gjorde du | har du gjort i fredags? Jag åt | har ätit på en fin krog.
5. Lina drack | har druckit två koppar te till frukost i morse.
6. För sex år sedan bodde vi | har vi bott i Tübingen och sedan flyttade vi | har vi flyttat till norra Tyskland. Vi bodde | har bott i Bremen i sex år nu och vi trivs bra här.

10

Schreiben Sie alle Sätze mit Zeitangaben aus Übung 9 auf einem separaten Blatt um, wobei Sie mit den Zeitangaben beginnen. Beispiel: *Igår såg jag en bil som ...*

3.2

Lokaladverbien

Lokaladverbien können statisch (Bezeichnung einer Position) oder dynamisch (Bezeichnung einer Richtung) sein, entsprechend unterscheiden sich die Formen. Wird die Endung **-ifrån** angehängt, kommt die Herkunft zum Ausdruck.

Björnen är *inne* i skogen. *Der Bär ist im Wald.*

Björnen flyr *in* i skogen. *Der Bär flieht in den Wald.*

Man kan se skogen *inifrån* lägenheten. *Man kann den Wald aus der Wohnung sehen. (von der Wohnung aus)*

här - hit - härifrån *(hier - hierher - von hier),* **där - dit - därifrån** *(dort - dorthin - von dort),* **hemma - hem - hemifrån** *(zu Hause - nach Hause - von zu Hause),* **uppe - upp - uppifrån** *(oben - nach oben - von oben),* **nere - ner - nerifrån** *(unten - nach unten - von unten)*

Die Fragewörter unterscheiden sich auch: **var - vart - varifrån** *(wo - wohin - woher).*

11

Ergänzen Sie die Lokaladverbien in der richtigen Form.

1. (här | hit) Kan du komma ______ är du snäll? Jag sitter ______ och väntar.
2. (Var | Vart | Varifrån) ______ ska du åka? (där | dit) Till stan. Det är inte långt att åka ______.
3. (framme | fram) När är vi ______ i Stockholm? Vi kommer ______ kl. 12:30.
4. (hemma | hem) Anita är 30 år och bor fortfarande ______ hos sina föräldrar. Idag går hon ______ från jobbet sent.
5. (ute | ut) Det är varmt och skönt så jag går ______ i trädgården en stund. Jag vill gärna sitta ______ och äta idag.
6. (uppe | upp) Bengt ligger i solstolen ______ på balkongen och läser tidningen. Lisa går ______ för att prata med honom.

SPRACHTIPP

Andere Beispiele:

framme - fram - framifrån
vorne - nach vorne - von vorne

borta - bort - bortifrån
hinten/weg - weg - von weither

ute - ut - utifrån
draußen - hinaus/heraus - von außen

CD 1 - TR. 10

KULTURTIPP

Dagens Nyheter ist Schwedens größte Tageszeitung und bezeichnet sich als unabhängig-liberal. **Svenska Dagbladet** ist ebenfalls eine große Tageszeitung mit unabhängig-konservativem Profil. Daneben gibt es noch die täglich erscheinende Gratiszeitung **Metro**, die die höchste Auflage erreicht. Zu den größten Abendzeitungen gehören **Aftonbladet** und **Expressen**.

CD 1 - TR. 11

KULTURTIPP

Die meistgesehenen Nachrichtensendungen im Fernsehen heißen **Rapport** und **Aktuellt**, die auf den Sendern SVT1 und SVT2 laufen. Sveriges Television (SVT) bietet die Möglichkeit, online über SVT Play viele schwedische Sendungen wie Dokumentarfilme, Talkshows oder Serien gratis anzusehen – eine gute Möglichkeit, um Schwedisch zu lernen. Die größten weiteren Sender sind **TV3**, **TV4** und **Kanal 5**, alle privat.

12

Präteritum oder Perfekt? Schreiben Sie die richtige Verbform. Die Zahl verweist auf die Verbgruppe. Lesen Sie die Sätze dann laut vor und kontrollieren Sie mit der CD.

1. (läsa 2) Jag ______________ Svenska Dagbladet idag.
2. (arbeta 1) Hon ______________ som journalist i åtta år.
3. (ta 4) Han ______________ journalistexamen 2005.
4. (bo 3) Vi ______________ i Göteborg i fyra år och trivs bra här.
5. (prenumerera 1) De ______________ på Dagens Nyheter förra året.

13

Die Wörter in den folgenden Sätzen sind durcheinander. Sprechen Sie die Sätze zunächst in der richtigen Reihenfolge aus und hören Sie sich danach die CD an, um Ihre Lösung zu kontrollieren. Manchmal gibt es mehrere richtige Möglichkeiten.

1. läst | har | jag | att | i tidningen | en björn | en älg | jagade | idag | .
2. du | vad | har | den här veckan | gjort | ?
3. har | tittat | på TV | mycket | jag | den här veckan | .
4. på TV-nyheterna | jag | en bil | såg | att | flera människor | skadade | i förrgår | .
5. hört | har | du | att | vill | regeringen | införa | pappaledighet | mer | ?
6. ja | hörde | på radio | förra veckan | det | jag | .

14

 CD 1 - TR. 12

Lesen Sie das Gespräch zwischen Susanna und Gustav und kreisen Sie die richtigen Lokaladverbien ein. Lesen Sie den Dialog laut vor und kontrollieren Sie mit der CD Ihre Antworten.

Susanna: Vad sitter du och gör här | hit i köket och när kom du hemma | hem | hemifrån egentligen?
Gustav: Jag kom in | inne | inifrån för en timme sedan och jag sitter och läser i tidningen om att man har valt ett nytt kommunalråd där | dit | borta | bort i Västerbotten.
Susanna: Jaha, var | vart | varifrån kommer hen?
Gustav: Hon heter Cecilia Lindberg och kommer visst uppe | upp | uppifrån Piteå i Norrbotten.
Susanna: Förresten, när ska du åka på affärsresa nere | ner | nerifrån till Malmö?
Gustav: Jag åker borta | bort | bortifrån på tisdag nästa vecka och stannar där | dit | därifrån fram till fredag.
Susanna: Jag har precis varit nere | ner | nerifrån i kiosken och köpt Aftonbladet och det står på förstasidan att IKEAs grundare har gått borta | bort | bortifrån.
Gustav: Oj, det var en stor nyhet. Han har ju betytt så mycket för svensk möbeldesign i utlandet. Du, vad ska vi äta ikväll? Det finns inte så mycket inne | in | inifrån i kylskåpet.
Susanna: Jag tycker att vi går ute | ut | utifrån på restaurang och äter idag.
Gustav: Det låter toppen! Ska vi inte äta indiskt idag inne | in | inifrån på Maharani? De har så goda tandooriätter.

 SPRACHTIPP

Das Personalpronomen **hen** ist geschlechtsneutral und steht also für **han eller hon**. Es wurde erst vor Kurzem in die Sprache eingeführt und 2015 in das Wörterbuch der Schwedischen Akademie (**Svenska Akademiens ordlista**, vergleichbar mit dem Duden) aufgenommen.

Das Partikelverb **gå bort** entspricht etwa dem deutschen *von uns gehen*, ist also ein etwas würdevollerer Ausdruck für *sterben*.

15

 CD 1 - TR. 13

Im Wortgitter sind sieben Wörter aus dem Wortschatz der Zeitungstexte in Übung 5 versteckt. Markieren Sie sie und lesen Sie sie dann laut vor. Hören Sie sich die Wörter danach auf der CD an.

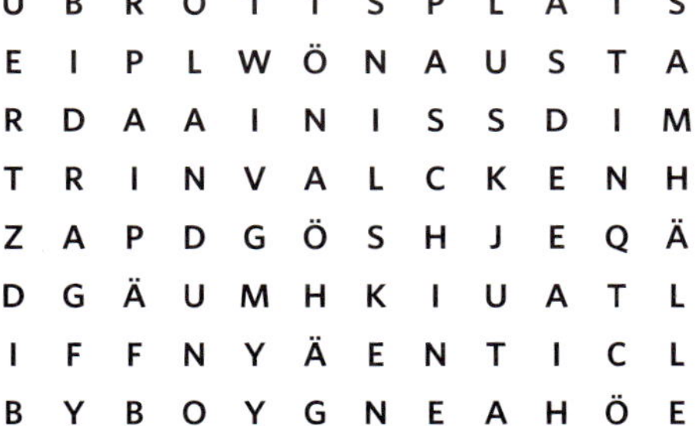

U	B	R	O	T	T	S	P	L	A	T	S
E	I	P	L	W	Ö	N	A	U	S	T	A
R	D	A	A	I	N	I	S	S	D	I	M
T	R	I	N	V	A	L	C	K	E	N	H
Z	A	P	D	G	Ö	S	H	J	E	Q	Ä
D	G	Ä	U	M	H	K	I	U	A	T	L
I	F	F	N	Y	Ä	E	N	T	I	C	L
B	Y	B	O	Y	G	N	E	A	H	Ö	E

LEKTION 3 Kläder och shopping

CD 1 - TR. 14

WORTSCHATZ

BH heißt auf Schwedisch genauso: **en bh**. Aber beachten Sie die Aussprache: [beho]

Handschuhe heißen auf Schwedisch **handskar**, im Singular **en handske**. Achtung bei der Aussprache: -ske wird hier nicht mit sje-Laut gesprochen, sondern wie im Deutschen. *Fäustlinge* haben ein eigenes Wort, sie heißen **vantar (en vante)**.

Wie Sie in der Übung sehen, gibt es unterschiedliche Bezeichnungen für *Herrenmantel* und *Damenmantel*.

1

Hören Sie, wie die verschiedenen Kleidungsstücke ausgesprochen werden, und sprechen Sie nach. Schreiben Sie dann die richtige Nummer zu jedem Kleidungsstück.

1 ett skärp | 2 en slips | 3 en tröja | 4 en blus | 5 en kavaj | 6 ett linne | 7 en klänning | 8 ett par byxor | 9 en kjol | 10 en jacka | 11 en kostym | 12 en rock | 13 ett par trosor | 14 en kappa | 15 en hatt | 16 ett par skor | 17 en mössa | 18 ett par strumpor | 19 ett par kalsonger | 20 en skjorta

___ A ___ F ___ K (f) ___ P

___ B ___ G ___ L ___ Q

___ C ___ H ___ M ___ R

___ D ___ I ___ N ___ S

___ E ___ J (m) ___ O ___ T

SPRACHTIPP

Adjektive, die auf **-d** enden, erhalten im Neutrum die Endung -tt: ett rö**tt** skärp. Auch die Adjektive **blå** und **grå** erhalten im Neutrum diese Endung: ett blå**tt** skärp. **Svart** hat im Neutrum und Utrum dieselbe Form: en svart kjol – ett svart skärp. **Lila** und **rosa** haben für Neutrum, Utrum und Plural nur eine Form: en rosa kjol – ett rosa skärp – två rosa kjolar. **Mönstrad** ist ein Partizip Perfekt und erhält im Plural ein -e: två mönstrad**e** blusar

2

Ordnen Sie die Farben richtig zu.

1. Solen är ... ___ A blått.
2. Vattnet är ... ___ B brun
3. Jag gillar ... rosor. ___ C vit
4. Björnen är stor och ... ___ D svart
5. Hon dricker ... kaffe. ___ E grön
6. Himlen är ... när det är mulet. ___ F gul.
7. Grisen är ... ___ G röda
8. Salladen är ... . ___ H skär
9. Mjölken är ... ___ I grå

WORTSCHATZ

randig – *gestreift*
rutig – *kariert*
mönstrad – *gemustert*
prickig – *gepunktet*
blommig – *geblümt*

3

CD 1 - TR. 15

Hören Sie den Text und kreuzen Sie dann die richtigen Antworten an.

1. Johanna har precis...
   - ☐ A varit på jobbet
   - ☐ B varit hos frisören
   - ☐ C renoverat köket

2. Johanna har köpt...
   - ☐ A en blå kostym, en prickig kavaj och en vit blus
   - ☐ B en randig kavaj och en blå, prickig blus
   - ☐ C en prickig blus, en randig kavaj och blåa byxor

3. Johanna behöver en ny kostym eftersom...
   - ☐ A hon ska hålla en presentation på arbetet
   - ☐ B hon har fått löneförhöjning och har fått en bättre position på jobbet
   - ☐ C hon vill ha på den på företagsfesten

4. Svante tycker att...
   - ☐ A kostymen ser fin ut på Johanna
   - ☐ B kostymen sitter för tajt
   - ☐ C att Johanna ska ha kostymen i storlek 38 i stället för 40

5. Till företagsfesten ska Svante ha på sig...
   - ☐ A en blå polotröja och en kostym
   - ☐ B en svart, mönstrad skjorta och ett par svarta skor
   - ☐ C ett par svarta skor och en blå tröja

6. Johanna ska nu...
   - ☐ A sätta sig och köpa kläder på nätet
   - ☐ B åka tillbaka till stan och shoppa
   - ☐ C gå och klä av sig och tvätta sig

ABC **WORTSCHATZ**

en kasse – *Tüte*
spendera – *ausgeben*
ett klädesplagg – *Kleidungsstück*
oroa sig – *sich sorgen*
en löneförhöjning – *Gehaltserhöhung*
en företagsfest – *Betriebsfeier*
en storlek – *Größe*
den klär dig – *es steht dir*
tajt – *hauteng*
sliten – *abgenutzt*
en rea – *Ausverkauf*
lägga ut (pengar) – *(Geld) ausgeben*
bry sig om – *sich um jmd./etw. kümmern*
otroligt – *unglaublich*
ansträngande – *anstrengend*

4

CD 1 - TR. 15

Hören Sie sich den Dialog noch einmal an und lesen Sie gleichzeitig im Anhang mit. Unterstreichen Sie alle reflexiven Verben und Reflexivpronomen und schreiben Sie sie in der Form wie im Text sowie im Infinitiv auf.

Form aus dem Text	Infinitiv
klippt mig,	att klippa sig,

ABC WORTSCHATZ

ett inslag - *Sendung*
göra om sig - *sich neu erfinden*
genomgå - *sich unterziehen*
nå - *erreichen*
ett sammanhang - *Zusammenhang*
bero på - *an etw. liegen*
en deltagare - *Teilnehmer*
en inverkan - *Einfluss*
en kändis - *Promi*
råda - *herrschen*
en förutsättning - *Voraussetzung*
ute - *out, außer Mode*
en docka - *Puppe*
klä ut - *verkleiden*
en ålder - *Alter*
ett kön - *Geschlecht*
en bakgrund - *Hintergrund*
slående - *auffallend*
ett ansikte - *Gesicht*
en trimning - *Trimmen*
ett skägg - *Bart*
ett utseende - *Aussehen*
ansvara för - *für etwas verantwortlich sein*
en omgörning - *(Stil-) Veränderung*

5

Lesen Sie den folgenden Text über eine in Schweden beliebte Fernsehsendung. Im Text fehlen sechs Wörter. Setzen Sie sie richtig ein.

stilförändringen naturlig omgörning identifierar sig utseendet superkrafter

Gör om mig - ett populärt inslag

I USA har gör-om-mig program varit populära sedan 90-talet. Det handlade ofta då om att deltagarna skulle ändra klädstil, genomgå plastikoperationer och hårda träningsprogram för att nå maximal förvandlingseffekt. Sedan dess har vi sett gör-om-mig i olika sammanhang. Bilar, trädgårdar, hus, butiker, restauranger och skolor har genomgått förvandlingar med hjälp av experter och visats före och efter sina transformationer. Katrin Karlsson som är skribent på tv-sajten TV-dags tror att populariteten hos gör-om-mig programmen beror på att tittarna 1. ______________ med deltagarna.

-Vi kan se en "dom-är-som-oss" -effekt. När man märker vilken stor inverkan som smink och frisyr kan ha så tar det ner kändisarna och fotomodellerna en del. De har inte 2. ______________ utan de är precis som vi. Dessutom känner tittaren att "även jag skulle kunna se ut sådär".

De mest extrema förvandlingsprogrammen har dock blivit mindre populära. Idag ska man se så 3. ______________ ut som möjligt och plastikoperationer känns faktiskt ute. Det råder en snällare trend idag där man inte pekar ut andra människor och säger "du behöver göras om". På SVT:s Go'kväll har man visat gör-om-mig sedan 1997 och intresset för att vara med är fortfarande stort. Det kommer in runt 80 ansökningar i månaden. Fler blir det efter en riktigt bra 4. ______________ eller om programledaren har bett särskilt om ansökningar. Det berättar Karin Rosén som är producent för programmet.

- Hos oss har det alltid handlat om en vanlig person som kommer för att göras om efter sina egna förutsättningar. För oss är de inga dockor. Vi klär inte ut folk. Redaktionen söker efter en bredd bland deltagarna: olika åldrar, kön och bakgrund. På programmets hemsida kan man se en mängd före- och efterbilder av kvinnor och män. Det är slående hur mycket en ny frisyr och lite färg på kläder och ett sminkat ansikte kan göra på henne. Även en trimning av skägget ändrar 5. ______________ markant på honom. 6. ______________ ligger alltså i frisyr, makeup och kläder. En frisör och en stylist ansvarar för själva omgörningen, men skulle aldrig klippa av håret på dem som inte vill. Deltagaren som görs om får däremot inte vid något tillfälle se sig själv. Alla speglar tejpas över, så att reaktionen vi får se i slutet av programmet blir äkta.

6

Lesen Sie den Text aus Übung 5 noch einmal und kreuzen Sie an: richtig oder falsch?

	RÄTT	FEL
1. Under 90-talet blev „gör-om-mig program" populära i USA.	☐	☐
2. Det handlade vid den tiden alltid om att deltagarna skulle ändra klädstil.	☐	☐
3. Populariteten hos gör-om-mig programmen beror på att tittarna tycker att deltagarna har superkrafter.	☐	☐
4. I Gokvälls "gör-om-mig" har man sedan 1997 visat hur deltagarna genomgår plastikoperationer.	☐	☐
5. Man söker aktivt efter deltagare som är olika gamla, kvinnor samt män respektive personer från alla samhällsskikt.	☐	☐
6. En frisör förändrar t.ex. håret och sminket hos en person utan att han eller hon får se förändringen förrän vid slutet av programmet.	☐	☐
7. När deltagarna speglar sig, spelar de att de blir förvånade över förändringen.	☐	☐

Mode und Kleidung
Zu den weitverbreiteten Modeketten in Schweden zählen Hennes & Mauritz, Kappahl, Lindex, Indiska, JC sowie Åhléns. Es gibt auch viele Geschäfte, die nur Onlinehandel betreiben, wie Zalando, Nelly oder Boozt. Bekannte Namen im schwedischen Modedesign sind Filippa K, Tiger of Sweden und Camilla Thulin.

7

Lesen Sie den Text nun ein weiteres Mal und unterstreichen Sie alle persönlichen Objektpronomen, z.B. **mig**, **henne** etc., die Sie finden. Wie würden Sie sie ins Deutsche übersetzen?

§ 4.1

Objektpronomen
Die Personalpronomen können im Singular und Plural auch als Objekt gebraucht werden.

Subjekt	**Objekt**	Subjekt	**Objekt**
jag	**mig** *mich/mir*	vi	**oss** *uns/uns*
du	**dig** *dich/dir*	ni	**er** *euch/euch*
han	**honom** *ihn/ihm*	de	**dem** *sie/ihnen*
hon	**henne** *sie/ihr*		
den	**den** *es/ihm*		
det	**det** *es/ihm*		
man	**en** *einem*		

Akkusativ- und Dativobjekt haben dieselbe Form:
Han skickar henne till apoteket. *Er schickt sie in die Apotheke.* (**Henne** ist hier Akkusativobjekt.)
Han skickar henne ett brev. *Er schickt ihr einen Brief.* (**Henne** ist hier Dativobjekt.)

8

Schreiben Sie die richtigen Objektpronomen in die Lücken.

Exempel: Vill du träffa _mig_ (jag) imorgon?

1. Jag kan tyvärr inte träffa ______ (du) då. Jag har en dejt med Alf.
2. Vad roligt! Hälsa ______ (han) från ______ (jag) .
3. Ture ger ______ (hon) en röd tröja och en vit kjol i present.
4. Deltagarna vill att stylisten och frisören gör om ______ (de).
5. Lillemor och Daniel, vill ni komma hem till ______ (vi) på söndagkväll?
6. Ja, vi kommer gärna hem till ______ (ni). Ska vi ta med något?
7. Jag måste köpa ______ (jag) en ny kostym för arbetet. Till ______ (den) ska jag också shoppa en ny vit blus. Till blusen passar ett svart skärp. Jag får inhandla ______ (det) på Kappahl, tror jag.
8. De ger ______ (man) rabatt på kläderna när man betalar i kassan.

Reflexivpronomen
Reflexivpronomen sind rückbezügliche Fürwörter und drücken meist aus, dass ein Geschehen oder eine Handlung sich auf das Subjekt des Satzes bezieht.

Jag tvättar **mig**. *Ich wasche mich.*

Du tvättar **dig**. *Du wäschst dich.*

Han tvättar **sig**. *Er wäscht sich.*

Hon tvättar **sig**. *Sie wäscht sich.*

Den/Det tvättar **sig**. *Es wäscht sich.*

Man tvättar **sig**. *Man wäscht sich.*

Vi tvättar **oss**. *Wir waschen uns.*

Ni tvättar **er**. *Ihr wascht euch.*

De tvättar **sig**. *Sie waschen sich.*

Jag har på mig en rosa tröja och och ett par bruna byxor. *Ich trage einen rosafarbenen Pulli und eine braune Hose.*
Hon förbereder sig inför presentationen. *Sie bereitet sich auf die Präsentation vor.*
Har du klippt dig? *Hast du dir die Haare schneiden lassen?*

 4.1

 WORTSCHATZ

Reflexive Verben
gifta sig – *heiraten*
skilja sig – *sich scheiden*
lära sig – *lernen*
raka sig – *sich rasieren*
kamma sig – *sich kämmen*
spegla sig – *sich spiegeln*
lägga sig – *sich hinlegen*
sätta sig – *sich setzen*
ställa sig – *sich stellen*
ha på sig – *tragen*
klä på sig – *sich anziehen*
akta sig – *aufpassen*
anmäla sig – *sich anmelden*
försova sig –*verschlafen*
koncentrera sig – *sich konzentrieren*
känna sig – *sich fühlen*
lata sig – *faulenzen*
torka sig – *sich abtrocknen*
skynda sig – *sich beeilen*
ångra sig – *sich umentscheiden*

° 9

Welche Verben passen in die Lücke? Schreiben Sie die Verben mit den passenden Reflexivpronomen.

känna sig | lata sig | lära sig | kamma sig | gifta sig | försova sig | anmäla sig | skynda sig | skilja sig

1. Anders och Britta ______ i kyrkan för 10 år sedan. Men nu har de tyvärr ______. De vill leva separat.
2. Hon ska ______ till franskkursen imorgon eftersom hon vill ______ franska snabbt.
3. Ursäkta att jag kommer för sent! Jag ______ i morse.
4. Han gick hem från jobbet eftersom han ______ sjuk.
5. Bertil och Bodil, vad ni ser rufsiga ut i håret! Ni måste ______ innan ni går hemifrån.
6. Kom vi måste ______. Bussen går om fem minuter.
7. Jag ser att du inte har gjort någonting idag. Du har bara ______.

 SPRACHTIPP

Achtung! Einige schwedische reflexive Verben werden im Deutschen nicht reflexiv verwendet, zum Beispiel **försova sig**, **lata sig**, **lära sig**, **gifta sig**.

 WORTSCHATZ

rufsig – *zerzaust*

 CD 1 - TR. 16

 WORTSCHATZ

figurnära - *figurbetont*
trång - *eng*
en "michelingubbe" - *Michelinmännchen*
tjusig - *entzückend*
öppet köp - *Kauf mit Rückgaberecht*
bytesrätt - *Umtauschrecht*
ett kvitto - *Beleg*

10

Hören Sie einen Dialog zwischen einer Kundin und einem Verkäufer in einem Bekleidungsgeschäft. Füllen Sie die Lücken. Hören Sie dann den Dialog noch einmal und übernehmen Sie die Rolle der Kundin. Achten Sie besonders auf die korrekte Aussprache.

Försäljare: Hej! Kan jag hjälpa till?

Kund: Ja, jag letar efter en 1. ________ klänning för firmafesten.

Försäljare: Jaha, i vilken 2. ________?

Kund: Det skulle vara vackert med antingen 3. ________ eller 4. ________.

Försäljare: Vilken 5. ________ har du?

Kund: 38

Försäljare: Ett ögonblick, jag ska se vad vi har...Här har vi en kungsblå klänning i din 5. ________ som är figurnära och en knallröd klänning i 36 som sitter lite 6. ________. Vad tycker du om dem?

Kund: Jo, de ser ganska eleganta ut. Kan jag få prova dem?

Försäljare: Ja, självklart. 7. ________ ligger därborta till höger...Nå, hur passar de?

Kund: Den röda är tyvärr för 8. ________. Jag ser ut som en michelingubbe i den. Men den blåa ser 9. ________ tjusig ut. Har ni den möjligtvis i 5. ________ 40?

Försäljare: Jag ska se efter...Här är 5. ________ 40, varsågod!...

Kund: Den passar perfekt även om den kanske är lite för lång...Har ni 10. ________ ________?

Försäljare: Naturligtvis. Du kan få varan på 10. ________ ________ i två veckor och så har du 11. ________ i 30 dagar. 12. ________ bara 13. ________!

Kund: Det låter bra.

11

CD 1 - TR. 17

Die folgenden Fragen mit reflexiven Verben sind durcheinander geraten. Stellen Sie die Fragen mündlich in der richtigen Reihenfolge und beantworten Sie sie anschließend in ganzen Sätzen. Danach können Sie die Fragen anhören.

Beispiel: *Hur känner du dig idag? Jag känner mig glad idag.*

1. dig | för | framtiden | du | oroar | ?
2. tvättar | när | dig | på | du | kvällen | ?
3. du | dig | hos | ofta | klipper | frisören | ?
4. förberett | dig | i år | har | du | för | presentation | en | ?
5. skynda | du | bussen | brukar | dig | till | på morgonen | ?
6. ett | vill | du | dig | språk | nytt | lära | ?
7. dig | när | du | går | lägger | på kvällen | och | ?
8. någon | kurs | anmält | du | dig | i år | till | har | ?
9. ofta | hur | du | dig | försova | brukar | ?
10. du | på | klär | dig | före | frukosten | ?
11. på morgonen | alltid | du | dig | kammar | ?
12. på | dig | du | har | vad | för | kläder | du | när | på fest | går | ?

12

CD 1 - TR. 18

Hören Sie sich die Aussprache der folgenden Wörter an. Markieren Sie in jedem Wort die betonte Silbe. Manche Wörter haben zwei betonte Silben. Hören Sie sich die Wörter noch einmal an und lesen Sie sie dann selbst mit korrekter Betonung vor.

skjortan	kjolen	kalsongerna
deltagare	kändis	ansikte
utseende	ansvar	färgen
löneförhöjning	storlek	bytesrätt

LEKTION 4 Sport och träning

1

Finden Sie die Sportarten in den Wortketten. Trennen Sie die Wörter durch senkrechte Striche voneinander ab.

G Y M P A S I M N I N G D A N S I S H O C K E Y H A N D B O L L

O R I E N T E R I N G S T A V G Å N G T E N N I S F O T B O L L

I N N E B A N D Y G O L F J O G G N I N G K A M P S P O R T Y O G A

B A S K E T L Ä N G D Å K N I N G R I D N I N G U T F Ö R S Å K N I N G

C Y K L I N G S K R I D S K O Å K N I N G S T Y R K E T R Ä N I N G

2

CD 1 - TR. 19

Hören Sie sich die Dialoge an und lesen Sie gleichzeitig mit. Über welche Sportarten unterhalten sich die Personen? Eine Sportart bleibt übrig.

orientering stavgång joggning utförsåkning styrketräning

gympa simning kampsport fotboll

WORTSCHATZ

en träningsvärk - *Muskelkater*
gå vilse - *sich verirren*
en straffspark - *Strafstoß*
en backe - *Abhang*
gå ner i vikt - *abnehmen*
en armhävning - *Liegestütz*
en tvättbräda - *Waschbrett*
svettas - *schwitzen*
en längd - *Bahn*
en axelpress - *Schulterpresse*
en skivstång - *Langhantel*

1. ______________________

Man: Du ser trött ut.
Kvinna: Ja, jag har sådan träningsvärk eftersom jag precis har sprungit 15 km i Skatås
Man: Oj, då har du sprungit riktigt långt idag.

2. ______________________

Gullan: Nej, nu tror jag att vi har gått vilse. Har du kartan på dig?
Maria: Ja, titta här. Jag tror att vi befinner oss norr om Vättlefjäll men jag ska kolla med kompassen också.
Gullan: Ja men skynda dig så att vi inte förlorar för mycket tid.

3. ______________________

Kvinna: Vem vann matchen?
Man: Ja, det var faktiskt Djurgården som vann mot Malmö FF med 2-0.
Kvinna: Jaså! Vem var det som gjorde mål?
Man: Första målet sköt Niklas Gunnarsson och andra målet Andreas Isaksson. Dessutom dömdes laget från Malmö till två straffsparkar.
Kvinna: Oj då!

4. ______

Man: Vem kom på första plats?
Kvinna: Det var Gunde Henriksson som kom på första plats. Han åkte ner för backen väldigt snabbt och attackerade slalomportarna systematiskt. Förresten på andra plats kom Otto Pettersson.
Man: Jag hade faktiskt trott att han skulle vinna.

5. ______

Kvinna: Jag försöker gå ner i vikt men jag orkar inte spela tennis längre.
Man: Jaha. Vad gör du i stället?
Kvinna: Jag går ut i skogen med en grupp andra pensionärer och så använder vi stavar så att även armarna får motion.

6. ______

Ragnar: Hur många armhävningar har du gjort?
Sven: 100 stycken. Och nu tänker jag göra några axelpressar med skivstången.
Ragnar: Jaha. Under tiden gör jag några magövningar. Man vill ju gärna ha en tvättbräda på magen.

7. ______

Maja: Den nya ledaren tycker jag är otroligt bra. Hon är så entusiastisk och energisk.
Elsa: Jag håller helt med dig. Man känner sig så inspirerad av henne och man gör därför alla övningar oproblematiskt. Först efter passet känner man hur mycket man faktiskt svettas. Dessutom är musiken som hon väljer toppenbra.
Maja: Ja, det är fantastiskt.

8. ______

Man: Hur många längder har du gjort?
Kvinna: Fem längder och jag tror att jag ska göra två till.
Man: Sedan tycker jag att vi går och badar bastu.
Kvinna: Javisst, gärna!

3

Lesen Sie zunächst den Text. Lesen Sie danach die Sätze auf der nächsten Seite und suchen Sie den entsprechenden Inhalt im Text. Schreiben Sie die Zahl, die im Text vor dem passenden Inhalt steht, zum entsprechenden Satz. Wenn der Inhalt nicht zu finden ist, schreiben Sie eine 0 zum Satz.

Svensk idrottshistoria

1. Idrott som är ett annat ord för sport har alltid spelat en viktig roll i Sverige. **2.** Redan under vikingatiden, från 800-talet och några århundraden framåt, förekom tyngdlyftning, längd- och höjdhopp samt bågskytte. Under 1500-, 1600- och 1700-talen ordnades tornerspel i Stockholm.

3. Den organiserade idrotten spred sig från England över världen och nådde Sverige först i slutet av 1800-talet. **4.** Exempel på typiska engelska sporter var fotboll, rodd, tennis och friidrott. **5.** 1903 bildade man det som nu kallas för Sveriges Riksidrottsförbund (RF).

6. Sverige arrangerade i Stockholm de femte moderna Olympiska spelen (OS) 1912. **7.** Under hela OS tog Sverige hem 23 guld, 24 silver och 16 brons. **8.** 1922 genomfördes det första Vasaloppet. **9.** Detta skidlopp arrangeras varje år än idag på en sträcka mellan Sälen och Mora i Dalarna. **10.** Det var här som den blivande kung Gustav Vasa flydde till Norge 1521.

11. Under mellankrigstiden växte idrottsrörelsen och blev landets största folkrörelse. **12.** Då var det mest män som utövade sport men kvinnor kunde hålla på med estetiska idrotter såsom konståkning, simhopp och gymnastik. **13.** Vid slutet av andra världskriget började antalet idrottsföreningar och medlemmar att kraftigt öka och nya idrottsgrenar introducerades. **14.** Under 70-talet fick den moderna motionsidrotten ett genombrott. **15.** Nu såg man idrotten mer utifrån ett motions- och hälsoperspektiv. Tidigare hade det mer handlat om ungdomsuppfostran.

16. Idrottsrörelsen har fortsatt att växa och idag består den av människor från olika sociala samhällsgrupper i alla åldrar. **17.** Dessutom är cirka 50 procent av de aktiva kvinnor.

WORTSCHATZ

förekomma - *vorkommen*
ett längdhopp - *Weitsprung*
ett höjdhopp - *Hochsprung*
ett bågskytte - *Bogenschießen*
ett tornerspel - *Turnier*
en rodd - *Rudern*
en friidrott - *Leichtathletik*
ta hem - *holen (Medaille, Sieg)*
genomföra - *durchführen*
ett skidlopp - *Skilauf*
blivande - *zukünftig*
under mellankrigstiden - *zwischen den Weltkriegen*
en folkrörelse - *Volksbewegung*
en konståkning - *Eiskunstlauf*
ett simhopp - *Kunstspringen*
ett världskrig - *Weltkrieg*
en idrottsgren - *Sportart*
en motionsidrott - *Gesundheitssport, Breitensport*
ett genombrott - *Durchbruch*
en uppfostran - *Erziehung*

A Därtill är ungefär hälften av dem som sportar tjejer. Satz: ___

B Cirka 1945 och framåt växte mängden sportföreningar betydligt och det kom allt fler nya typer av sport. Satz: ___

C Förut handlade sporten mer om idrott och hälsa medan den nuförtiden handlar om barnuppfostran. Satz: ___

D I Stockholm arrangerade man tornerspel under vikingatiden. Satz: ___

E Vikingarna utövade sporter på sin tid t.ex hoppade de höjd och längd. Satz: ___

F På den här sträckan åkte en framtida monark skidor till grannlandet för cirka 500 år sedan. Satz: ___

G Sverige fick 63 medaljer under de Olympiska spelen. Satz: ___

H Sport som är en synonym för idrott har genom tiderna varit väsentlig i Sverige. Satz: ___

Beliebte Sportarten in Schweden

Die Sportart mit den meisten Aktiven in Schweden ist Fußball, auf Platz 2 folgt Innebandy, auf Platz 3 Golf. Unter den Frauen sind Turnen, Handball und Reiten besonders beliebt. Orientering heißt eine weitere beliebte Sportart, bei der es darum geht, mit Kompass und Karte so schnell wie möglich den Weg durch unbekanntes Gelände zu finden.

 5.2

Die Ordnungszahlen

1:a första	11:e elfte	21:a tjugoförsta
2:a andra	12:e tolfte	22:a tjugoandra
3:e tredje	13:e trettonde	30:e trettionde
4:e fjärde	14:e fjortonde	31:a trettioförsta
5:e femte	15:e femtonde	40:e fyrtionde
6:e sjätte	16:e sextonde	50:e femtionde
7:e sjunde	17:e sjuttonde	60:e sextionde
8:e åttonde	18:e artonde	70:e sjuttionde
9:e nionde	19:e nittonde	100:e hundrade
10:e tionde	20:e tjugonde	1000:e tusende

Ordnungszahlen werden im Schwedischen als Ziffern mit Doppelpunkt und dem Buchstaben **a** oder **e** geschrieben - entsprechend dem letzten Buchstaben der ausgeschriebenen Form. andr**a** → 2:**a**, femt**e** → 5:**e**
Henriksson kom på första plats. *Henriksson kam auf den ersten Platz.*
de femte moderna Olympiska spelen *die fünften olympischen Spiele der Neuzeit*
Hon bor på andra våningen. *Sie wohnt im zweiten Stock.*

Beim Ausdruck eines Datums wird die Präposition **i** zwischen den beiden Ordnungszahlen verwendet. Wenn der Name des Monats folgt, wird die Präposition nicht verwendet.
Han fyller år den elfte i tolfte. *Er hat am elften Zwölften Geburtstag.*
Det är den artonde april idag. *Heute ist der 18. April.*

° 4

Schreiben Sie die Ordnungszahlen ausgeschrieben in die Lücken.

1. Olofsson fick guld i simhopp. Hon kom på ______________ (1) plats.
2. Anneli fyller år den ______________ (31) i ______________ (7).
3. Familjen bor på ______________ (4) våningen.
4. Gustav Vasa kröntes till kung den ________ (6) juni 1523.
5. Gunnarsson vann en silvermedalj i längdåkning. Han kom på ________ (2) plats.
6. Fotbollsspelaren Zlatan Ibrahimovic är född den ______________ (3) i ______________ (10) 1981.

§ 3

Adverbien der Art und Weise und Adverbien des Grads
Adverbien beschreiben Adjektive, Verben oder andere Adverbien genauer. Adverbien der Art und Weise werden normalerweise durch ein Adjektiv und die Endung **-t** gebildet. Das gilt auch für einige Adverbien des Grads. Beispiele:
Gullan är inte så vacker, men hon sjunger vackert. *Gullan ist nicht besonders schön, aber sie singt schön.* (Im ersten Satz bezieht sich **vacker** auf Gullan und ist ein Adjektiv. Im zweiten Satz beschreibt **vackert** das Verb **sjunger** und ist ein Adverb.)

Ledaren är otroligt bra. *Die Leiterin ist unglaublich gut.* (**Otroligt** bezieht sich auf das Adjektiv **bra** und ist ein Adverb.)

Han åkte ner för backen väldigt snabbt. *Er fuhr sehr schnell den Hang hinab.* (**Snabbt** bezieht sich auf das Verb **åkte**, **väldigt** wiederum bezieht sich auf das Adverb **snabbt**, also sind beides Adverbien.)

5

Unterstreichen Sie in Übung 2 alle Adverbien.

6

Schreiben Sie die Adverbien in die passende Lücke. Manche Adverbien können mehrmals eingesetzt werden.

kraftigt | otroligt | riktigt | oproblematiskt | snabbt | väldigt | långsamt | långt

1. Antalet idrottsföreningar ökade __________ efter andra världskriget.
2. Jörgen joggade __________ eftersom han var trött medan Anders som var energisk joggade __________ __________.
3. Hur __________ är det att åka från Sälen till Mora?
4. Det är svårt att tro på hur högt hon hoppar. Hon hoppar __________ högt.
5. Han tränar utan problem. Han tränar __________.

Tänka, tycka, tro
Die Verben **tänka**, **tycka** und **tro** haben im Deutschen ähnliche Bedeutungen, müssen aber im Schwedischen unterschieden werden.

tänka (på)	an etwas denken, die Gedanken fokussieren
tänka + Infinitiv	etwas planen, vorhaben
tycka	eine Meinung zu etwas haben, finden
tro	glauben, nicht sicher wissen
tro (på)	glauben, dass es etwas gibt / etwas wahr ist

Bertil sitter och tänker på sin flickvän. *Bertil denkt an seine Freundin.*
Jag tänker göra några armhävningar senare. *Ich habe vor, später ein paar Liegestützen zu machen.*
Jag tycker att den nya aerobicsledaren är bra. *Ich finde, dass die neue Aerobictrainerin gut ist.*
Jag tror att Malmö FF vinner fotbollsmatchen imorgon. *Ich glaube, dass Malmö FF das Fußballspiel morgen gewinnt.*
Pernilla är väldigt religiös. Hon tror på Gud. *Pernilla ist sehr religiös. Sie glaubt an Gott.*

CD 1 - TR. 20

KULTURTIPP

IFK und **Gais** sind zwei Fußballvereine aus Göteborg. **Friskis & Svettis** ist ein schwedischer Sportverein, der 1978 gegründet wurde und den es heute in zahlreichen Ortschaften und Städten gibt. Anfangs bot der Verein einen Gymnastikkurs namens „Jympa" an. Heute ist Jympa der beliebteste Gruppenkurs. Der Verein bietet heute 70 verschiedene Trainingsformen an, größtenteils Einzeltraining an Geräten.

7

Lesen Sie die folgenden Sätze laut vor und setzen Sie **tänka**, **tycka** oder **tro** an den richtigen Stellen ein. Hören Sie sich danach die CD an und kontrollieren Sie, ob Sie richtig lagen.

1. Imorgon spelar IFK mot Gais. Jag ________ att IFK vinner stort.
2. Jag ________ träna på Friskis & Svettis ikväll. Jag går dit tre gånger i veckan eftersom jag ________ att jag mår så bra av att träna där.
3. ________ du på reinkarnation?
4. Vad ________ du på? Jag ________ på min familj i Frankrike som jag måste besöka snart. Jag längtar så efter dem.
5. Jag ska gå och se filmen "Pelle Erövraren" ikväll eftersom jag läste om den i tidningen. Jag ________ att den är bra.
6. Jag såg faktiskt den filmen igår. Jag ________ att den är jättebra.
7. Oj vad många moln. Jag ________ att det kommer att regna.

8

Lesen Sie die Sätze laut vor und machen Sie aus den Adjektiven in Klammern Adverbien. Hören Sie danach die CD und kontrollieren Sie.

Exempel: Han har sprungit ______________ den här veckan. (otrolig, snabb)

Han har sprungit _otroligt snabbt_ den här veckan.

1. Hon åker längdåkning ______________ (väldig, systematisk)
2. Han åker skidor ner för backen ______________ (riktig, långsam)
3. Hon kan hoppa höjdhopp ______________ (fantastisk, hög)
4. De joggar ______________ i skogen. (entusiastisk)
5. Jag brukar cykla ______________ till arbetet. (otrolig, energisk)
6. Hon åker skridskor ______________ (vacker)
7. De spelar fotboll ______________ (oentusiastisk)
8. Hon styrketränar ______________ (väldig, entusiastisk)

9

CD 1 - TR. 22

Hören Sie, wie die folgenden Adverbien ausgesprochen werden. Streichen Sie die Buchstaben, die nicht ausgesprochen werden. Hören Sie die Wörter dann noch einmal und sprechen Sie nach.

entusiastiskt	problematiskt	kraftigt
energiskt	fantastiskt	väldigt
otroligt	riktigt	systematiskt

10

Lesen Sie die Datumsangaben laut vor. Überprüfen Sie dann mithilfe der CD Ihre Lösungen. Beispiel: **28 mars** **den tjugoåttonde i tredje**

24 december, 1 oktober, 6 juni, 8 juli, 19 november, 22 april, 30 augusti, 14 september, 23 januari, 16 maj, 25 februari

LEKTION 5 Kommunikation och sociala medier

WORTSCHATZ

stjäla - *stehlen*
genant - *peinlich*
(ett) förfogande - *Verfügung*
en stöld - *Diebstahl*
en utomstående - *Außenstehende(r)*
en momang - *Moment*
en tjuv - *Dieb*
icke - *nicht*

° 1

Verbinden Sie die Wörter in der linken Spalte mit den Synonymen und Erklärungen in der rechten.

1. termin	___	A	använda
2. semester	___	B	en person som stjäl något
3. stund	___	C	genant, när man känner sig dum
4. timme	___	D	förfogande
5. anlita	___	E	60 minuter
6. ytterligare	___	F	en stöld i hemmet
7. baksida	___	G	utomstående, icke auktoriserad
8. tillgång	___	H	studieperiod (ofta 6 månader)
9. obehörig	___	I	nackdel
10. pinsamt	___	J	kort tid, momang
11. inbrott	___	K	extra
12. tjuv	___	L	ferie

Die Schweden und das Internet

Laut einer aktuellen Statistik benutzen die Schweden das Internet hauptsächlich für folgendes: E-Mail (97%), Onlinebanking (95%), Youtube (86%), Blocket (79%), Facebook (74%), Spotify (55%), Instagram (53%), Netflix (46%), Snapchat (33%), Whatsapp (29%), Addblocker (29%), Twitter (25%), Tinder (7%).
Blocket ist die größte Handels- und Verkaufsplattform Schwedens. Spotify, ein Streamingdienst für Musik, Podcasts und Videos, wurde 2006 von zwei Schweden gegründet.
Digitale Medien sind beliebt: 45 Prozent aller Schweden hören Podcasts, 60 Prozent Internetradio. 15 Prozent derjenigen, die Datingseiten oder Datingapps genutzt haben, haben Partner gefunden oder geheiratet. 64 Prozent der Bevölkerung nutzen das Internet, um von zu Hause aus zu arbeiten, und die Hälfte aller Arbeitnehmer liest im Urlaub E-Mails.

2

Hören Sie sich den Podcast über die Vor- und Nachteile von Facebook an. Lesen Sie dann die Sätze und bringen Sie sie in die richtige Reihenfolge.

CD 1 - TR. 24

ABC WORTSCHATZ

ange - *angeben*
uppge - *angeben*
lägga ut - *posten*

___ A Berätta inte på Facebook när du har semester!

___ B Unga människor kan må dåligt mentalt av Facebook.

_1_ C En stor del av svenskarna använder Facebook varje dag.

___ D Ange inte vilket telefonnummer du har på Facebook!

___ E Man kan tjäna pengar via Facebook.

___ F Det finns en risk att man inte får ut en del försäkringspengar vid inbrott.

___ G Uppge inte vilket datum du är född på Facebook!

___ H Det är lätt att finna gamla vänner på Facebook.

___ I Lägg inte ut foton på barn och småsyskon på Facebook!

3

Hören Sie sich den Podcast nun noch einmal an und kreuzen Sie an: richtig oder falsch?

	RÄTT	FEL
1. 80 % av svenskarna använder sociala medier.	☐	☐
2. Det är relativt lätt att hitta personer på Facebook som är på samma företag där man arbetar.	☐	☐
3. Om man ger ut information om barnens skola på Facebook, kan kriminella söka sig dit för att skada familjen.	☐	☐
4. Ta bort pinsamma festbilder på Facebook så att din arbetsgivare inte kan hitta dem!	☐	☐
5. Titta gärna på andras semesterbilder på Facebook så mår du bättre psykiskt!	☐	☐

 WORTSCHATZ

en advokat - *Anwalt/Anwältin*
ledig - *frei*
ett försäkringsbolag - *Versicherungsfirma*
en vänförfrågan - *Freundschaftsanfrage*
nuförtiden - *heutzutage*
om - *wenn*
minnas - *sich erinnern*
frilansa - *freiberuflich tätig sein*
en översättare - *Übersetzer/in*
höra av sig - *sich melden*
(en) juridik - *Jura*
ta studenten - *das Abitur machen*
trots att - *obwohl*
en åklagare - *Staatsanwalt*
ett familjeliv - *Familienleben*
Låt oss ... - *Lass uns ...*
se fram emot - *sich freuen*
en kram - *Umarmung*
ett gymnasium - *Gymnasium*

 GRAMMATIK

ses, **träffas** und **ringas** sind sogenannte reziproke Verben. Das -s am Schluss steht für „einander" bzw. „sich", also einander sehen, treffen, anrufen.

4

Ein E-Mail-Wechsel zwischen zwei ehemaligen Klassenkameraden. Lesen Sie die Texte und setzen Sie die Wörter an den richtigen Stellen ein.

A e-mejl | B timmar | C advokat | D ledig | E försäkringsbolag | F journalist | G stund | H termin

Hej!
Hur är det? Det var väldigt länge sedan vi sågs. Jag sökte upp dig på Facebook igår kväll och blev jätteglad när jag hittade din sida och kunde skicka dig en vänförfrågan. Jag ser att du är gift nu. På dina foton har du två söta barn. Hur gamla är de?
Vad gör du nuförtiden? Studerade du inte juridik, om jag minns rätt? Efter att vi hade tagit studenten, läste jag journalistik och italienska på Uppsala universitet. Jag arbetar som 1 ______________ på en tidning nu och så frilansar jag som översättare några 2 ______________ varje dag.
Det skulle vara kul om vi kunde träffas någon gång så att vi kan tala om gamla tider. Har du lust en stund på fredag nästa vecka? Eftersom jag har semester då, är jag 3 ______________ och ganska flexibel. Hör gärna av dig!
Hälsningar,
Monika

Hejsan Monika,
tack för ditt 4 ______________! Vad roligt att du har tagit kontakt med mig efter så många år. Efter gymnasiet åkte jag till Frankrike för att jobba ett år. När jag kom tillbaka därifrån började jag studera juridik i Göteborg. Där träffade jag också min man Ulf. Jag arbetar som 5 ______________ på ett 6 ______________ nu trots att jag egentligen alltid ville jobba som åklagare. Men det blev tyvärr inte så. ☹ Vad bra att du har fått arbete på en tidning! Det är säkert intressant.
Som du såg på bilderna, har jag två barn. Ylva är 10 år och Torbjörn är 6 år och börjar skolan nästa 7 ______________. Hur är det med dig och familjelivet? Har du fått några barn?
Jag vill gärna träffa dig nästa vecka. Låt oss ringas vid imorgon!
Jag ser fram emot att höra hur det har gått för dig ☺
Kram,
Vendela

5

Formelle E-Mails: Ein Übersetzungsbüro wendet sich mit einem Auftrag an Monika. Lesen Sie die E-Mails und beantworten Sie dann schriftlich die Fragen in Übung 6.

Hej,
jag skriver till dig angående ett översättningsuppdrag som vi omgående skulle behöva hjälp med. Vi är en översättningsbyrå som främst ägnar oss åt professionella översättningar av medicinska och tekniska texter.
I detta fall handlar det om en bruksanvisning för medicin som ska översättas från italienska till svenska. Texten består av 2000 ord och den behöver lämnas in senast 15 juli. Är du villig att ta på dig det här uppdraget?
Kontakta mig gärna om du behöver mer information.
Jag ser fram emot att höra från dig snart.

Med vänliga hälsningar,

Gösta Lundgren

Bäste Gösta Lundgren,

Tack för din förfrågan! Jag är dessvärre extremt upptagen just nu. Skulle du kunna vara så vänlig och skicka mig filen med bruksanvisningen så att jag kan få en uppfattning om hur mycket arbete det blir för mig? Jag kan tyvärr inte ge dig något bestämt svar innan dess.
Tack på förhand.

Vänliga hälsningar,
Monika Torstensson

6

Beantworten Sie nun die Fragen.

1. Vad är översättningsbyrån specialiserad på?
2. Vad är det för något översättningsuppdrag som Gösta Lundgren vill att Monika utför?
3. Hur många ord består texten av?
4. När måste hon lämna in översättningen?
5. Vad vill Monika att Gösta gör innan hon svarar?

WORTSCHATZ

angående – *wegen, betreffend*
ett uppdrag – *Auftrag*
omgående – *umgehend*
främst – *vorwiegend*
ägna sig åt – *sich befassen mit*
handla om – *sich handeln um*
en bruksanvisning – *Gebrauchsanweisung*
bestå av – *bestehen aus*
lämna in – *einreichen*
villig – *bereit*
ta på sig – *annehmen*
en förfrågan – *Anfrage*
dessvärre – *leider*
så att – *damit*
få en uppfattning – *sich ein Bild machen*
innan dess – *bis dahin*

SPRACHTIPP

Brief- und E-Mail-Korrespondenz sind in Schweden im Allgemeinen weniger formell als in Deutschland. E-Mails an Behörden u.ä. kann man ganz ohne Begrüßung einleiten, was man in Deutschland als unhöflich empfindet. Aber auch **hej** ohne Name kann verwendet werden. Will man sehr höflich sein, schreibt man **Bäste Gunnar Högdal**, **Bästa Anna Svensson**. Anreden wie **Herr** und **Fru** werden nicht mehr benutzt. Als Abschlussformel nutzt man meist :
Med vänlig hälsning
Vänliga hälsningar
Vänligen
Tack på förhand – *Danke im Voraus*

"Falsche Freunde"

Es gibt einige sogenannte *falsche Freunde*. Das sind Wörter, die zwar ähnlich klingen oder genauso geschrieben werden wie deutsche Wörter, im Schwedischen aber eine andere Bedeutung haben. Anbei einige Beispiele:

stund Weile	(deutsch: Stunde = schwedisch: **timme**)
termin Semester	(deutsch: Termin = schwedisch: **tid**)
semester Urlaub	(deutsch: Semester= schwedisch: **termin**)
gift verheiratet	(deutsch: Gift = schwedisch: **gift**)
ledig frei	(deutsch: ledig = schwedisch: **singel**)
öl Bier	(deutsch: Öl = schwedisch: **olja**)
bär Beere	(deutsch: Bär = schwedisch: **björn**)
rock Mantel	(deutsch: Rock = schwedisch: **kjol**)
springa laufen	(deutsch: springen = schwedisch: **hoppa**)
våning Etage	(deutsch: Wohnung = schwedisch: **lägenhet**)
kind Wange	(deutsch: Kind = schwedisch: **barn**)
rad Zeile	(deutsch: Rad = schwedisch: **hjul**, **cykel**)

SPRACHTIPP

Formlose E-Mails beginnt man normalerweise mit dem neutralen **hej** + Vorname, wenn man die Person kennt. **Hejsan** ist noch umgangssprachlicher. Man beendet E-Mails neutral mit **hälsningar** oder persönlicher mit **kram**. Manchmal verwendet man auch **puss**, **puss** (*Kuss*), wenn man jemanden sehr gut kennt.

7

Lesen Sie nun noch einmal die erste E-Mail aus Übung 4. Achten Sie auf alle Aussagesätze. Unterstreichen Sie alle Hauptsätze, die Sie finden können. Sie können auch zunächst die untenstehende Grammatikerklärung lesen.

 9

Die Wortstellung im Hauptsatz

Ein Hauptsatz kann für sich alleine stehen. Hauptsätze kann man mit Konjunktionen verbinden (**och**, **men**, **eller**, **för** (denn), **så**). Beispiel: Vendela skriver ett mejl **och** Ulf tittar på TV. (Zwei Hauptsätze)

Bei der regelmäßigen Wortstellung im Aussagesatz steht das Subjekt vor der gebeugten Verbform, dem Prädikat.

Jag *(Subjekt)*	vill *(Prädikat)*	gärna	träffa	dig	nästa vecka.

Wenn der Hauptsatz nicht mit dem Subjekt beginnt, bleibt die gebeugte Verbform wie im Deutschen an zweiter Stelle.

Den här veckan	har *(Prädikat)*	Monika	sökt	upp	Vendela	på Facebook.

Im Hauptsatz stehen Satzadverbien (auch bewegliche Adverbien genannt) wie z.B. **inte**, **ofta**, **kanske** immer **hinter** Subjekt + Verb bzw. Verb + Subjekt.

	Monika *(Subjekt)*	arbetar *(Prädikat)*		inte	som åklagare.
Idag		arbetar *(Prädikat)*	hon *(Subjekt)*	inte.	

8

Die Wortstellung im Hauptsatz. Bringen Sie die Wörter in die richtige Reihenfolge. Beginnen Sie immer mit dem fettgedruckten Wort. Die Konjunktionen zwischen den Plus-Zeichen verbinden die zwei Hauptsätze.

1. upp | henne | sökte | **Monika** + och + skrev | ett mejl | hon | direkt
2. kan | träffas | inte | **Ulf** + för + | semester | inte | nästa vecka | han | har
3. studerade | **Vendela** | juridik + men + blev | hon | inte | åklagare
4. **Gösta** | mycket | hjälp | behöver + så + kontaktar | ofta | han | översättaren
5. ringer | **han** | till honom + eller + skriver | han | till honom | ett sms

 9

Wortstellung im Nebensatz
Ein Nebensatz kann nicht alleine stehen, sondern ist Teil eines Satzgefüges.
Ein Nebensatz fängt mit einer Konjunktion an, z. B. **att** (dass), **om** (wenn), **eftersom** (weil), oder mit einem Relativpronomen oder Adverb (**som**, **där**) oder einem Fragewort wie **hur** (wie), **om** (ob).
Die Wortstellung im Nebensatz ist die gleiche wie im Hauptsatz.

Vad roligt	att *(Konjunktion)*	du *(Subjekt)*	har tagit *(Prädikat)*	kontakt med mig.
Ring mig	om	du	behöver	mer information.

Im Unterschied zum Hauptsatz stehen Satzadverbien im Nebensatz vor dem ersten Verb.

Hon har tid	eftersom	hon	**inte**	arbetar	nästa vecka.

Nebensätze müssen im Schwedischen nicht wie im Deutschen durch Komma abgetrennt werden.

9

Lesen Sie noch einmal die erste E-Mail aus Übung 4. Unterstreichen Sie alle Nebensätze und kreisen Sie dann die Konjunktionen ein, die die Nebensätze einleiten.

CD 1 - TR. 25

SPRACHTIPP

Die wichtigsten Satzadverbien:

alltid - *immer*
aldrig - *nie*
bara - *nur*
egentligen - *eigentlich*
faktiskt - *tatsächlich*
gärna, hellre, helst - *gern, lieber, am liebsten*
inte - *nicht*
kanske - *vielleicht*
nog - *wohl*
troligen - *wahrscheinlich*
verkligen - *wirklich*
åtminstone - *wenigstens*

10

Ergänzen Sie die Sätze mündlich, indem Sie mit den vorgegebenen Wörtern Nebensätze bilden. Denken Sie vor allem an die Position der Satzadverbien. Kontrollieren Sie danach mithilfe der CD Ihre Antworten.

Exempel:

kan hon arbeta inte	Hon skriver att... hon inte kan arbeta.
alltid du träffas vill	**1.** Vad roligt att...
har inte jag kaffe idag druckit	**2.** Jag är trött eftersom...
har eventuellt frågor några du	**3.** Du kan kontakta mig om...
aldrig hon ringt har honom	**4.** Han skriver till henne trots att...
dina ser bilder chefen inte	**5.** Blockera Facebook så att...
faktiskt han har på tjänat pengar Facebookannonser	**6.** Han åker på en solsemester efter att...
hade hon verkligen lust	**7.** Hon började studera när...
översätta du omgående måste	**8.** Jag skickar texten till dig som...
inte ska boka jag hos tid läkaren	**9.** Jag undrar om...

11

Lesen Sie den folgenden Dialog laut und füllen Sie die Lücken mit den „falschen Freunden", die Sie in dieser Lektion gelernt haben. Der erste Buchstabe ist schon vorgegeben. Hören Sie danach zur Kontrolle den Text auf der CD.

 CD 1 - TR. 26

 WORTSCHATZ

naturvetenskapsprogrammet - *naturwissenschaftlicher Zweig (Schule)*

Vendela: Vet du vad! En gammal klasskamrat till mig hittade min facebooksida och skickade en vänförfrågan till mig. Efter en **1.** s______ accepterade jag den.

Ulf: Jaha, vad kul! Vem är hon?

Vendela: Hon heter Monika och vi var klasskamrater under flera **2.** t______ på gymnasiet. Hon började lite senare än jag eftersom hon hade gått naturvetenskapsprogrammet först och sedan växlat.

Ulf: Jaha, vad gör hon nu då?

Vendela: Hon jobbar som journalist på en tidning och så frilansar hon som översättare några **3.** t______ varje dag.

Ulf: Jaså! Vilket språk översätter hon från?

Vendela: Från italienska till svenska faktiskt. Vi ska träffas och ta en **4.** ö______ på fredag nästa vecka. Monika är nämligen **5.** l______ då eftersom hon har **6.** s______.

Ulf: På fredag! Jag har bokat **7.** t______ hos läkaren då. När ska ni träffas? Någon måste ju ta hand om Torbjörn och Ylva.

Vendela: Det har vi inte bestämt än. När har du **8.** t______ hos läkaren?

Ulf: Klockan fem.

Vendela: Ja, men då frågar jag henne om vi kan träffas någon gång senare. Kanske klockan sju?

Ulf: Ja, det låter bra.

RÜCKBLICK 1

1. En mycket bekväm typ av stol. *(waagerecht)*
2. En möbel som man kan arbeta på med t.ex. dator.
3. Synonym för *etage*.
4. Om det är kallt kan man ta på sig en varm...
5. Ett hus som sitter ihop med andra hus.
6. En partner och en person som man bor ihop med.
7. En lägenhet som man hyr är en...
8. Hon har ... 38 i kläder.
9. Han har på sig ett ... i byxorna runt magen.
10. En plats runt en villa med många blommor och träd.
11. När man har handlat kan man lägga varorna i en...
12. Hon hade på sig en vit ... när hon gifte sig.
13. Han har en svart ... på huvudet.
14. Om man bor tillsammans med flera andra personer i t.ex. en lägenhet men man är inte en familj. Då bor man i ...
15. När man har köpt en vara får man ett ... som man måste visa om man senare vill byta varan.
16. En ... har ett rum och kök. *(senkrecht)*

1

In diesem Kreuzworträtsel wiederholen Sie Wörter aus den Lektionen 1 und 3.

		1.		16.				
2.								
			3.					
			4.					
5.								
		6.						
7.								
8.								
		9.						
10.								
11.								
12.								
				13.				
14.								
	15.							

2

Hören Sie sich Carolas Beschreibung ihrer Wohnung noch einmal an. Kreuzen Sie an: richtig oder falsch?

	RÄTT	FEL
1. Carola bor i en hyresrätt precis vid sjukhuset.	☐	☐
2. Hon har ett IKEA-kök i vitt.	☐	☐
3. Hon har randiga gardiner men ingen diskmaskin.	☐	☐
4. Hon har fyra tavlor och en TV i vardagsrummet.	☐	☐
5. Hon har ett sovrum som också är arbetsrum.	☐	☐

3

Welches reflexive Verb passt in die Lücke? Schreiben Sie die Verben mit passendem Reflexivpronomen im Präteritum oder Perfekt.

lata sig | klippa sig | försova sig | känna sig | lägga sig | torka sig | raka sig

1. ______________ idag. Han har inget skägg mer.
2. Miranda ______________ inte vacker när hon var ung. Men nu efter stilförändringen och efter att hon ______________ ser hon bättre ut.
3. Vad har du gjort den här veckan? – Jag har inte gjort någonting. Jag ______________ hela veckan.
4. Ursäkta att jag kommer för sent! Jag ______________ i morse.
5. De ______________ med handduken efter att de hade badat i förrgår.
6. Vi är så trötta eftersom vi gick och ______________ sent igår kväll.

4

Lesen Sie den folgenden Dialog, der in einem Bekleidungsgeschäft stattfindet. Die Sätze sind durcheinander. Nummerieren Sie und lesen Sie danach laut.

___ A Ja, jag letar efter en vit blus för jobbet.

___ B Javisst! Du kan få varan på öppet köp i två veckor. Spara bara kvittot!

___ C Ja, ett ögonblick. Här har vi en vit blus i storlek 38. Vad tycker du om den?

___ D Hej, kan jag hjälpa till?

___ E Ja,självklart. Provrummen ligger där borta.

___ F Jaha, vilken storlek har du?

___ G Den passar perfekt. Jag tar den. Har ni öppet köp?

___ H Jag har storlek 38.

___ I Jo, den ser elegant ut. Kan jag få prova den?

5

Erinnern Sie sich, um welche Sportarten es sich handelt? Schreiben Sie die Namen der Sportarten unter die Bilder!

1 ______ 2 ______ 3 ______ 4 ______

5 ______ 6 ______ 7 ______ 8 ______

6

Welche Adverbien in den Sätzen passen? Kreisen Sie sie ein!

1. Han springer hemma | hem väldigt snabbt | kraftigt.
2. Hur långt | långsamt är det att åka där | dit? Det är fem kilometer.
3. Jag måste gå nere | ner i vikt. Men det är bättre att göra det otroligt | långsamt än snabbt | riktigt. Annars håller man inte vikten nere/ner.
4. Hon sitter uppe | upp på tredje våningen och arbetar kraftigt | väldigt hårt.
5. Kvinnan som står där | dit framme | fram sjunger otroligt | oproblematiskt vackert.
6. Intresset för idrott har ökat långt | kraftigt de senaste åren.
7. Innan skidåkaren åker nere | ner för backen sitter han ute | ut på en bänk och svettas snabbt | kraftigt.

7

Tänka, tycka oder *tro*? Welche Verben passen in die Lücken? Und wie lauten die Ordnungszahlen in der Klammer? Lesen Sie die Sätze laut.

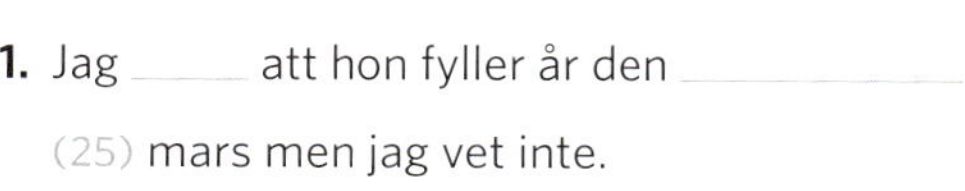

1. Jag ______ att hon fyller år den __________ (25) mars men jag vet inte.
2. Han ______ åka skidor i Österrike den __________ (12) februari.
3. Hon ______ att det är bättre att bo på ______ (7) våningen än på ______ (1) våningen för då får hon en vackrare utsikt.
4. Hon sitter och __________ på sin sambo som ska spela en viktig fotbollsmatch den ______ (31) i ______ (10)
5. ______ du på att världen kommer att gå under den ______ (26) december år 2050? Nej, det __________ jag verkligen inte på.

WORTSCHATZ

gå under – *untergehen*

8

Welche Hauptsätze und Nebensätze passen zusammen? Ordnen Sie zu.

1. Hon undrar	___ A eftersom hon är extremt upptagen just nu.
2. Hon säger	___ B som hon omgående måste översätta.
3. Hon kan inte ta på sig uppdraget	___ C så att chefen inte kan se hans festbilder.
4. Man ska inte berätta om semestern på Facebook	___ D om de kan träffas på fredag nästa vecka.
5. Många unga människor mår psykiskt sämre	___ E efter att han hade hittat henne på Facebook.
6. Han skickar texten till henne	___ F att de gärna kan ta en öl på fredag.
7. Han blockerar sin Facebook	___ G trots att hon egentligen alltid ville arbeta som åklagare.
8. Hon arbetar som advokat	___ H så att inbrottstjuvarna vet när de kan komma till ens hem.
9. Han skickade en vänförfrågan till henne	___ I när de ser sina vänners fina semesterbilder på Facebook.

LEKTION 6 Vänskap och känslor

CD 2 - TR. 1

WORTSCHATZ

en utveckling - *Entwicklung*
ett möte - *Treffen*
tack vare - *dank*
återspegla - *widerspiegeln*
avgöra - *entscheiden*
pålitlig - *zuverlässig*
lojal - *loyal*
anförtro sig - *sich anvertrauen*
drabbas - *erleiden*
förebyggande - *vorbeugend*
skämmas - *sich schämen*
en självkänsla - *Selbstwertgefühl*
(en) svartsjuka - *Eifersucht*
trivas - *sich wohl fühlen*
(en) ärlighet - *Ehrlichkeit*
umgås - *Kontakt haben*
minnas - *sich erinnern*
ansträngande - *anstrengend*
lyckas - *gelingen*

SPRACHTIPP

Ab hier sind alle Arbeitsanweisungen auf Schwedisch! Einen Überblick über die wichtigsten Formulierungen (mit Übersetzung) finden Sie zu Beginn der systematischen Grammatik im Anhang.

WORTSCHATZ

uppstå - *entstehen*

1

Läs först följande ord ur ett radioprogram och fundera på vad det kommer att handla om. Lyssna sedan på programmet och bocka för (✓) när du hör orden. Lyssna en gång till och ange ordens ordning med siffror.

☐ identitetsutveckling	☐ lyckas	☐ trivs	☐ svartsjuka
☐ självkänsla	☐ ärlighet	☐ umgås	☐ pålitlig
☐ skämmas	☐ återspeglar	☐ minns	☐ finns
☐ lojal	☐ drabbas	☐ förebyggande	☐ ansträngande

2

Lyssna igen på radioprogrammet. Här ser du några fraser och meningar i kronologisk ordning. Fyll i luckorna med orden som du hör. Alla orden finns i övning 1.

1. Andra människor ________________ oss så att säga.
2. En vän som är ________________ och ________________
3. ________________________ är A och O.
4. Jag har läst din bok och ________________ att du skriver att...
5. ...för att minska risken att ________________ av depressioner
6. Tid tillsammans med vänner är en sorts ________________ medicin.
7. Ibland ska man inte ________________ för att distansera sig...
8. Ibland uppstår ju även ________________ och konkurrens...
9. Det kan ju vara ________________, eller hur?
10. ...stödja varandra. Så ________________ man bättre.

3

Lyssna en sista gång på radioprogrammet och kryssa för (X) vilka svar som stämmer med vad personerna säger i intervjun. Bara ett svar är rätt för varje fråga.

1. Vänskap betyder...
- ☐ A ingenting för vår identitet.
- ☐ B en hel del för vår identitet.
- ☐ C allt för vår identitet.

2. Majoriteten har...
- ☐ A fler än sex nära vänner.
- ☐ B färre än fyra nära vänner.
- ☐ C ungefär fem nära vänner.

3. Viktigast är att vi regelbundet
- ☐ A möter våra vänner.
- ☐ B ringer till våra vänner.
- ☐ C mejlar med vänner.

4. Man blir lättare deprimerad ...
- ☐ A om man träffar vänner mer än tre gånger i veckan.
- ☐ B om man träffar vänner mindre än tre gånger i veckan.
- ☐ C om man träffar vänner dubbelt så många gånger som man ringer.

5. Ibland skäms man
- ☐ A för att "göra slut" med en vän.
- ☐ B när vänskapen blir destruktiv.
- ☐ C när man går olika vägar i livet.

6. Din självkänsla kan ta skada...
- ☐ A om du avslutar en vänskap.
- ☐ B om din vän uppskattar dig mer än du uppskattar honom/henne.
- ☐ C om du uppskattar din vän mer än han/hon uppskattar dig.

7. Man lyckas bättre med vänskapen om...
- ☐ A den ena vännen är stjärnan och den andra har en biroll.
- ☐ B din vän beundrar dig.
- ☐ C båda vänner ger varandra stöd.

8. Henrik Stålberg...
- ☐ A håller med om allt som programledaren säger.
- ☐ B håller inte med om allt som programledaren säger.
- ☐ C håller delvis med om allt som programledaren säger.

WORTSCHATZ

fler – *mehr*
färre – *weniger*
göra slut – *Schluss machen*
ta skada – *Schaden nehmen*
beundra – *bewundern*
hålla med – *zustimmen*
uppskatta – *schätzen*
en biroll – *Nebenrolle*
ett stöd – *Unterstützung*

SPRACHTIPP

Zustimmen:
Jag håller med (dig). – Ich stimme (dir) zu.
Det tycker jag också. – Das finde ich auch.
Det tycker inte jag heller. – Das finde ich auch nicht.

Anderer Meinung sein:
Ja kanske det, men ... – Ja, vielleicht aber ...
Ja, det är möjligt, men jag tycker... – Ja, das ist möglich, aber ich finde ...
Nja...Det beror på... – Naja, kommt darauf an ...

Ablehnen:
Jag håller inte med (dig). – Ich stimme (dir) nicht zu.
Det tycker jag absolut inte. – Das finde ich gar nicht.

Schwedische Bezeichnungen für Freunde
kamrat (Kamerad) | **kompis** (Kumpel) | **väninna** (Freundin) | **bekant** (Bekannte/r) | **polare** (Kumpel, ugs.) | **bästis** (beste/r Freund/in, ugs.) | **bundis** (enge/r Freund/in, ugs.) | **pojkvän** (fester Freund) | **flickvän** (feste Freundin) | **killkompis** (platonischer Freund) | **tjejkompis** (platonische Freundin)

WORTSCHATZ

ett karaktärsdrag - *Charakterzug*
en känsla - *Gefühl*
en anhörig - *Angehöriger*
misshandla - *misshandeln*
svartsjuk - *eifersüchtig*
misstänka - *verdächtigen*
jämt - *ständig*
otrogen - *untreu*
oärlig - *unehrlich*
självisk - *selbstsüchtig*
elak - *gemein*
dominerande - *dominant*
ohövlig - *unhöflich*
arg - *wütend*
säga upp - *aufkündigen*
orolig - *besorgt*
(en) misshandel - *Misshandlung*
uppleva - *erleben*
värd - *wert*
rädd - *ängstlich*
en ilska - *Wut*
polisanmäla - *bei der Polizei anzeigen*
bry sig - *sich kümmern*
kvinnofridslinjen - *Hilfetelefon bei Gewalt gegen Frauen*

SPRACHTIPP

Häufig wird die Vorsilbe **o-** vor Adjektiven genau wie im Deutschen die Vorsilbe *un-* verwendet.

WORTSCHATZ

ta upp kontakten - *Kontakt aufnehmen*
våldsam - *gewalttätig*

4

Psykologen svarar på läsarnas frågor. Läs igenom texten och stryk under alla adjektiv som beskriver karaktärsdrag och känslor.

Fråga psykologen

Linda Berggren är legitimerad psykolog. Ställ frågor om psykiska problem, relationer och hjälp till vän/anhörig. Du får vara anonym.

Fråga

Min bästa väns man misshandlar henne psykiskt och fysiskt. Han är mycket svartsjuk och misstänker jämt att min vän är otrogen. Egentligen är det han som är oärlig, självisk, elak och dominerande. Mot mig är han alltid ohövlig, ovänlig och arrogant. Jag har försökt tala om att hon måste lämna honom men hon blir bara arg och menar att jag inte förstår. Nu har hon sagt upp kontakten. Jag är så orolig. Vad ska jag göra? *Bodil*

Svar

Jag förstår att du är orolig. Misshandel är fruktansvärt att uppleva och är en allvarlig kriminell handling. Du skriver att din väninna blir arg och tycker att du inte förstår. Kanske är hon väldigt rädd för att bli ensam. Att hon är arg på dig kan bero på att hon vet att du egentligen har rätt. Om du har bevis på misshandeln, kan du polisanmäla, för att visa att du bryr dig. Finns det någon annan vän du kan prata med? Om fler vänner försöker att nå henne kanske någon lyckas. Du kan också fortsätta skriva till henne och visa att du finns om hon behöver dig, eller tipsa om numret till kvinnofridslinjen. Sedan är det hon själv som bestämmer om hon vill ha hjälp.

5

Vilken mening beskriver bäst vad Bodil vill med sin fråga?

- ☐ A Bodil vill att hennes vän tar upp kontakten med henne igen.
- ☐ B Bodil undrar hur hon bäst kan hjälpa sin vän.
- ☐ C Bodil tycker att vännens man är våldsam och vill polisanmäla honom.

6

Vilka är motsatserna till följande adjektiv? Matcha!

1. arrogant	___	A slarvig
2. rolig	___	B elak
3. lojal	___	C orolig
4. inåtvänd (introvert)	___	D altruistisk
5. lugn	___	E utåtriktad (extrovert)
6. arg	___	F ödmjuk
7. ordentlig	___	G tråkig
8. självisk	___	H glad
9. snäll	___	I opålitlig

WORTSCHATZ

en motsats – *Gegenteil*
Ein anderes Gegenteil für **lojal** ist **illojal**

7

Läs ett inlägg på ett forum om vänskap. Fyll i de ord som passar från övning 6 i luckorna. Ibland går flera adjektiv bra att använda.

Jag har en barndomsvän sedan många år. Som barn hade vi alltid kul ihop. Min vän hade humor och var därför extremt 1. ____________. Han var aldrig 2. ____________. Vi skämtade och skrattade jämt. Jag minns att vi trots det var väldigt olika. Han var öppen och 3. ____________ medan jag var mera stängd och 4. ____________. I skolan var min vän ganska 5. ____________. Hans skolbänk såg ut som ett kaos och han kunde aldrig hitta rätt bok när läraren sa till. Då blev läraren rasande 6. ____________. Jag var däremot en plugghäst i skolan och mycket 7. ____________. Mina böcker och papper låg välsorterade i bänken. Min vän och jag delade samma intressen för fotboll, simning och böcker när vi var små. Nu när vi är vuxna har allt tyvärr förändrats. Min vän har blivit en riktig karriärist. Han tänker bara på sig och är därför väldigt 8. ____________. Han är konkurrensinriktad och kritisk och kan ofta säga 9. ________ saker till mig, så att jag känner mig ledsen. Jag litar inte heller på honom mer eftersom han ofta ljuger. Han har alltså blivit riktigt 10. ____________. Jag funderar allvarligt på att avsluta vänskapen men jag är rädd för att jag kommer att ångra mig. Vilka egenskaper tycker ni är viktigast för att en vänskap ska bestå?

ABC WORTSCHATZ

ett inlägg – *Beitrag*
en barndomsvän – *Freund aus Kindertagen*
skämta – *scherzen*
skratta – *lachen*
en skolbänk – *Schulbank*
rasande – *rasend*
en plugghäst – *Streber*
vuxen – *erwachsen*
en karriärist – *Karrierist*
konkurrensinriktad – *auf Wettbewerb bedacht*
lita på – *sich verlassen auf*
ljuga – *lügen*
en egenskap – *Eigenschaft*
bestå – *bleiben*

 6.3

Deponensverben
Deponensverben sind Verben, die immer auf -s enden. Sie werden entsprechend ihrer Verbgruppe konjugiert und haben immer eine aktive Bedeutung, auch wenn das -s aussieht wie die Passivendung. Man darf sie nicht mit reziproken Verben oder Verben im Passiv verwechseln.
Beispiele: **finnas**, **minnas**, **trivas**, **skämmas**, **lyckas**, **umgås**, **andas** *(atmen)*, **fattas** *(fehlen)*, **kräkas** *(erbrechen)*, **låtsas** *(so tun als ob)*, **svettas** *(schwitzen)*.

Infinitiv	**Präsens**	**Präteritum**	**Supinum**
lycka**s**	lycka**s**	lyckade**s**	lyckat**s**
triva**s**	triv**s**	trivde**s**	trivt**s**
finna**s**	finn**s**	fann**s**	funnit**s**
umgå**s**	umgå**s**	umgick**s**	umgått**s**

8
Ska det vara infinitiv, presens, preteritum eller supinum? Verben i parentes (*in der Klammer*) står i infinitiv. Fyll i den riktiga verbform som passar i luckorna.

1. Det ______ (finnas) många ensamma människor i Sverige nuförtiden.
2. Jag har alltid ______ (trivas) med livet när jag har träffat mina vänner.
3. Det var så pinsamt eftersom jag inte ______ (minnas) min gamla klasskamrats namn när vi träffades senast.
4. Man måste ______ (andas). Annars dör man.
5. Det var otroligt varmt under vår semester på Kreta så vi ______ (svettas) mycket.
6. Hon ______ (låtsas) att hon var en lojal väninna, men egentligen var hon riktigt opålitlig.
7. Jag och min bästa vän kan ______ (umgås) varje dag utan att vi tröttnar på varandra.
8. Han ______ (skämmas) när hans fru upptäckte att han hade varit otrogen med hennes bästa vän.

Indirekte Rede
Durch die indirekte Rede wird die Äußerung eines Sprechers wiedergegeben. Sie geschieht in Form eines abhängigen Nebensatzes, der eine wörtliche Äußerung wiedergibt.

Direkte Rede: **Anders: „Jag har inte många goda vänner."**
Indirekte Rede: **Anders säger att han inte har många goda vänner.**

9.2

SPRACHTIPP

Achten Sie darauf, dass Sie die Personalpronomen in der indirekten Rede anpassen müssen: **Anders säger att <u>han</u>** ... (nicht **jag**).

Verben, die bei indirekter Rede häufig vorkommen, sind **tycka**, **tro**, **mena**, **anse**, **svara**.

9

Gå tillbaka till texten i övning 4 och stryk under allt indirekt tal som du kan hitta.

10

Skriv om nedanstående meningar i indirekt tal. Du kan även byta ut **säger** med **tycker**, **menar** och **anser** där det passar.

Exempel: Henrik: "Vi mår ofta bra av vänskap."
Henrik säger... att vi ofta mår bra av vänskap.

1. Britta: "Jag är alltid rädd för arga och elaka kommentarer ".

---

2. Karl: "Jag litar inte på min vän mer."

---

3. Maria: "Han är alltid så konkurrensinriktad mot mig."

---

4. Bengt: "Vi går så sällan på bio tillsammans nuförtiden."

---

5. Madeleine: "Jag har inte läst boken om vänskap."

SPRACHTIPP

Denken Sie daran, dass das Satzadverb im Nebensatz immer vor dem ersten Verb steht!
Denken Sie auch daran, wenn nötig Possessiv- und Objektpronomen im Nebensatz anzupassen.

Indirekter Fragesatz
Ein indirekter Fragesatz ist ein Nebensatz, der eine Frage enthält. Bei einer Frage mit Fragewort wird das Fragewort als Konjunktion verwendet:
Hon frågar/undrar/vill veta + Fragewort + Nebensatz
Direkte Frage: **Anna: "Varför är du glad?"**
Indirekte Frage: **Anna frågar varför du är glad.**

Bei Ja-/Nein-Fragen wird als Konjunktion **om** *ob* verwendet.
Direkte Frage: **Lars: „Kan du tala spanska?"**
Indirekte Frage: **Lars undrar om du kan tala spanska.**

9.2

SPRACHTIPP

Wenn das Fragewort das Subjekt der direkten Frage ist, muss man bei der indirekten Frage zusätzlich **som** verwenden:

Direkte Frage: **Lena: "Vem kommer nu?"**
Indirekte Frage: **Lena undrar vem <u>som</u> kommer nu.**

 CD 2 - TR. 2

 CD 2 - TR. 3

11

Lyssna först på CDn medan du läser nedanstående dialoger. Läs därefter dialogerna högt. Skriv om dialogerna i indirekt tal och säg dem högt. Lyssna på CDn och kontrollera om du hade rätt.

1.
Mamma: Vart ska du gå så sent?
Bettan: Jag ska gå och träffa Åsa.
Mamma: Vad ska ni göra?
Bettan: Vi tänker inte dricka alkohol, om du tror det.
Mamma: Det är bra.
Bettan: Vi vill gå och dansa på en klubb.
Mamma: När kommer du hem?
Bettan: Jag kommer kanske hem klockan ett.
Mamma: Du måste komma hem senast klockan tolv.
Bettan: Det är okej.

2.
Bertil: Vad läser du för bok?
Johanna: Jag läser en bok om vänskap och relationer.
Bertil: Du läser ofta sådana böcker. Är den intressant?
Johanna: Ja, den är väldigt intressant.
Bertil: Vem har skrivit boken?
Johanna: Det är en professor som heter Henrik Stålberg.
Bertil: Vad är han professor i?
Johanna: Han är professor i socialpsykologi, tror jag.
Bertil: Jag hörde faktiskt hans program på radion häromdagen.

12

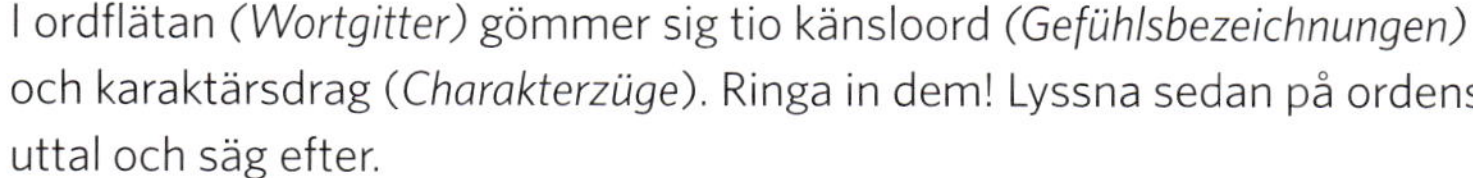

I ordflätan *(Wortgitter)* gömmer sig tio känsloord *(Gefühlsbezeichnungen)* och karaktärsdrag (*Charakterzüge*). Ringa in dem! Lyssna sedan på ordens uttal och säg efter.

U Q G S Ä C L E D S E N
E F P L R Ö N A U S T V
R S J Ä L V I S K D I E
T E I N I H E N K E N L
Z M P D G Ö N Ä H A Q A
D D Ä U M H E L M R T K
T R O G E N H L L G C H
G A N G Ü G M E C G Ö G
L U G N K Ö D M J U K L
C P A J N V Ö T K Z N A
M X S V A R T S J U K D

13

CD 2 - TR. 5

Här beskriver olika människor hur de tycker att de är som personer. Sortera satserna och läs högt. Lyssna sedan på CDn och kontrollera!

1. anser | jag | pålitlig | att | är | jag | .
2. att | jag | är | rolig | menar | och | hövlig | jag | .
3. tror | jag | jag | inåtvänd | är | att | inte | .
4. jag | att | är | ganska | tycker | jag | slarvig | .
5. inte | anser | är | jag | att | jag | utåtriktad | .
6. att | självisk | är | jag | dominerande | jag | menar | och | .

14

Hur skulle du beskriva dig själv? Använd adjektiven som du har lärt dig i det här kapitlet.

LEKTION 7 Sveriges regioner

CD 2 - TR. 6

WORTSCHATZ

ett ställe - *Platz, Ort*
en staty - *Statue*
en fontän - *Brunnen*
skapa - *erschaffen*
ett tegel - *Backstein*
en stadsteater - *Stadttheater*
underhållande - *unterhaltsam*
en nöjespark - *Vernügungspark*
en avbild - *Abbild*
grunda - *gründen*
peka på - *auf etw. zeigen*
bli till - *entstehen*
en bakelse - *Gebäck*
Mums! - *Lecker!*
ett läppstift - *Lippenstift*
en skyskrapa - *Wolkenkratzer*
inviga - *einweihen*

guida - *führen*
delta - *teilnehmen*
en hedersgäst - *Ehrengast*
en midsommarafton - *Mittsommerabend*
influera - *beeinflussen*
bygga - *bauen*
en sten - *Stein*
uppföra - *errichten*
en vaktavlösning - *Wachablösung*
äga rum - *stattfinden*

en stadsvandring - *Stadtwanderung*
en ros - *Rose*
en gotlänning - *Bewohner Gotlands*
bekväm - *bequem*
medeltida - *mittelalterlich*
en hansestad - *Hansestadt*
en världsarvslista - *Weltkulturerbeliste*
en ringmur - *Ringmauer*
ett torn - *Turm*
en domkyrka - *Dom*

1

Guidade turer i Sverige

Titta på bilderna! Från vilka platser i Sverige tror du att de kommer? Lyssna sedan på fyra guider som berättar för turister om de olika ställena. Varje guide berättar om en bekant plats eller byggnad i i sin stad. Skriv ned stadens namn och platsens/byggnadens namn under rätt bild.

1. Guide 1

Plats: ____________________

Stad: ____________________

2. Guide 2

Byggnad: ____________________

Stad: ____________________

3. Guide 3

Byggnad: ____________________

Stad: ____________________

4. Guide 4

Byggnad: ____________________

Stad: ____________________

2

Lyssna igen! Vilken guide säger ungefär vilken mening? Är det guide 1, 2, 3 eller 4? Skriv guidens nummer efter meningen.

Exempel:
Vad fint väder vi har idag! 1 (Guide 1 säger:" Vi har riktigt tur med vädret.")

___ A Turen kommer att ta en timme och en kvart.

___ B Vårt stadshus fick ett pris eftersom det var fint.

___ C Jag är intresserad av historia och arkitektur.

___ D Den här kyrkan invigdes av en biskop.

___ E Man äter en särskild kaka i staden för att fira en kung.

___ F I det här stadshuset äter man mycket mat som är festlig.

___ G Den här kyrkan byggdes för drygt hundra år sedan.

___ H Här finns ett hus som har ett kosmetiskt namn.

3

Lyssna på hörförståelsen igen och kryssa för om påståendena är rätt eller fel.

		RÄTT	FEL
1.	Avenyn är ett torg som ligger vid Poseidon.	☐	☐
2.	Statyn Poseidon skapades 1913.	☐	☐
3.	Liseberg är den största nöjesparken i Sverige.	☐	☐
4.	Göteborg grundades av Gustav II Adolf 1621.	☐	☐
5.	Göteborgs operahus ligger vid statyn Poseidon.	☐	☐
6.	Nobelprisfesten hålls i stadshuset sedan 15 år.	☐	☐
7.	Stockholms slott går i italiensk renässansstil.	☐	☐
8.	Man kan se vaktavlösningen utanför slottet klockan kvart över tolv.	☐	☐
9.	Visby på Gotland kallas också "rosornas stad".	☐	☐
10.	Ringmuren har 11 torn och byggdes på 1100-talet.	☐	☐
11.	Sankta Maria kyrka byggdes för cirka 200 år sedan	☐	☐
12.	Ishotellet har alltid varit öppet under sommaren.	☐	☐
13.	Kiruna är en stad som från början levde på sina gruvor	☐	☐
14.	Kiruna kyrka är röd till färgen och byggdes på 1900-talet.	☐	☐

ABC WORTSCHATZ

en handelsman – *Kaufmann*
pigg – *lebhaft*
en biskop – *Bischof*
renovera – *renovieren*
utförligt – *ausführlich*

en midnattssol – *Mitternachtssonne*
ett konstverk – *Kunstwerk*
ett gruvsamhälle – *Bergbaustadt*
bryta – *abbauen*
en järnmalm – *Eisenerz*
belöna – *belohnen*
omtyckt – *beliebt*
stolt – *stolz*
en spricka – *Spalt, Riss*

CD 2 – TR. 6

SPRACHTIPP

Achtung!
1100-talet – das 12. Jahrhundert

4

På bilderna ser du exempel på några av Sveriges populäraste sevärdheter. Kanske känner du redan till några av dem. Under bilderna står texter med turistinformation från Internet. Vilken text passar till vilken bild? Skriv namnet på platsen under bilden.

1. ______________

2. ______________

3. ______________

4. ______________

5. ______________

6. ______________

1. Linnéträdgården är en oas i centrala Uppsala med mer än 1300 arter av växter. De vackra blommorna ska bäst beskådas under sommaren. Om man är intresserad av vetenskapshistoria är ett besök här ett måste. Det var nämligen på denna plats som professor Carl von Linné utvecklade sitt system. Linnés bostad kan också besökas.

2. Falu gruva var en gång i historien världens största koppargruva. Man tror att brytningen av koppar eventuellt påbörjades så tidigt som på 800-talet. Förutom koppar har där även brutits silver och guld. Gruvan är sedan år 2001 ett världsarv.
Utforska den långa historien vid Falu gruva genom att gå på våra guidade visningar. Guiden tar med er ner på en historisk resa till 67 meter. Tänk på att det är +5 grader i gruvan året om så ta på varma kläder och skor!

3. Lunds domkyrka besöks av 700 000 människor varje år och har utsetts till ett av Sveriges sju underverk av Vetenskapsradions lyssnare. Kyrkan ligger söder om parken Lundagård i centrala Lund. Den började byggas under 1100-talet och är därmed ett exempel på vacker romansk arkitektur. Lunds universitet invigdes 1668 i denna kyrka.
Den första helgen i varje månad har vi gratis guidade visningar av domkyrkan. Ingen föranmälan krävs.

ABC WORTSCHATZ

beskåda - *ansehen*
(en) vetenskapshistoria - *Wissenschaftsgeschichte*
(en) koppar - *Kupfer*
påbörja - *beginnen*
utforska - *erforschen*
året om - *das ganze Jahr über*
utse - *auswählen*
ett underverk - *Wunder*
därmed - *somit*
en visning - *Vorführung*
en föranmälan - *Voranmeldung*
kräva - *verlangen*
bevarad - *gehütet*
ett regalskepp - *Regalschiff*
sjunka - *sinken*
en jungfrufärd - *Jungfernfahrt*
bärga - *bergen*
restaurera - *restaurieren*
ett sekel - *Jahrhundert*
praktfull - *prachtvoll*
ett norrsken - *Polarlicht*
en linbana - *Seilbahn*
en polcirkel - *Polarkreis*
ett sommarsolstånd - *Sommersonnenwende*
njuta - *genießen*
ett fågelliv - *Vogelwelt*
ljuvlig - *herrlich*
ett fiskesamhälle - *Fischerdorf*
en sjöbod - *Geräteschuppen am Strand*
en brygga - *Bootssteg*
en badklippa - *Badefelsen*
en bebyggelse - *Bebauung*
trivsam - *gemütlich*
ett skaldjur - *Schalentier*

4. Vasamuseet i Stockholm är idag Skandinaviens mest besökta museum. Det finns totalt tio olika utställningar kring själva skeppet som är värda att se. Vasa är världens enda bevarade 1600-talsskepp. Det 69 meter långa regalskeppet sjönk under sin jungfrufärd mitt i Stockholm och bärgades först år 1961, 333 år senare. Skeppet har långsamt restaurerats under ett halvt sekel och ser idag nästan lika praktfullt ut som i gamla tider. Visningar av museet ges varje dag.

5. I Abisko nationalpark kan du se norrsken, upptäcka vandringsleder, åka upp med linbana på fjället Njullá och mycket mer! Nationalparken som ligger i Norrbotten besöks av cirka 50 000 turister varje år. Tack vare sitt läge 250 kilometer norr om polcirkeln kan du uppleva midnattssol under drygt åtta veckor kring sommarsolståndet. Njut dessutom av den vackra fjällfloran och fågellivet här!

6. Kom och upplev den ljuvliga Västkusten – från Vrångö i Göteborgs skärgård till Kosteröarna. Sommaridyllen Marstrand har mycket att erbjuda med sin trähusstad som på sommaren blir landets seglingsmetropol. På Orust, Sveriges tredje största ö, kan mysiga fiskesamhällen med dess pittoreska sjöbodar, bryggor och badklippor besökas. Käringön är en miljö med typisk bohuslänsk bebyggelse. Här finns också trivsamma fisk- och skaldjursrestauranger. När man sitter på restaurangerna hör man motorerna från fiskebåtarna på avstånd. Västkusten har allt och lite till.

Politische Einteilung Schwedens

Schweden ist heute in **län** *Verwaltungsprovinz*, **landsting** *Provinziallandtag* und **kommuner** *Gemeinden* unterteilt. Heute gibt es 21 **län**, früher hingegen gab es 25 sogenannte **landskap**. Auch heute benutzen Schweden häufig noch die Namen der **landskap**, um ihren Heimatort zu benennen. Norrbotten, was im letzten Text vorkommt, ist eine Provinz in Nordschweden. Die übrigen Orte liegen in folgenden Provinzen: Uppsala in Uppland, Falun in Dalarna, Lund in Skåne, Stockholm in Södermanland und Uppland und die Inseln an der Westküste in Bohuslän.

 1

 SPRACHTIPP

Achtung
In der fünften Deklination gibt es Wörter, die auf der ersten Silbe betont werden und bei denen in der bestimmten Form Plural die Konsonanten den Platz wechseln:

Plural unbestimmt
sekel
papper
fönster

Plural bestimmt
seklen
pappren
fönstren

Die bestimmte Pluralform der Substantive
Der bestimmte Artikel im Plural wird an das Wortende angehängt. Deklination 1, 2 und 3 bekommt die Endung **-na**, z.B.:
blommor**na** (die Blumen), stenar**na** (die Steine), nöjesparker**na** (die Vergnügungsparks)
Deklination 4 bekommt die Endung **-a**, z.B.:
ställen**a** (die Orte)
Deklination 5 bekommt die Endung **-en**, z.B.:
slott**en** (die Schlösser)
Worte, die auf -are enden, werden so gebeugt:
lärar**na** (die Lehrer)

° 5

Fyll i bestämd form plural av orden i parentesen.

1. ____________ (gruva) i Falun och Kiruna bröt järnmalm och kopparmalm.
2. ____________ (visning) av domkyrkan äger rum en helg i månaden.
3. ____________ (vandringsled) i Abisko är populära bland turister.
4. ________________ (fiskesamhälle) på Västkusten har många sjöbodar.
5. _______________ (hotell) i Sverige är relativt dyra.
6. _______________ (läkare) i Sverige har kortare arbetstider än i Tyskland.

 6.3

 SPRACHTIPP

Passivsätze kommen in Zeitungstexten, Überschriften, Werbung, Anzeigen, Mitteilungen, Infoblättern etc. sehr häufig vor.

Das Passiv
Die normale Verbform wird Aktiv genannt und bezieht sich darauf, dass das Subjekt aktiv ist und eine Handlung ausführt, die durch das Verb beschrieben wird. Wenn das Subjekt unbestimmt, unbekannt oder unwichtig ist, wird oft die Verbform Passiv angewendet. Im Passivsatz ist das Subjekt nicht aktiv. Im Schwedischen wird die Passivform gebildet, indem man ein **-s** anhängt.
Aktiv: **Man började bygga kyrkan under 1100-talet.**
Passiv: **Kyrkan började byggas under 1100-talet.**

Konjugation im s-Passiv

	Infinitiv	Präsens	Präteritum	Supinum
Gruppe 1	grundas	grundas	grundades	grundats
Gruppe 2	byggas	byggs	byggdes	byggts
	läsas	läses	lästes	lästs
Gruppe 3	kläs	kläs	kläddes	klätts
Gruppe 4	ges	ges	gavs	givits

In den passiven Formen wird das Subjekt zum Urheber und das Objekt zum Subjekt.

Aktiv			**Passiv**
Subjekt	**Verb**	**Objekt**	**Subjekt** **Verb** **Urheber**
Man	restaurerade	skeppet.	Skeppet restaurerades (av någon).
Man	restaurierte	das Schiff.	Das Schiff wurde restauriert (von jmdn).
Kungen grundade Göteborg.			Göteborg grundades av kungen.

6.3

SPRACHTIPP

Beim Präsens geht man vom Imperativ des Verbs aus und hängt -s an:
Flytta!+s → flyttas
Kräv! +s → krävs
Köp! +s → köps
Lös! +s → löses
(Wenn der Stamm auf -s endet, muss man vor dem Passiv-s ein -e einfügen.)
Sy! → sys (nähen)
Ät! → äts
Drick! → dricks
Gör! → görs
Skriv! → skrivs

6

Läs igenom övning 4 igen och stryk under alla passiva satser. Vad heter de i aktiv form? Skriv meningarna i aktiv form på ett separat papper.

7

Skriv meningarna i passiv form på ett separat papper!

1. Man etablerade stadsteatern 1890.
2. Många turister besöker Västkusten.
3. Restauranggästerna har ätit mycket fisk- och skaldjur idag.
4. Guiden ska visa stadshuset klockan 12.
5. Vetenskapsmannen drack mycket vin under Nobelmiddagen.
6. Maria Nilsson har skrivit en bok om Kiruna.
7. Många barn läser gärna Astrid Lindgrens böcker.
8. Han kan bygga huset på ett halvår.
9. Någon dödade kung Gustav II Adolf i Lützen 1632.

Nur das Hauptverb bekommt im Passiv das -s.
Man kan besöka trädgården på sommaren.
→ Trädgården kan besökas på sommaren.

Carl von Linné und Gustav II Adolf

Carl von Linné (1707-1778) war ein schwedischer Botaniker, Arzt, Geologe und Zoologe. Er begründete die moderne Systematik der Biologie, in der Lebewesen in Gruppen eingeteilt werden. Er war Professor an der Universität von Uppsala.

Gustav II Adolf (1594-1632) war von 1611 bis 1632 König von Schweden. Er ist vor allem dafür bekannt, die schwedische Großmachtzeit eingeläutet zu haben. Er führte Schweden in den Dreißigjährigen Krieg, in dem er auf der protestantischen Seite den katholischen Armeen entgegentrat. Am 06. November 1632 starb er in der Schlacht bei Lützen.

Carl von Linné

Gustav II Adolf

CD 2 - TR. 7

WORTSCHATZ

kunnig - *kenntnisvoll*

8

Numrera meningarna så att dialogen blir meningsfull. Läs sedan dialogen högt och lyssna på CDn och kontrollera!

- ☐ Jag tänker åka på en guidad busstur genom stan. Jag har redan köpt biljetten till turen.
- ☐ Tack! Ja, jag är jätteintresserad av historia. Vi kommer också att se Läppstiftet, en skyskrapa som byggdes 1989.
- ☐ Wow, tänk att du är så kunnig i historia. Vad kommer ni mer att se?
- ☐ Jaha. Vilka sevärdheter kommer ni att titta på?
- ☐ Jag läste på Internet att vi kommer att åka förbi Gustav Adolfs torg.
- ☐ Vet du vad? Jag ska åka till Göteborg i juli.
- ☐ Gustav Adolf! Är inte det den där statyn som står på torget?
- ☐ Nej, vad kul! Vad tänker du göra där?
- ☐ Jo, precis. Staden grundades ju av honom 1621, tror jag.

9

CD 2 - TR. 8

Vilket aktivt verb passar i luckorna? Välj bland orden i rutan och läs sedan högt. Ändra därefter meningarna från aktiv form till passiv form muntligt. Lyssna till slut på CDn och kontrollera.

gav | belönat | åker | besökte | beskåda | läser | renoverade | köpte

1. Arne ____________ biljetter till en guidad busstur.
2. Man måste ____________ Västkusten när vädret är vackert.
3. Man har ____________ henne med ett pris.
4. Många kvinnor ____________ gärna romantiska böcker.
5. Turister ____________ linbana upp på fjället.
6. Hon ____________ honom i Stockholm.
7. Han ____________ henne en resa i present.
8. Man ____________ slottet.

SPRACHTIPP

Denken Sie daran, dass man keinen Urheber im Passivsatz braucht, wenn im Aktivsatz das Subjekt *man* ist.

10

CD 2 - TR. 9

Lyssna på uttalet av orden nedan och markera var betoningen ligger! Lyssna igen och säg efter! I ord som slutar på *-or* ändras betoningen i singular och plural.

motor	motorer	motorerna
professor	professorer	professorerna
doktor	doktorer	doktorerna
dator	datorer	datorerna
rektor	rektorer	rektorerna
revisor	revisorer	revisorerna
koordinator	koordinatorer	koordinatorerna

LEKTION 8 Utbildning

SPRACHTIPP

In der Grundschule und im Gymnasium lautet die Bezeichnung für alle Schüler **elever**.

KULTURTIPP

In Schweden besucht man neun Jahre lang die *Grundschule* **grundskolan**. Mit sechs oder sieben Jahren wird man eingeschult. Das *Gymnasium* **gymnasiet**, das normalerweise drei Jahre dauert, beginnt man mit 15 oder 16.

Noten **betyg** bekommt man erst ab der sechsten Klasse. Wenn man das Gymnasium mit dem Abitur abschließt, sagt man: **Man tar studenten**. Die Mädchen tragen an diesem Tag weiße Kleider, die Jungen Anzüge mit weißem Hemd und alle weiße sogenannte *Studentenkappen* **studentmössor**.

1

Här ser du en kort beskrivning av det svenska utbildningssystemet. Skriv ner vilka ord som du tror passar i luckorna.

högskolan | program | lågstadiet | daghem | mellanstadiet | gymnasiet | sfi | grundskolan | universitetet | högstadiet | komvux

1. Innan barnen börjar skolan kan de gå på ______.
2. I ______ går alla barn de första nio åren. Den är obligatorisk.
3. På ______ går man efter grundskolan i tre år. Det är frivilligt.
4. Efter gymnasiet kan man studera på ______ eller ______.
5. ______ är ett gymnasium för vuxna.
6. ______ betyder "svenska för invandrare" och kan läsas antingen på komvux eller på Folkuniversitetet.
7. Grundskolan delas upp i tre stadier. Klass 1-3 heter ______, klass 4-6 heter ______ och klass 7-9 heter ______.
8. På gymnasiet kan man läsa olika ______.

CD 2 - TR. 10

2

Lyssna på fyra samtal! Var utspelar de sig? I grundskolan, på gymnasiet, på universitetet eller på Sfi? Skriv samtalets siffra vid den rätta bokstaven!

___ A Grundskolan

___ B Gymnasiet

___ C Universitetet

___ D Sfi

3

Vad betyder följande slangord? Lyssna på samtal 1 igen och matcha slangorden/slanguttrycken till vänster med standardorden/standardfraserna till höger. Några slangord hör man inte i samtalet.

1. farsan	___	A	mycket intensivt
2. syrran	___	B	mamma
3. morsan	___	C	Jag är tvungen att gå.
4. brorsan	___	D	pappa
5. Jag måste dra.	___	E	läsa, studera
6. kolla	___	F	syster
7. plugga	___	G	kontrollera
8. Det är kört.	___	H	bror
9. stenhårt	___	I	Jag missar chansen.
10. kursare	___	J	kurskamrat

4

Lyssna på de fyra samtalen (Tr. 10) igen och kryssa för om påståendena är rätt eller fel.

		RÄTT	FEL
1.	Bengan vill söka till samhällsvetenskapsprogrammet.	☐	☐
2.	Lollo gillar kemi och fysik.	☐	☐
3.	Manges syster går på ekonomiprogrammet.	☐	☐
4.	Kerstin och Daniel gick på gymnasiet tillsammans.	☐	☐
5.	Daniel studerar ekonomi och är snart färdig med sin kandidatexamen.	☐	☐
6.	Anders ska träffa sin handledare efter föreläsningen.	☐	☐
7.	Claudia tycker att det är svårt att träna på att tala svenska med svenskar.	☐	☐
8.	Claudia gillar svensk kultur och natur men vill inte jobba i Sverige.	☐	☐
9.	Cecilia vill bli musiker.	☐	☐
10.	Faster Margareta håller med pappa om att barnen ska få läsa något som utvecklar deras talang.	☐	☐

CD 2 - TR. 10

WORTSCHATZ

Oh Gud - *Oh Gott*
jädrar - *verflixt*
vara tvungen att - *müssen*

SPRACHTIPP

Folgende Namen sind Spitznamen:
Lollo für Louise
Bengan für Bengt
Madde für Madeleine
Mange für Magnus

WORTSCHATZ

SO - *sozialkundliche Fächer*
ett matteprov - *Mathetest*
komma in på - *angenommen werden*
ett betyg - *Note*
ett ämne - *Fach*
(en) kemi - *Chemie*
(en) fysik - *Physik*
en rödspätta - *Scholle*
en kandidatexamen - *Bachelorabschluss*
en masteruppsats - *Masterarbeit*
en föreläsning - *Vorlesung*
en handledare - *Betreuer*
ett examensarbete - *Abschlussarbeit*
sammanfatta - *zusammenfassen*
fixa mat - *Essen machen*
hinna med - *etwas (zeitlich) schaffen*
en såpopera - *Seifenoper*
snacka - *reden*
en brytning - *Akzent*
en inställning - *Einstellung*
en färdighet - *Fertigkeit*

WORTSCHATZ

(en) läsning - *Lesen*
(en) skrivning - *Schreiben*
(en) vårdpersonal - *Pflegepersonal*
legitimerad - *anerkannt*
en inriktning - *Ausrichtung*
gullig - *niedlich*
en läroplan - *Lehrplan*

5

Olika skolor i Sverige erbjuder svenskundervisning för utlänningar. Sökläs i nedanstående texter! Var kan man göra följande saker? På Folkuniversitetets allmäna kurser (A), på Sfi (B), på Uppsala International Summer Session (C). Skriv den rätta bokstaven efter meningen.

Var kan man...:

1. ...få mer information om att arbeta i Sverige ______
2. ...läsa en kurs där man bara kan förbättra sitt uttal ______
3. ...läsa en intensivkurs på sommaren ______
4. ...läsa en svenskkurs om man hör dåligt ______
5. ...bara öva i att tala svenska ______
6. ...åka iväg och se olika orter av historiskt intresse ______
7. ...läsa kurser som är arrangerade av kommunen ______
8. ...läsa en svenkkurs som undervisas av universitetslärare ______
9. ...läsa en kurs där man bara fördjupar sina grammatikkunskaper ______

WORTSCHATZ

en nybörjare - *Anfänger*
erbjuda - *anbieten*
ett uttal - *Aussprache*
indelad - *eingeteilt*
en benämning - *Benennung*

Vi på Folkuniversitetet har kurser i svenska både för nybörjare och för dig som redan har goda kunskaper i språket.

Folkuniversitetet har lång erfarenhet av undervisning i svenska. Vi erbjuder kurser i både allmän svenska och specialkurser för dig som behöver språket i arbetet, till exempel inom sjukvården. Du kan också välja mellan konversationskurser, uttals- och grammatikkurser i en studietakt som passar dig. Folkuniversitetets svenskkurser är indelade i nivåer från A1 för nybörjare till C2 för personer på avancerad nivå. Nivåns benämning, till exempel A1, anger kursens mål, det vill säga vad du ska kunna efter kursen.

Sfi - utbildning i svenska för invandrare

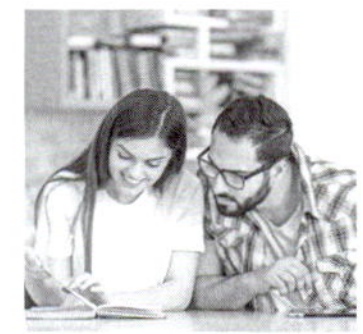

Folkuniversitetet har mycket lång erfarenhet av att ge kurser i sfi - svenska för invandrare. Med hjälp av våra duktiga och engagerade sfi-lärare får du möjlighet att börja arbeta eller utbilda dig i Sverige. När du läser svenska för invandrare (sfi), får du inte bara språkundervisning. Språket är en mycket viktig del, men det är också viktigt att lära känna det svenska samhället och arbetslivet.
Vi erbjuder sfi-undervisning utifrån dina förutsättningar. Du kan till exempel läsa sfi digitalt eller i en form anpassad efter personer med hörselnedsättning eller andra inlärningshinder. Högskolespåret är vårt upplägg för personer som har akademisk eller gymnasial utbildning som vill läsa sfi i snabbare takt, med sikte på universitetsstudier eller kvalificerat arbete. Vi arrangerar sfi på uppdrag av kommuner och därför erbjuder vi olika typer av utbildning på olika orter.
(Källa: Folkuniversitetets hemsida)

Svenskundervisning sedan 1963

Ett halvt sekel av innovativ pedagogik och framgång

Uppsala International Summer Session arrangerar varje år intensiva sommarkurser i det svenska språket samt kurser i svensk historia, samhällskunskap och kultur. Svenska undervisas 20-28 timmar per vecka på olika nivåer: från nybörjare till mycket avancerade. Våra lärare är mestadels universitetslektorer, har läst svenska som främmande språk och har erfarenhet att undervisa ämnet på akademisk nivå. Undervisningen äger rum måndag – torsdag. Fredagar används till utflykter till historiska platser.
(Källa: anpassat efter Uppsala International Sessions hemsida)

WORTSCHATZ

en invandrare – *Einwanderer*
lära känna – *kennen lernen*
en förutsättning – *Voraussetzung*
anpassad – *angepasst*
en hörselnedsättning – *Hörschwäche*
ett inlärningshinder – *Lernschwierigkeiten*
ett högskolespår – *Hochschullinie*
ett upplägg – *Gestaltung*
med sikte på – *mit dem Ziel*
ett uppdrag – *Auftrag*

KULTURTIPP

Sfi ist die Bezeichnung für Schwedischkurse für Einwanderer in Schweden. Wer nach Schweden eingewandert ist, hat das Recht, Schwedisch zu lernen. Man muss in Schweden gemeldet und mindestens 16 Jahre alt sein, um an einem Sfi-Kurs teilzunehmen. Die Ausbildung ist kostenlos.

WORTSCHATZ

främmande – *fremd*
(en) pedagogik – *Pädagogik*
en framgång – *Erfolg*
en utflykt – *Ausflug*

 WORTSCHATZ

en utskrift - hier: *gedruckter Text*
(en) framtid - *Zukunft*

 6.2

 SPRACHTIPP

In Sätzen mit der Formulierung **Det ska bli** + positives Adjektiv bedeutet **ska** dasselbe wie **kommer att**, also eine Vorhersage: **Det ska bli roligt/härligt!**

Das Präsens als Ausdruck der Zukunft wird auch in konditionalen oder temporalen Nebensätzen verwendet, die mit **om**, **ifall**, **när**, **medan** beginnen: **Medan du arbetar, ska jag studera hemma.**

6

Läs igenom utskriften till övning 2 (*im Anhang bei den Audiotexten*) och stryk under alla framtidsformer (futurum) som du kan hitta. Om det är svårt, kan du först läsa grammatikförklaringen i nedanstående ruta.

Das Futur (Zukunftsformen)

1. kommer att + infinitiv	Det **kommer att snöa** imorgon.
2. ska + infinitiv	Hon **ska studera** biologi på universitetet.
3. tänker + infinitiv	Han **tänker gå** på en föreläsning i ekonomi.
4. Präsens	Höstterminen **börjar** 21 augusti.

Die Zukunft kann man im Schwedischen mit vier unterschiedlichen Konstruktionen ausdrücken.
Die erste Form (**kommer att**) verwendet man, um eine **reine Vorhersage** auszudrücken und über Dinge zu sprechen, die man nicht planen oder bestimmen kann.
Die zweite Form (**ska**) wird verwendet, wenn etwas **fest entschieden** und **absehbar** ist oder **unmittelbar bevorsteht** und wenn man etwas tun **will**.
Im dritten Fall (**tänker**) handelt es sich oft **um persönliche Absichten oder Vorhaben**.
Im vierten Fall (**Präsens**) benutzt man einen Zeitausdruck, der in der Zukunft liegt, in Verbindung mit dem Präsens, um so die Zukunft auszudrücken.

7

Skriv **kommer att** eller **ska**. Ibland kan båda vara rätt men ha lite olika betydelse. Välj alternativet som är bäst.

1. Matteprovet på fredag ____________ bli svårt.
2. Pappa vill att Göte ____________ studera medicin i Stockholm.
3. Läkaren säger att farfar ____________ bli frisk efter operationen.
4. Befolkningen i världen ____________ öka i framtiden.
5. Amanda läser juridik och ____________ bli advokat. Hon vill inte bli åklagare.
6. Vi ____________ resa till Italien i sommar.
7. Se på himlen! Jag tror att det ____________ regna.
8. Lotta pluggar stenhårt eftersom hon ____________ ta studenten i juni.

Wortfolge bei Nebensatz + Hauptsatz und Hauptsatz + Nebensatz
Beginnt man ein Satzgefüge im Schwedischen mit einem Nebensatz, erhält der Hauptsatz die umgedrehte Wortfolge, das Verb steht also vor dem Subjekt:
När du läser svenska för invandrare (sfi), får du inte bara språkundervisning.
Wenn du Schwedisch für Einwanderer lernst, bekommst du nicht nur Sprachunterricht.
Wenn man hingegen mit dem Hauptsatz beginnt, erhält der Nebensatz die normale Wortfolge:
Du får inte bara språkundervisning, när du läser svenska för invandrare (sfi).
Du bekommst nicht nur Sprachunterricht, wenn du Schwedisch für Einwanderer lernst.

9

WORTSCHATZ

en utbytestermin – *Austauschsemester*

8

Sortera meningarna! Börja med orden i fet stil. Skriv på separat papper.

1. **När jag gick i grundskolan,** | matte | jag | gillade | inte | .
2. **Eftersom hon är musikalisk,** | hon | läser | det estetiska programmet | .
3. **Medan Mange sportar,** | Lollo och Bengan | mattelektion | har | .
4. **Trots att hon har läst C1-kursen,** | inte | talar | så | svenska | bra | hon | .
5. **Innan hon arbetar som sjuksköterska i Sverige,** | hon | gå | en kurs i sjukvårdssvenska | måste | .
6. **Efter att jag är färdig med mina studier,** | åka | på en utbytestermin | ska | till England | jag | .

9

Gå tillbaka till övning 9. Skriv meningarna igen men börja med huvudsatsen den här gången! Skriv på separat papper.

Exempel: 1. **Jag gillade inte matte**, när jag gick i grundskolan.

2. Hon läser..., 3..., 4..., 5..., 6...

CD 2 - TR. 11

WORTSCHATZ

en årskurs - *Klassenstufe*
gå i ettan - *in die erste Klasse gehen*
gå i första klass - *in die erste Klasse gehen*
tvåan - *zweite Klasse*
trean - *dritte Klasse*
fyran - *vierte Klasse*
femman - *fünfte Klasse*
sexan - *sechste Klasse*
sjuan - *siebte Klasse*
åttan - *achte Klasse*
nian - *neunte Klasse*

10

Lyssna på en person som berättar om sin utbildningsväg och fyll i orden du hör som saknas i luckorna. Lyssna sedan en gång till, kontrollera och säg efter.

När jag var sex år började jag i ettan på 1. ____________ i Landalaskolan. Där gick jag i tre år och trivdes bra eftersom jag gillade min första lärare. Och sedan fortsatte jag att gå på 2. ____________, alltså årskurs fyra till sex på en annan skola som hette Guldhedsskolan. Jag flyttade igen till en tredje skola när jag började 3. ____________. Jag gillade ämnen som svenska, engelska och fysik men jag tyckte inte om franska, biologi och kemi. Jag valde att gå naturvetenskapsprogrammet på gymnasiet och jag fick särskilt bra 4. ____________ i matte och fysik. Efter gymnasiet studerade jag maskinteknik på Chalmers tekniska högskola i Göteborg. Det var ganska svårt men efter att ha pluggat i fem år har jag en civilingenjörexamen och en 5. ____________ och 300 högskolepoäng. Jag tänker söka jobb som ingenjör på en bilfirma. Men först ska jag åka utomlands ett år.

11

Berätta om din studieväg på svenska. Använd fraserna nedan som hjälp.

När jag var ... år började jag...Och sedan fortsatte jag ... Jag gillade ämnen som ... Jag valde att gå ... Jag fick särskilt bra betyg i ... Efter ... studerade jag ... Jag har ... Jag tänker... Jag ska...

12

Lyssna på uttalet av följande ord och markera var betoningen ligger. Lyssna sedan igen och säg efter!

CD 2 - TR. 12

schema	matematik	fysik	kemi	biologi	historia
idrott	ekonomi	teknik	betyg	gymnasiet	examen
musik	pianist	Sfi	läsning	skrivning	broschyr
nybörjare	uttal	grammatik	konversation	undervisning	ingenjör

13

"Att" blir "å". Lyssna på uttalet av följande fraser och meningar och säg efter!

CD 2 - TR. 13

SPRACHTIPP

Wenn **att** direkt vor einem Verb im Infinitiv verwendet wird, wird es oft wie [o] ausgesprochen.

Jag har glömt **att** göra matteläxan.
Kul **att** se dig!
Det är bara **att** slå sig ned.
Han är alltid så svår **att** få tag på.
Sedan kommer jag **att** gå en kurs.
Det kommer **att** snöa imorgon.
Jag valde **att** gå naturvetenskapsprogrammet.

Schwedisch-Tests
Es gibt mehrere Möglichkeiten, um sein Schwedisch zu testen und ein Zertifikat zu bekommen, das angibt, auf welchem Niveau man sich befindet.

Swedex ist ein unabhängiger Test, der alle sprachlichen Fertigkeiten abprüft: Sprechen, Lesen, Hören und Schreiben. Diesen Test kann man auch im Ausland ablegen. Folkuniversitetet ist für den Swedex-Test zuständig.
Sfi-prov gibt es auf mehreren Niveaus. Die Prüfungen werden nach dem Besuch der Sfi-Kurse abgelegt und sind benotet.

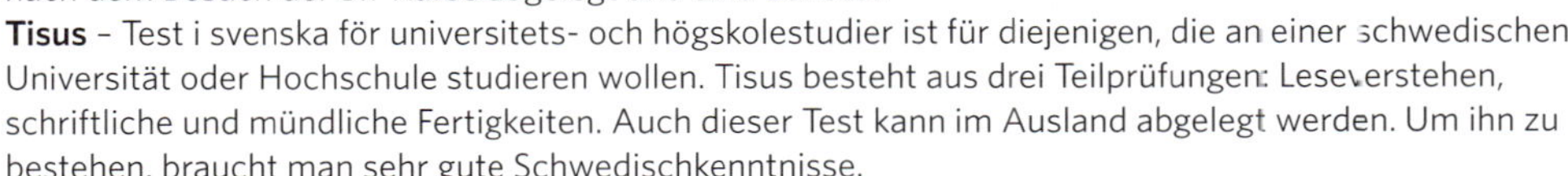

Tisus – Test i svenska för universitets- och högskolestudier ist für diejenigen, die an einer schwedischen Universität oder Hochschule studieren wollen. Tisus besteht aus drei Teilprüfungen: Leseverstehen, schriftliche und mündliche Fertigkeiten. Auch dieser Test kann im Ausland abgelegt werden. Um ihn zu bestehen, braucht man sehr gute Schwedischkenntnisse.
Svenska C1 valideringstest wird von der Folkuniversitet durchgeführt und wird von den Behörden als Nachweis der notwendigen Sprachkenntnisse für die Berufsanerkennung anerkannt.

LEKTION 9 Arbetsliv

1

I ordkedjan gömmer sig 12 arbeten. Stryk under de yrken som du kan hitta! Det första yrket är redan understruket.

TRAE<u>ADVOKAT</u>LLESNICKAREGDIFORSKAREVTZECYSEKRETERARE

BLAREVISORPLAFÖRETAGSLEDAREGNZPRÄSTKOKAEXPEDITDMNUEVPLI

VETERINÄRJLILANTBRUKAREKBTTRÄDGÅRDSMÄSTARESNIDATAVETARE

2

Vilket av de ovanstående yrkena passar med beskrivningen nedan? Skriv yrkets namn vid varje passande mening!

1. En __________ odlar, planterar och sköter om växter i trädgården.
2. En __________ är chef och ansvarig för en firma.
3. En __________ bedriver forskning på ett universitet eller ett företag.
4. En __________ diagnostiserar och behandlar sjuka husdjur.
5. En __________ kan t.ex. programmera eller installera nya program.
6. En __________ är specialist på juridiska frågor och arbetar med rådgivning och förhandling i domstol.
7. En __________ leder församlingsarbetet i kyrkan med gudstjänster, dop, vigsel och begravningar och ger själavård.
8. En __________ arbetar t.ex. i kassan i en affär.
9. En __________ granskar en verksamhets redovisning och förvaltning.
10. En __________ kan jobba med stora byggprojekt eller med mindre sniderier.
11. En __________ skriver protokoll, formulerar, redigerar och skriver ut brev, svarar i telefon och bokar in möten samt adminstrerar sammanträden och resor.
12. En __________ äger eller arrenderar en gård med eller utan djur och skog. Hen måste vara kunnig i jordbruk.

ABC **WORTSCHATZ**

odla - *züchten*
plantera - *pflanzen*
sköta om - *pflegen*
bedriva forskning - *forschen*
behandla - *behandeln*
ett husdjur - *Haustier*
(en) rådgivning - *Beratung*
en förhandling - *Verhandlung*
en domstol - *Gericht*
ett församlingsarbete - *Gemeindearbeit*
en gudstjänst - *Gottesdienst*
ett dop - *Taufe*
en vigsel - *Trauung*
en begravning - *Beerdigung*
(en) själavård - *Seelsorge*
granska - *prüfen*
en verksamhet - *Betrieb*
en redovisning - *Rechenschaftsbericht*
(en) förvaltning - *Verwaltung*
ett byggprojekt - *Bauprojekt*
ett snideri - *Schnitzerei*
redigera - *redigieren*
ett sammanträde - *Sitzung*
ett jordbruk - *Landwirtschaft*

3

Lyssna på sex olika samtal som utspelar sig på diverse arbetsplatser!
Vilka yrken från övning 1 och 2 handlar det om? Skriv yrkets namn vid varje samtal!
Lyssna sedan en gång till och skriv var eller i vilken situation samtalen äger rum. Välj på följande plats/situation: kyrka, mottagning, matvaruaffär, anställningsintervju, snickeri, universitet

CD 2 - TR. 14

WORTSCHATZ

en mottagning – *Praxis*
jobbig – *mühsam, anstrengend*
en skatt – *Steuer*
välbetald – *gut bezahlt*
färdigskriven – *fertig geschrieben*
handleda – *betreuen*
publicerad – *veröffentlicht*
av yttersta vikt – *äußerst wichtig*
ett citat – *Zitat*
ansedd – *angesehen*
en blombukett – *Blumenstrauß*
ett altare – *Altar*
en predikstol – *Kanzel*
framställd – *hingestellt*
bredd – *geschmiert*
en psalm – *Kirchenlied*
en brud – *Braut*
ett flickebarn – *Mädchen*
döpt – *getauft*
besvärlig – *schwierig*
leverera – *liefern*
montera – *zusammenbauen*
otålig – *ungeduldig*
tjatig – *nörglig*
fatta – *kapieren*
en undulat – *Wellensittich*
en pinne – *Stange*
slö – *träge*
uppburrad – *aufgeplustert*
kry – *gesund*
en näbb – *Schnabel*
en buk – *Bauch*
en affärshandling – *geschäftliches Dokument*
en svaghet – *Schwäche*
höra till – *dazu gehören*
uppdaterad – *auf dem neuesten Stand sein*
en programvara – *Software*
välkänd – *wohlbekannt*
en utmaning – *Herausforderung*

	Yrke	Plats/Situation
Samtal 1		
Samtal 2		
Samtal 3		
Samtal 4		
Samtal 5		
Samtal 6		

4

Lyssna igen på de sex olika samtalen (Tr. 14). Läs frågorna och kryssa för vilken fråga som passar till vilket samtal. Ibland kan flera samtal passa till en fråga.

	1	2	3	4	5	6
A Vem vill byta jobb?	☐	☐	☐	☐	☐	☐
B Vem vill ha högre lön?	☐	☐	☐	☐	☐	☐
C Vem är trött på kunderna?	☐	☐	☐	☐	☐	☐
D Vem verkar gilla sitt nuvarande jobb?	☐	☐	☐	☐	☐	☐
E Vem måste resa snart?	☐	☐	☐	☐	☐	☐

WORTSCHATZ

en varaktighet - *Dauer*
en primärvård - *medizinische Erstkontaktstelle*
(en) specialistsjukvård - *Facharztbetreuung*
ansluten - *angeschlossen*
ett läkarhus - *Ärztezentrum*
en fysioterapeut - *Physiotherapeut*
en arbetsterapeut - *Beschäftigungstherapeut*
en arbetsuppgift - *Arbeitsaufgabe*
(en) posthantering - *Postbearbeitung*
ha hand om - *zuständig sein für*
m.m. (med mera) - *u. a. (unter anderem)*
önskvärt - *wünschenswert*
en sökande - *Bewerber*
sätta värde på - *Wert legen auf*
en serviceanda - *Dienstleistungsgedanke*
en samarbetsförmåga - *Teamfähigkeit*
stor vikt läggs vid - *großer Wert wird gelegt auf*
(en) lämplighet - *Eignung*
en tillsvidareanställning - *unbefristete Anstellung*
tillämpa - *anwenden*
en provanställning - *Probezeit*
en heltid - *Vollzeit*
ett tillträde - *Eintritt*
snarast möjligt - *möglichst bald*
en ansökan - *Bewerbung*
ett cv - *Lebenslauf*
skall vara oss tillhanda - *sollen uns vorliegen*
deltid - *Teilzeit*
fast anställd - *fest angestellt*

5

Läs igenom platsannonsen som står på Internet. Vilka rubriker/underrubriker passar var? Skriv rubrikerna i luckorna!

Övrig information | Varaktighet, arbetstid | Arbetsbeskrivning | Kvalifikationer | Receptionist Cabrio Rehab Snillefloden

1. ______________________

Cabrio Närsjukvård erbjuder primärvård inom allmänmedicin och specialistsjukvård. Mottagningen ligger i moderna lokaler anslutna till vårdcentralen Cabrio Läkarhus Snillefloden.

2. ______________________

Vi söker en receptionist för receptionsarbete på rehabmottagning där fysioterapeut, arbetsterapeut samt logoped arbetar.
Arbetsuppgifter består av att ta emot patienter, telefonkontakt, posthantering m.m. Du kommer också att ha hand om beställningar, registrering m.m.
Vi erbjuder en engagerande och utvecklande arbetsplats med tydligt patientfokus.

3. ______________________

Önskvärt är att du som sökande har tidigare erfarenhet av arbete i reception i primärvård. Vi sätter stort värde på serviceanda, samarbetsförmåga och flexibilitet. Stor vikt läggs vid personlig lämplighet.

4. ______________________

Inför tillsvidareanställningar tillämpar vi alltid först sex månaders provanställning.

5. ______________________

Tillsvidare
Heltid
Tillträde: Snarast möjligt

Din skriftliga ansökan med cv och personligt brev skall vara oss tillhanda senast 24 september 20...

6

Hur skriver man bäst ett personligt brev? Läs igenom texten och ringa in de tips som du tror är de bästa, A eller B. Kontrollera sedan i facit!

Ett personligt brev skickar du med ditt cv när du söker ett jobb. Ditt personliga brev är en närmare presentation av dig själv. Det är din chans att visa att just du är rätt person som ska bli anställd på den här arbetsplatsen. Här får du några tips.

1. Ett personligt brev bör vara **A** max en A4-sida | **B** minst två A4-sidor långt.
2. Fånga läsarens intresse direkt genom att börja med det viktigaste och mest relevanta. Skriv en kort inledning, **A** där du beskriver vem du är, din ålder, var du bor, om du är gift och var du har studerat | **B** där du förklarar vilket jobb du söker och varför just du passar för det.
3. **A** Anpassa alltid ditt brev efter det jobb du söker. Försök att svara på det som arbetsgivaren söker i annonsen. | **B** Använd dig av ett allmänt formulerat brev som du kan skicka till flera arbetsgivare.
4. **A** Ett personligt brev är nästan samma sak som cv:t. Brevet består bara av meningar som beskriver cv:t som står i punktform. | **B** Se till så att ditt cv och personliga brev kompletterar varandra och att du inte upprepar dig. Ditt cv är en presentation av din utbildning och ditt yrkesliv. Det personliga brevet är en beskrivning av dig och varför du är rätt person för jobbet.

(Källa: anpassat från Arbetsförmedlingens hemsida)

WORTSCHATZ

ett personligt brev – *Anschreiben*
en inledning – *Anfang*
fånga läsarens intresse – *das Interesse des Lesers wecken*
anpassa – *anpassen*
en arbetsgivare – *Arbeitsgeber*
i punktform – *in Stichpunkten*
se till – *Acht geben*
upprepa sig – *sich wiederholen*
ett yrkesliv – *Berufsleben*
en arbetsförmedling – *Arbeitsvermittlung*

7

Titta på två sätt att inleda ett personligt brev till tjänsten som receptionist som var utannonserad i övning 5. Vilken är den bästa inledningen, om man ska följa tipsen från övning 6?

A

Jag heter Börje Nyberg och kommer från Jönköping men har bott i Göteborg i tio år. Jag är 35 år och gift. Jag arbetar för närvarande som receptionist på en läkarmottagning i Angered och trivs bra med arbetsuppgifterna. När jag läste er platsannons på Internet blev jag mycket intresserad.

B

Serviceinriktad, välorganiserad och samarbetsvillig. Där har ni mig med tre ord och utifrån er beskrivning av tjänsten så är jag övertygad om att jag är rätt person för arbetet som receptionist hos er.

WORTSCHATZ

en arbetstagare – *Arbeitnehmer*
en tjänst – *Stelle*
utannonserad – *ausgeschrieben*
för närvarande – *zur Zeit*
serviceinriktad – *dienstleistungsorientiert, kundenfreundlich*
välorganiserad – *strukturiert*
samarbetsvillig – *teamfähig*
övertygad – *überzeugt*

 6.4

SPRACHTIPP

Das Perfekt Partizip kann auch aus Partikelverben gebildet werden, also aus Verben, die mit Präposition oder Adverbien verbunden sind. In diesem Fall steht das Partikel vorne.

Beispiele:
Hon har skrivit färdigt artikeln. Artikeln är **färdigskriven**.
Hon har ställt fram ljusen.
Ljusen är **framställda**.
Fågeln har burrat upp sig.
Fågeln är **uppburrad**.
Peter har gift om sig.
Peter är **omgift**.

Partizip Perfekt

Das Partizip Perfekt kann wie ein Adjektiv verwendet werden. Wenn man diese Form bildet, geht man vom Supinum (3. Verbform) aus.

Verbgruppe	Supinum	Partizip Perfekt		
		en	ett	bestimmte Form / Plural
1	interessera|t	interessera**d**	interessera**t**	interessera**de**
2a	anställ|t	anställ**d**	anställ**t**	anställ**da**
2b	döp|t	döp**t**	döp**t**	döp**ta**
3	bre|tt	bre**dd**	bre**tt**	bre**dda**
4	skrivit	skriv**en**	skriv**et**	skriv**na**
4	anslut|it	anslut**en**	anslut**et**	anslut**na**

Das Partizip wird an das Substantiv angeglichen, z. B.: *en intresserad man, ett intresserat barn, två intresserade kvinnor,den intresserade kvinnan, det intresserade barnet, de intresserade kvinnorna.*
Nach *är, blir, känner sig, ser...ut* och *verkar* steht das Partizip Perfekt.
Nach *har* und *hade* steht das Supinum. Das Supinum ist unveränderlich und wird nicht angepasst.

° 8

Ska det vara perfekt particip eller supinum? Skriv verben i rätt form.

1. (stressar) Nina har ____________ hela dagen på jobbet. Hon känner sig ____________ av jobbet.
2. (skriver) Jag har ____________ett personligt brev idag. Brevet är ____________ på engelska eftersom jag söker jobb i USA.
3. (anställer) Företaget har ____________ tre nya sekreterare. Sekreterarna blev fast ____________ efter sex månader.
4. (ansluter) Rehabreceptionen är ____________ till läkarhuset. Det är byggingenjören som har ____________ lokalerna.
5. (syr) Den vita dopklänningen är ____________ för flickebarnet. Hennes mormor har ____________ den.
6. (dricker upp) Konfirmanderna har ____________ allt kyrkkaffe. Kyrkkaffet är helt ____________.

Partizip Perfekt mit är/blir
Bei **är + Partizip Perfekt** liegt der Fokus auf einem Zustand oder einem Ergebnis. Bei **blir + Partizip Perfekt** hingegen liegt der Fokus auf einem Ereignis, einer Veränderung oder einem Vorgang.

Köket är monterat. *Die Küche ist montiert.* (Die Küche ist fertig.)
Köket blir monterat. *Die Küche wird montiert.* (Die Küche ist noch nicht fertig).

Anstelle von **blir + Partizip Perfekt** kann man auch oft das s-Passiv verwenden.

Hedda blir anställd av företaget. = Hedda anställs av företaget.
Die erste Form wird mehr in der gesprochenen Sprache verwendet, die zweite eher in der Schriftsprache.

6.4

9

Byt alla s-passiv i meningarna till bli + perfekt particip. Tänk på att **bli** ska stå i rätt form. Skriv på separat papper!

1. Hedda intervjuas av Nils.
2. Flickebarnet döptes av prästen i söndags.
3. Fågeln Putte ska undersökas av veterinären.
4. Psalmer spelades under vigseln.
5. Smörgåsarna breddes och kaffet bryggdes inför sammanträdet.
6. Gården och skogen arrenderas av lantbrukaren.
7. En vetenskaplig artikel ska publiceras av Linnea snart.
8. Köket specialanpassas av Andreas.
9. Nina stressas av sitt jobb som expedit varje dag.
10. Ett personligt brev och ett cv skrevs av Börje Nyberg förra veckan.
11. Programvaran uppdateras varje månad.
12. Det personliga brevet lästes av företagsledaren.
13. Linus ringdes upp av en otålig kund.
14. Växterna sköts om av trädgårdsmästaren.

WORTSCHATZ

intervjua – *interviewen; auch: ein Bewerbungsgespräch führen*
brygga – *(Kaffee) kochen*

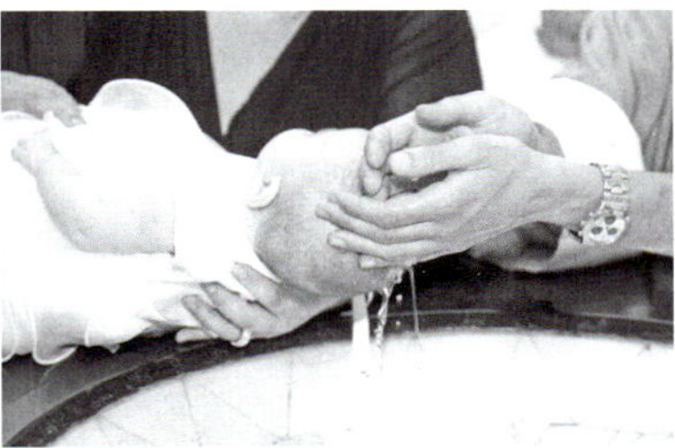

10

CD 2 - TR. 15

Vilken form av perfekt particip ska det vara? Fyll i luckorna och läs sedan meningarna högt. Lyssna därfter på CDn och kontrollera!

1. (installerar) Den nya datorn är redan ________ på kontoret och det nya programmet blir också ________. Vad bra att både datorn och programmet är ________ fram till imorgon.
2. (fångar) Jag hoppas att intervjuarens intresse är ________ och att jag blir (anställer) ________ snarast möjligt. Jag måste bli bättre (betalar) ________. Det jobb som jag har nu är inte särskilt väl ________.
3. (söker upp) Han önskar så att han blir ________ av en headhunter via sin LinkedInprofil på Internet. Många människor blir ________ där har han hört.
4. (tror) Kriminella blir sällan ________ i domstolen trots att deras advokater försvarar dem. Som präst blir man ofta ________ av församlingen eftersom många tycker att man har ett seriöst yrke.
5. (skriver) Mitt cv är redan färdig ________ och (skickar) ________. Nu väntar jag bara på ett positivt svar.
6. (intervjuar) Jag kommer att bli ________ imorgon. Därför är jag jättenervös och super (stressar) ________.
7. (tar emot) Hon blev väl ________ av receptionisten på läkarmottagningen. Sedan blev hon (undersöker) ________ av en läkare i allmänmedicin. Läkaren är väl (anser) ________ av många patienter.

11

Läs igenom en del av en anställningsintervju mellan Catherine och Börje. Några av orden i svaren har omkastade bokstäver (*die Buchstaben sind durcheinander*). Läs svaren högt och försök att gissa vilka orden är. Lyssna sedan på CDn och kontrollera.
Fundera därefter på hur du själv skulle svara på frågorna om du blev intervjuad!

Catherine: Varför vill du arbeta för oss?

Börje: Jag tycker att ert företag är 1. ävlnkät och 2. essriöt och jag ser det som en 3. mutnagin att arbeta hos er.

Catherine: Vilka är dina starka sidor?

Börje: Jag tror att jag är 4. pigltliä och 5. ddeisciplinra och jag har lätt för att 6. aukomnicerm med andra människor. Dessutom är jag 7. niacserveiriktd och 8. nrälorgaiseadv.

Catherine: Vilka är dina svaga sidor?

Börje: Kanske är jag lite för 9. ksvsjälitikr ibland och jag tror nog att jag ofta vill göra min omgivning 10. dönj. Jag är heller inte alltid 11. deprupdata på den senaste programvaran. Men jag brukar lära mig fort!

Catherine: Var ser du dig själv om fem år?

Börje: Jag vet inte exakt var jag är men jag hoppas att de erfarenheter och kunskaper jag bygger upp kommer att hjälpa företaget att nå sina mål.

Catherine: Hur hanterar du stress?

Börje: Jag försöker att prioritera det som är viktigast att göra och ibland ber jag kollegor om hjälp. Jag lyssnar gärna på musik eller målar tavlor för att stressa av på fritiden.

12

Uttal av j-ljudet och av u som här blir [f]. Lyssna och säg efter!

jobb | jordbruk | Göteborg | arbetsgivare | djur | ljus | hjälp | gjorde | fysioterapeut | arbetsterapeut

 **CD 2 - TR. 15**

 SPRACHTIPP

Häufige Fragen im Bewerbungsgespräch:

Kan du berätta lite om dig själv?
Vad har du att erbjuda oss?
Vad har du lyckats bra med/mindre bra med på dina tidigare arbeten?
Varför söker du nytt jobb?
Har du några frågor till oss?

 WORTSCHATZ

stressa av – *Stress abbauen*
erbjuda – *(an)bieten*
lyckas med – *jmd. gelingt etwas*
tilltala – *ansprechen*

 SPRACHTIPP

Es gibt sechs unterschiedliche Schreibweisen für den j-Laut (**j-ljudet**).
Vor **a**, **o**, **u**, **å** und manchmal **ä** wird der j-Laut oft mit **j** geschrieben. Vor **e**, **i**, **y**, **ö** und manchmal **ä** wird meist **g** geschrieben.
Am Wortanfang wird der j-Laut bei vielen Wörtern mit **dj**, **gj**, **hj** oder **lj** geschrieben.
Es handelt sich dabei um eine alte Schreibweise, da früher beide Buchstaben ausgesprochen wurden.
Heute spricht man nur noch [j].

 **CD 2 - TR. 17**

Statsskick

WORTSCHATZ

självstyrande – *selbstverwaltend*
en enhet – *Einheit*
ett självstyre – *Selbstverwaltung*
(en) lokaltrafik – *Nahverkehr*
(en) barnomsorg – *Kinderbetreuung*
(en) åldringsvård – *Seniorenbetreuung*

1

Vilka ord passar i luckorna? Fyll i dem i rätt form!

val | borgerlig | rösta | vänsterblocket | riksdagen | landsting | kommun

Sveriges parlament heter 1. ____________. När det är 2. ____________ 3. ____________ man på det parti som man tycker har den bästa politiken. I det 4. ____________ blocket ingår de flesta partier som inte är socialistiska. 5. ____________ består av partier som är mer röda eller gröna. 6. ____________ är självstyrande enheter som har hand om sjukvård, lokaltrafik och regionplanering. 7. ____________ är administrativa enheter med självstyre som har ansvar för t.ex. vägar, skola, barnomsorg, och åldringsvård.

CD 2 – TR. 18

WORTSCHATZ

gå till – *ablaufen*
(en) fullmäktige – *Gemeinderat*
få lov – *tun dürfen*
en medborgare – *Bürger*
folkbokförd – *(amtlich) gemeldet*
ett valdeltagande – *Wahlbeteiligung*
ett valprogram – *Wahlprogram*

2

Lyssna på dialogen mellan Albin och Sabine! Besvara sedan frågorna på ett separat papper.

1. Vilka val finns det i Sverige?.
2. Hur ofta och när hålls riksdagsvalet?
3. Vem får rösta i riksdagsvalet?
4. Vem får rösta i kommunalvalet?
5. Hur populärt är det att rösta?
6. Vilket parti skulle Sabine välja om hon fick rösta i riksdagsvalet?

3

Vilka ord/fraser beskriver att en trend går upp eller ner? Dra ett streck från ordet till rätt bild!

ökning | minskning | öka | minska | sjunka | stiga | bli mindre | bli större

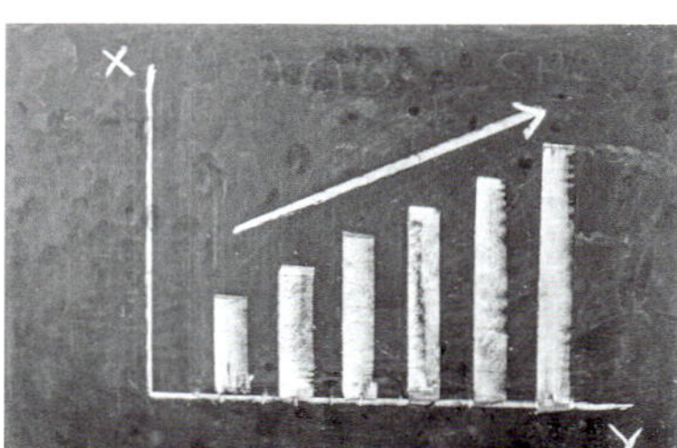

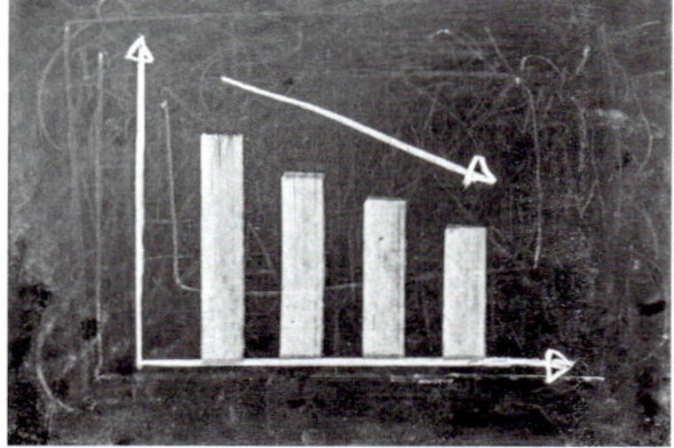

4

Lyssna på nyhetssändningen flera gånger på CDn och kryssa för vilken fråga som gäller för vilket parti! Ibland kan flera partier passa till en fråga. Partiförkortningar: Socialdemokraterna = S, Miljöpartiet de gröna = MP, Vänsterpartiet = V, Moderaterna = M, Liberalerna = LIB, Kristdemokraterna = KD, Centerpartiet = C och Sverigedemokraterna = SD

	S	MP	V	M	LIB	KD	C	SD
1. Vilka partier ingår i vänsterblocket?	☐	☐	☐	☐	☐	☐	☐	☐
2. Vilka partier ingår i det borgerliga blocket?	☐	☐	☐	☐	☐	☐	☐	☐
3. Vilket parti ingår inte i något av blocken?	☐	☐	☐	☐	☐	☐	☐	☐
4. Vilka partiers röster har gått upp den här månaden?	☐	☐	☐	☐	☐	☐	☐	☐
5. Vilka partier har gått ner den här månaden?	☐	☐	☐	☐	☐	☐	☐	☐
6. I vilket parti är det oförändrat?	☐	☐	☐	☐	☐	☐	☐	☐
7. Vilket parti har 3,4 % av rösterna?	☐	☐	☐	☐	☐	☐	☐	☐
8. Vilket parti har 8,1 % av rösterna?	☐	☐	☐	☐	☐	☐	☐	☐
9. Vilket parti har 23 % av rösterna?	☐	☐	☐	☐	☐	☐	☐	☐
10. Vilket parti har ökat med 2 procentenheter?	☐	☐	☐	☐	☐	☐	☐	☐
11. Vilket parti har minskat med 3 procentenheter?	☐	☐	☐	☐	☐	☐	☐	☐

CD 2 - TR. 19

WORTSCHATZ

en nyhetssändning – *Nachrichtensendung*
vore – *wäre*
sammanställa – *zusammenstellen*
en procentenhet – *Prozentpunkt*
ligga kvar på – *unverändert liegen bei*
hamna på – *landen bei*
oförändrat – *unverändert*
nå upp till – *erreichen*
en opinionsmätning – *Meinungsumfrage*

KULTURTIPP

Sifo (Svenska institutet för opinionsundersökningar) ist ein schwedisches Unternehmen, das Markt-, Medien- und Meinungsforschung betreibt.

Die sogenannte *Allianz* **Alliansen** besteht aus **Moderaterna**, **Liberalerna**, **Kristdemokraterna** und **Centerpartiet**.

Die Rotgrünen **de rödgröna** bestehen aus **Socialdemokraterna**, **Miljöpartiet de gröna** und **Vänsterpartiet**.

WORTSCHATZ

en demokrati - *Demokratie*
en kammare - *Kammer*
en ledamot - *Abgeordnete/r*
ett lagförslag - *Gesetzesvorschlag*
fastställa - *festlegen*
en statsbudget - *Haushalt*
tillsätta - *einsetzen*
avsätta - *des Amtes entheben*
en regering - *Regierung*
en statsminister - *Ministerpräsident*
en utrikesminister - *Außenminister*
en finansminister - *Finanzminister*
en utbildningminister - *Bildungsminister*
ett departement - *Ministerium*
styra - *führen*
lägga fram - *einbringen*
en proposition - *Regierungsvorlage*
dock - *jedoch*
gå igenom - *durchkommen, durchgehen*
utökad - *erweitert*
en tandvård - *Zahnarztwesen*
indelat - *eingeteilt*
omfatta - *umfassen*
en tätbebyggelse - *Ballungsraum*
en landsbygd - *ländliches Gebiet*
en räddningstjänst - *Rettungsdienst*
en socialtjänst - *Sozialhilfe*
funktionshindrad - *behindert*

5

Läs igenom texten och svara sedan muntligt på frågorna i övning 6.

Riksdagen

Sverige är en parlamentarisk demokrati. Parlamentet som kallas för riksdagen består av en kammare med 349 ledamöter, som väljs enligt ett proportionellt valsystem i allmänna val vart fjärde år. För att ett parti ska få plats i riksdagen behöver det ha 4 % av rösterna. Riksdagen röstar om nya lagförslag och har ansvar för att fastställa statsbudgeten. Riksdagen har också till uppgift att tillsätta och avsätta regering.

Regeringen

Om ett parti får flest röster, får det bilda regering. Det händer sällan att ett parti får egen majoritet och därför måste flera partier bilda regering tillsammans. Oftast är det de två blocken, det rödgröna eller det borgerliga som gör det, eftersom de brukar vara ungefär lika stora. Ledaren för regeringen kallas för statsministern. Han eller hon väljer ut olika ministrar som t.ex. utrikesminister, finansminister och utbildningsminister. Dessa arbetar inom olika departement. Regeringen styr landet genom att lägga fram förslag s.k. propositioner till riksdagen. Det är dock riksdagen som bestämmer om förslagen ska gå igenom.

Landstingen

Det finns 20 landsting i Sverige. 8 landsting har fått utökade uppgifter och kallas regioner. Deras viktigaste uppgift är att ta hand om sjukvård, tandvård, lokaltrafik och regionplanering.

Kommunerna

Sverige är indelat i 290 kommuner. Dessa är olika stora och omfattar både tätbebyggelse och landsbygd. Kommunerna får själva bestämma om många lokala frågor som t.ex. vägar, skola, barnomsorg, och åldringsvård. Kommunerna måste också erbjuda bl.a. räddningstjänst, socialtjänst, sfi och vård av funktionshindrade.

6

1. Hur många ledamöter finns det i riksdagen? **2.** Hur många procent av rösterna måste ett parti ha för att få sitta i riksdagen? **3.** Vad kallas ledaren för regeringen? **4.** Ge tre exempel på ministerposter. **5.** Hur styr regeringen landet? **6.** Hur många landsting finns det i Sverige? **7.** Hur många kommuner har Sverige? **8.** Vad måste kommunerna erbjuda?

7

Följande åtta partier var representerade i riksdagen under mandatperioden 2014-2018. Vilken text tror du hör till vilket parti? Ett citat ur deras egen valpropaganda står i punktform. Skriv partiets siffra vid texten!

1. Socialdemokraterna | **2.** Miljöpartiet de gröna | **3.** Vänsterpartiet | **4.** Moderaterna | **5.** Liberalerna | **6.** Kristdemokraterna | **7.** Centerpartiet | **8.** Sverigedemokraterna

___ A Partiet var från början ett bonde- och ett landsbygdsparti.
- Vi vill ha en borgerlig regering med ett fokus på att också ta hand om vår natur.

___ B Partiet tycker att familjen är stommen i samhället.
- Vi vill ha en borgerlig regering med kristna värderingar som bas.

___ C Partiet menar att respekten för den enskilda människan är liberalismens utgångspunkt.
- Vi vill ha fler förbättringar för småföretagen.

___ D Partiet har ett tydligt fokus på miljöfrågor.
- Vi ser miljön och de ekologiska faktorerna som absolut viktigast.

___ E Partiet är ett klassiskt konservativt och nationalistiskt parti.
- Vi tror på sänkta skatter och en ansvarsfull hantering av svensk ekonomi.

___ F Partiet menar att den stora invandringen har medfört stora sociala och ekonomiska påfrestningar för Sverige.
- Vi vill ha en ansvarsfull invandringspolitik.

___ G Gemensamt ägande är en central fråga för det här partiet som förut var kommunistiskt. Partiet är emot EU och EMU.
- Vi tror på en stor offentlig sektor och vill ha kvar nuvarande (eller höjda) skatter.

___ H Partiet är ursprungligen ett arbetarparti.
- Vi tror på solidaritet, jämlikhet och frihet och att alla människor ska behandlas lika.

(Källa: anpassat från www.politiskapartier.se)

WORTSCHATZ

representerad – *vertreten*
en mandatperiod – *Legislaturperiode*
en bonde – *Bauer*
en stomme – *Grundlage*
kristen – *christlich*
en värdering – *Grundwert*
en bas – *Basis*
enskild – *einzeln*
en utgångspunkt – *Ausgangspunkt*
en förbättring – *Verbesserung*
ett småföretag – *Kleinunternehmen*
en miljö – *Umwelt*
sänkt – *gesenkt*
ansvarsfull – *verantwortungsvoll*
en hantering – *Handhabung*
en invandring – *Einwanderung*
medföra – *verursachen*
en påfrestning – *Belastung*
gemensam – *gemeinsam*
ett ägande – *Besitz*
vara emot – *dagegen sein*
ursprungligen – *ursprünglich*
en offentlig sektor – *öffentlicher Dienst*
höjd – *erhöht*
(en) jämlikhet – *Gleichberechtigung*
(en) frihet – *Freiheit*

 6.2

 SPRACHTIPP

vore *wäre* ist ein Beispiel für eine der wenigen alten Konjunktivformen, die es noch heute im Schwedischen gibt und die in Sätzen mit **om** verwendet werden.

In der gesprochenen Sprache verwendet man bei Bedingungssätzen die Konjunktion **om** nicht und tauscht die Wortfolge:

Fick jag rösta i riksdagsvalet, skulle jag välja...partiet.
Hade jag varit ung igen, skulle jag ha studerat medicin.

 KULTURTIPP

Die Steuerverwaltung in Schweden **Skatteverket** ist zuständig für das amtliche Meldewesen **folkbokföring**. Hier werden z.B. Namen(sänderungen), **personnummer**, Familienstand, Adresse, Staatsangehörigkeit, Zu- und Auswanderung sowie Zuzüge und Wegzüge in Schweden registriert. Alle Angaben sind öffentlich zugänglich. Das heißt, dass alle Menschen in Schweden Informationen über einander erhalten können, selbst über das Internet. Hier kann man das Alter einer Person erfahren, ob man verheiratet oder in einer festen Partnerschaft ist und mit wem, wo man wohnt, welches Auto man fährt und was man verdient.

Bedingungssätze – der Konditional
Der Konditional ist die Möglichkeitsform. Es gibt verschiedene Konditionalsätze oder Bedingungssätze: reale und hypothetische.
Realer Bedingungssatz:
Om ett parti får flest röster, får det bilda regering. *Wenn eine Partei die meisten Stimmen bekommt, darf sie eine Regierung bilden.*
Die Verben stehen sowohl im Haupt- wie auch im Nebensatz im **Präsens**.
Diese Bedingungen könnten jederzeit tatsächlich eintreten.

Hypothetische Bedingungssätze:
Verwendet man den **Konditional 1**, ist die Bedingung hypothetisch möglich:
Om jag fick rösta i riksdagsvalet skulle jag välja ...partiet. *Wenn ich bei der Parlamentswahl wählen dürfte, würde ich die Partei ... wählen.*
Om jag vore rik skulle jag köpa en stor villa. *Wenn ich reich wäre, würde ich ein großes Haus kaufen.*
Man verwendet hier im Nebensatz das **Präteritum**, im Hauptsatz **skulle + Infinitiv**.

Verwendet man den **Konditional 2**, ist die Bedingung hypothetisch, hätte also in der Vergangenheit eintreffen können, wird es jetzt aber nicht mehr.
Nu är jag gammal och pensionerad, men om jag hade varit ung igen, skulle jag ha studerat medicin. *Jetzt bin ich alt und in Rente, aber wenn ich wieder jung wäre, hätte ich Medizin studiert.*
Das Verb im Nebensatz steht im **Plusquamperfekt**, im Hauptsatz verwendet man **skulle ha + Supinum**.

 **8**

Uttryck följande situationer med presens. Skriv på separat papper!

Exempel: Det regnar kanske i eftermiddag. Då stannar vi hemma.
Om det regnar i eftermiddag, stannar vi hemma.

1. Alliansen kanske vinner valet. Då sänker de skatterna.
2. De rödgröna kanske vinner valet. Då höjer de skatterna.
3. Jag kanske får pengar. Då köper jag en ny cykel.
4. Riksdagen kanske avsätter regeringen. Då får landet en ny regering.
5. Många människor kanske inte röstar. Då kommer kanske ett extremt parti till makten.
6. Det kanske kostar mer än 10 000 kronor att resa till Thailand. Då åker vi inte dit.
7. Statsministern kanske väljer ut en ny finansminister. Då blir Kjell Berggren finansminister.

9

Konditionalis 1. Sortera bisatserna och huvudsatserna. Skriv på separat papper!

Exempel: | hade | jag | mycket pengar | om| köpa | jag |skulle | en | Porsche |.
Om jag hade mycket pengar, skulle jag köpa en Porsche.

1. vore | om | jag | statsminister | ändra | jag | skulle | finanspolitiken | .
2. hon | sjuk | om | inte | var | hon | skulle | på festen | gå | .
3. om | vann | på lotto | han | han | resa | skulle | på en lyxkryssning | .
4. mötte | en älg | i skogen | om | jag | skulle | snabbt springa iväg | jag | .
5. regeringen | om | genomförde | bättre arbetsmarknadsåtgärder | färre människor | skulle | arbetslösa | vara | .

WORTSCHATZ

en arbetsmarknadsåtgärd – *Arbeitsmarktmaßnahme*

Partikelverben
Partikelverben sind Verben, denen eine Partikel folgt. Die Partikel kann eine Präposition oder ein Adverb sein und verleiht dem Verb eine neue Bedeutung. Die Partikel ist immer betont.

Partikelverben, die in dieser Lektion vorgekommen sind, sind z. B.: **gå upp**, **gå ner**, **gå till**, **känna till**, **ligga kvar**, **nå upp**, **lägga fram**, **gå igenom**, **vara emot**.

Man muss Partikelverben von Verben mit Präposition/Adverb unterscheiden. Bei letzteren wird das Verb betont.
Beispiel:

hälsa 'på = besuchen Gunilla hälsar **på** Anna. *Gunilla besucht Anna.*	'hälsa på = begrüßen Gunilla **hälsar** på Anna. *Gunilla begrüßt Anna.*
tycka 'om = mögen Tycker du **om** Eskil? *Magst du Eskil?*	'tycka om = finden Vad **tycker** du om Eskil? *Wie findest du Eskil?*

Manche Partikel haben eine bestimmte Bedeutung, z. B. **om** – *wieder, noch einmal*
måla om, **skriva om**, **starta om**, **börja om**, **gifta om sig**
Die Partikel **till** kann bedeuten, dass etwas plötzlich und nur einmal passiert:
hosta till, **skratta till**, **skrika till**, **slå till**

SPRACHTIPP

Partikelverben können auch reflexiv sein – **ta på sig** *anziehen*, **ta av sig** *ausziehen* – oder eine Präposition bei sich haben: **gå upp för** *hochgehen*, **gå med på** *akzeptieren*, **hålla med om** *zustimmen*

Die Monarchie in Schweden
Schweden ist eine Monarchie, aber der schwedische Staatschef König Carl XVI Gustaf hat keine politische Macht. Er darf auch nicht am politischen Leben teilnehmen. Die schwedische Monarchie ist also eine konstitutionelle Monarchie.
Vor langer Zeit wurden Schwedens Könige gewählt, aber als im 16. Jahrhundert Gustav Vasa an die Macht kam, wurde beschlossen, dass die königliche Macht per Erbfolge weitergegeben werden sollte.
Carl XVI Gustaf gehört der Familie Bernadotte an. Jean Baptiste Bernadotte wurde zu Beginn des 19. Jahrhunderts aus Frankreich als König nach Schweden berufen. Sein Name lautete dann Karl XIV Johan.
Der jetzige König, der mit Königin Silvia verheiratet ist, hat drei Kinder, Victoria, Carl Philip und Madeleine. Außerdem hat er mehrere Enkel. Kronprinzessin Victoria wird König Carl Gustaf auf dem Thron nachfolgen.

CD 2 - TR. 20

ett medborgarskap
- Staatsangehörigkeit

10

Konditionalis 2. Säg följande situationer högt. Lyssna sedan på CDn och kontrollera!

Exempel: Lina hade inte gjort sina läxor, så hon fick dåligt betyg.
Om Lina hade gjort sina läxor, skulle hon ha fått bra betyg.

1. Statsministern hade inte lyssnat på folket, så han blev inte vald igen.
2. Partiet hade inte fått 4 % av rösterna, så det kom inte in i riksdagen.
3. Han hade inte behandlat sin fru väl, så hon stannade inte kvar.
4. Hon var inte frisk, så hon hälsade inte på sin pappa.
5. Jag hade inte pengar på den tiden, så jag reste inte till USA.
6. Det fanns inte internetuppkoppling, så jag skrev inte något mejl.
7. Hon hade inte någon mobiltelefon, så hon ringde honom inte.
8. Han hade inte svenskt medborgarskap, så han röstade inte i riksdagsvalet.
9. Hon hade inte fyllt 18 år på valdagen, så hon kunde inte rösta.

11

CD 2 - TR. 21

Vilka partikelverb passar i luckorna? Läs meningarna högt först och tänk på att böja verben i rätt form. Kontrollera sedan genom att lyssna på CDn. Lägg särskilt märke till betoningen av partiklarna!

WORTSCHATZ

lägga märke till – *auf etwas achten, etwas bemerken*

gå upp | gå ner | gå till | känna till | ligga kvar | nå upp | lägga fram | gå igenom | vara emot.

1. Vänsterpartiet ______________ EU och EMU.
2. Kan du berätta för mig hur valet i Sverige __________ ?
3. Regeringen styr landet genom att __________ propositioner till riksdagen.
4. Riksdagen bestämmer om propositionerna ska ______________ .
5. ______________ du ____________ partiernas valprogram?
6. Partiets röster har ______________ från 28 % till 29 %.
7. Valdeltagandet har ______________ från 85 % till 80 %.
8. Temperaturen är oförändrad och ____________ på 25 grader.
9. Kan du hjälpa mig eftersom du är längre än jag? Jag __________ inte __________ till den översta hyllan.

12

CD 2 - TR. 22

Vilken partikel passar efter verbet, **om** eller **till**? Läs meningarna högt först och kontrollera sedan på CDn. Lyssna särskilt på betoningen av partiklarna!

1. Datorn fungerar inte. Jag måste starta ______ den.
2. Jag skrattade ______ när jag hörde komikerns lustiga kommentarer.
3. Vi måste måla _______ huset i blått.
4. Hon hostade ________ så att man skulle märka att hon hade kommit.
5. Texten blev inte så bra! Vi måste skriva __________ den.
6. Hon skrek ________ när hon såg hur han slog ______ sin rival.

RÜCKBLICK 2

1

Fyll i korsordet och repetera några av orden från lektion 6 och 7!

1. Liseberg är en ...där man kan åka Lisebergshjulet och se ut över stan.
2. En gift man som har förhållanden med andra kvinnor är...
3. Motsatsen till *arrogant*.
4. Synonym till *vän*.
5. Man kan åka upp med den på ett berg.
6. En person som ljuger är...
7. 100 år
8. Metall som man bröt i Falu gruva.
9. Räkor, krabbor,och hummer är ...
10. Något som kvinnor sätter på sin mun för att bli vackra.
11. En person som man kan lita på är...
12. Introvert
13. Statyn står i mitten av en ... som sprutar ut vatten..
14. Synonym till *ängslig*.
15. När det är ... har året sin längsta dag och under den dagen står solen som högst på himlen. *(senkrecht)*

1.				15.					
	2.								
		3.							
		4.							
5.									
		6.							
				7.					
			8.						
	9.								
10.									
11.									
		12.							
		13.							
	14.								

2

Vilket ord passar **inte** i raden? Kryssa för!

1. ☐ högskolan ☐ komvux ☐ lågstadiet ☐ universitetet

2. ☐ morsan ☐ kursare ☐ syrran ☐ farsan

3. ☐ betyg ☐ SO ☐ ämne ☐ kemi

4. ☐ dop ☐ domstol ☐ vigsel ☐ begravning

5. ☐ mottagning ☐ ansökan ☐ personligt brev ☐ cv

3

Vilka s-verb (deponensverb) passar här? Fyll i luckorna och tänk på att också böja verben i rätt form!

lyckas | minnas | finnas | andas | hoppas | umgås | svettas

1. Ann-Britt: "Det var alltid så varmt och vi __________ mycket när vi cyklade runt på Gotland."
2. Veterinären: "Fågeln är sjuk och __________ tungt."
3. Guiden: "Det __________ många turister som vill bo på Ishotellet."
4. Bengan: "Jag har __________ få jättebra betyg i matte!"
5. Siv: "Jag __________ att jag och min bästa vän kommer att __________ hela livet."
6. Lars: "Jag __________ inte vad min gamla klasskamrat heter."

4

Titta på meningarna som de olika personerna yttrar i övning 3. Säg dem i indirekt tal!

Exempel: 1. Ann-Britt säger att det alltid var så varmt och att de ....mycket när de cyklade runt på Gotland.

2. Ulrika säger att..., 3., 4., 5., 6...

5

Skriv meningarna i passiv s-form på separat papper!

1. Sekreteraren redigerar brevet.
2. Berit fyllde kopparna med kaffe.
3. Han läste e-mejlet.
4. Mamman har klätt flickebarnet i dopklänningen.
5. Gästerna åt upp alla smörgåsar direkt.

6

Fyll i de rätta formerna av perfekt particip i tabellen! Använd supinum-formen till hjälp!

Verb-grupp	Supinum	Perfekt particip		
		en	ett	bestämd form/ pluralis
1	redigera|t			
2a	fyll|t			
2b	läs|t			
3	klä|tt			
4	ät|it upp			

7

Titta tillbaka på övning 5 och 6. Gör om de passiva meningarna i övning 5 till *bli + perfekt particip*. Läs meningarna högt.

Exempel: 1. Brevet blir redigerat av sekreteraren.

2. Kopparna..., 3. E-mejlet..., 4. Flickebarnet..., 5. Alla smörgåsar...

8

Vilka 19 ord från lektion 9 och 10 gömmer sig i ordkedjan? Stryk under! Det första ordet är redan understruket.

K<u>JORDBRUK</u>HSKATTÖBLOMBUKETTVBRUDYAFFÄRSHA
NDLINGQMUTMANINGNMOTTAGNINGTLÄKARHUSBSE
RVICEANDAHVOREUBARNOMSORGAMEDBORGARELST
ATSMINISTERÄLEDAMOTHGRRIKSDAGSUTRIKESMINIST
ERYSOCIALTJÄNSTJMILJÖFJÄMLIKHETOBONDEW

9

Vilka bisatser och huvudsatser som uttrycker villkor passar ihop? Matcha!

WORTSCHATZ

smutsa ner – *verschmutzen*
avgaser – *Abgase*
uttrycka sig – *sich ausdrücken*

1. Om vi inte hade smutsat ner världen med avgaser och ozon
2. Om jag vore kung
3. Om jag kunde uttrycka mig väl
4. Om jag var svensk medborgare
5. Om jag hade varit ung igen
6. Om jag är frisk på fredag
7. Om jag vann en miljon kronor
8. Om det snöar imorgon

___ A skulle jag ha studerat psykologi.
___ B skulle jag köpa en ny bil.
___ C går jag och hälsar på min mamma.
___ D åker vi inte ut till landet.
___ E skulle jag bli politiker.
___ F skulle jag ge hela mitt folk bra arbeten.
___ G skulle jag rösta i riksdagsvalet.
___ H skulle vi ha haft en bättre miljö.

10

Vilken partikel passar till verben i meningarna? Ringa in!

1. Jag håller med | av dig om att vänskap betyder mycket för vår identitet.
2. Flickvännen är inte kär i sin pojkvän mer så hon tänker göra av | slut med honom.
3. Hoppas att jag hinner upp | med redovisningen av tidningsartikeln.
4. Trädgårdsmästaren sköter om | till växterna i trädgården.
5. Receptionisten tar till | emot patienterna på läkarhuset.
6. Se till | upp så att ditt cv och personliga brev kompletterar varandra.
7. Känner du av | till den nya finansministern?
8. Nu har jag gått igenom | emot ditt examensarbete och tyvärr måste du skriva upp | om delar av texten.

ANHANG

LEKTION 1

en	**lägenhet** -en -er	*Wohnung*	1
ett	**torp** -et --	*Häuschen*	1
en	**villa** -n -or	*Einfamilienhaus*	1
ett	**höghus** -et --	*Hochhaus*	1
ett	**kollektiv** -et --	*Wohngemeinschaft*	1
ett	**parhus** -et --	*Doppelhaus*	1
ett	**studentrum** -met --	*Studentenzimmer*	1
ett	**radhus** -et --	*Reihenhaus*	1
en	**trerumslägenhet** -en -er	*Dreizimmerwohnung*	2
en	**sambo** -n -r	*Lebensgefährte, Lebensgefährtin*	2
en	**bostadsrätt** -en -er	*Eigentumswohnung*	2
en	**hyresrätt** -en -er	*Mietwohnung*	2
	ha råd med	*sich etwas leisten können*	2
en	**hyra** -n -or	*Miete*	2
en	**våning** -en -ar	*Etage*	2
ett	**sexvåningshus** -et --	*sechsstöckiges Haus*	2
en	**hiss** -en -ar	*Fahrstuhl*	2
ett	**förråd** -et --	*Abstellraum*	2
en	**vind** -en -er	*Dachboden*	2
en	**källare** -n --	*Keller*	2
en	**tvättstuga** -n -or	*Waschküche*	2
	däremot	*dagegen*	2
en	**trädgård** -en -ar	*Garten*	2
en	**tomt** -en -er	*Grundstück*	2
en	**gräsmatta** -n -or	*Rasenfläche*	2
en	**rabatt** -en -er	*Blumenbeet*	2
en	**altan** -en -er	*Terrasse*	2
ett	**garage** -t --	*Garage*	2
ett	**trähus** -et --	*Holzhaus*	2
ett	**stenhus** -et --	*Steinhaus*	2
	flytta -r -de -t **ut**	*ausziehen*	2
	röra sig rör rörde rört	*sich bewegen*	2
	fast	*obwohl*	2
	räcka -er -te -t	*reichen*	2
	pytteliten pyttelitet pyttesmå	*winzig*	2
	odla -r -de -t	*züchten, anbauen*	2
	underbar -t -a	*wunderbar*	2
en	**utsikt** -en -er	*Blick*	2
	tänka sig -er -te -t	*sich denken*	2
	trevlig -t -a	*nett*	2
en	**granne** -n -ar	*Nachbar, Nachbarin*	2
	vänlig -t -a	*freundlich*	2
	känna känner kände känt	*fühlen*	2
	tätt	*dicht*	2
	varandra	*einander*	2
en	**bokhylla** -n -or	*Bücherregal*	3
ett	**badkar** -et --	*Badewanne*	3
ett	**skrivbord** -et --	*Schreibtisch*	3
en	**soffa** -n -or	*Sofa*	3
en	**spis** -en -ar	*Herd*	3
en	**säng** -en -ar	*Bett*	3
en	**fåtölj** -en -er	*Sessel*	3
ett	**soffbord** -et --	*Couchtisch*	3
en	**gardin** -en -er	*Gardine*	3
ett	**skåp** -et --	*Schrank*	3
ett	**matbord** -et --	*Esstisch*	3
en	**tvåa** -n -or	*Zweizimmerwohnung*	3
en	**balkong** -en -er	*Balkon*	3
en	**tvårumslägenhet** -en -er	*Zweizimmerwohnung*	3
	nymålad -t -e	*frisch gestrichen*	3
en	**hall** -en -ar	*Flur*	3
en	**spegel** -n speglar	*Spiegel*	3
en	**guldram** -en -ar	*Goldrahmen*	3
	till vänster	*links*	3
ett	**kök** -et --	*Küche*	3
en	**stol** -en -ar	*Stuhl*	3
	vid	*neben*	3
ett	**fönster fönstret** --	*Fenster*	3
	hänga -er -de -t	*hängen*	3
	blåvitrandig -t -a	*blau-weiß gestreift*	3
	installera -r -de -t	*einbauen*	3
	vit -t -a	*weiß*	3
ett	**kylskåp** -et --	*Kühlschrank*	3
	lyxigt nog!	*Welch ein Luxus!*	3
en	**diskmaskin** -en -er	*Spülmaschine*	3
ett	**vardagsrum** -met --	*Wohnzimmer*	3
	bekväm -t -a	*bequem*	3
	färgglad -glatt -a	*bunt*	3
en	**kudde** -n -ar	*Kissen*	3
	framför	*vor*	3
en	**vägg** -en -ar	*Wand*	3
en	**platt -TV** -n	*Flachbildfernseher*	3
en	**krukväxt** -en -er	*Topfpflanze*	3
en	**kristallkrona** -n -or	*Kronleuchter*	3
ett	**tak** -et --	*Decke*	3
ett	**sovrum** -met --	*Schlafzimmer*	3
	svart -- -a	*schwarz*	3
en	**metall** -en -er	*Metall*	3
	prickig -t -a	*gepunktet*	3
en	**matta** -n -or	*Teppich*	3
ett	**golv** -et --	*Fußboden*	3
ett	**arbetsrum** -met --	*Arbeitszimmer*	3

ett	**badrum** -met --	*Badezimmer*	3
	fin -t -a	*schön*	3
en	**dusch** -en -ar	*Dusche*	3
	lång -t -a	*lang*	3
	stressig -t -a	*stressig*	3
en	**dag** -en -ar	*Tag*	3
	ny -tt -a	*neu*	3
	bestämma -er bestämde bestämt	*festlegen*	3
	ihop	*zusammen*	4
en	**vy** -n -er	*Blick*	4
ett	**träd** -et --	*Baum*	4
	bredvid	*nebenan*	4
	rok (rum och kök)	*Zimmer mit Küche (Abk.)*	5
	mån (månad)	*Monat (Abk.)*	5
	trivsam -t -ma	*gemütlich*	5
ett	**område** -t -n	*Gegend*	5
	i västerläge	*mit Westausrichtung*	5
	nyrenoverad -t -e	*frisch renoviert*	5
	praktisk -t -a	*praktisch*	5
	barnvänlig -t -a	*kinderfreundlich*	5
en	**lekplats** -en -er	*Spielplatz*	5
	synlig	*sichtbar*	5
	önska -r -de -t	*wünschen*	5
	rökfri -tt -a	*Nichtraucher*	5
en	**hyresgäst** -en -er	*Mieter*	5
	ingå -r ingick ingått	*inklusive*	5
	uthyres	*wird vermietet*	5
ett	**husdjur** -et --	*Haustier*	5
	tillåten -t -tillåtna	*erlaubt*	5
en	**visning** -en -ar	*Besichtigung*	5
en	**hälft** -en -er	*Hälfte*	6
en	**befolkning** -en -ar	*Bevölkerung*	6
	äga -er -de -t	*besitzen*	6
	d.v.s. (det vill säga)	*d.h.*	6
ett	**flerfamiljshus** -et --	*Mehrfamilienhaus*	6
	medan	*während*	6
	ungefär	*ungefähr*	6
	billig -t -a	*günstig*	6
	på landet	*auf dem Land*	6
	mindre	*kleiner*	6
en	**bostad** -en bostäder	*Wohnung, Haus*	6
	bero -r -dde -tt **på**	*von etwas abhängen*	6
	större	*größer*	6
	bättre	*besser*	6
	lägre	*niedriger*	6
en	**förort** -en -er	*Vorort*	6
ett	**centrum** -et centra	*Stadtmitte*	6

	flest	*am meisten*	6
ett	**singelhushåll** -et --	*Singelhaushalt*	6
	var tredje	*jeder dritte*	6
ett	**föräldrahem** -met --	*Elternhaus*	6
	sambo	*zusammenlebend (Paar)*	6
en	**mambo** -n -r	*eine Person, die bei den Eltern wohnt*	6
	mambo	*bei den Eltern lebend*	6
en	**inneboende** den inneboende --	*Untermieter*	6
(en)	**självständighet** -en	*Selbstständigkeit*	6
en	**särbo** -n -r	*Paar, das nicht gemeinsam lebt*	6
	särbo	*getrenntlebend*	6
	låg -t -a	*niedrig*	7
	hög -t -a	*hoch*	7
ett	**landshövdingehus** -et --	*in Göteborg typisches dreistöckiges Wohngebäude*	7
	härlig -t -a	*herrlich*	8
	till höger om	*rechts vor*	9
	ovanför	*oberhalb*	9
	under	*unter*	9
	bakom	*hinter*	9
	till vänster om	*links von*	9
	mitt emot	*gegenüber*	9
en	**vas** -en -er	*Vase*	9
en	**korg** -en -ar	*Korb*	9
en	**TV**-bänk -en -ar	*TV-Möbel*	9
	angående	*wegen*	10
en	**trea** -n -or	*Dreizimmerwohnung*	10
	flytta -r -de -t **in**	*einziehen*	10
	beskriva -er beskrev beskrivit	*beschreiben*	12
en	**fyra** -n -or	*Vierzimmerwohnung*	12
	välplanerad -t -e	*gut geplant*	12

LEKTION 2

en	**dagstidning** -en -ar	*Tageszeitung*	1
en	**kvällstidning** -en -ar	*Abendzeitung*	1
en	**serietidning** -en -ar	*Comic*	1
en	**populärvetenskaplig tidskrift** den populärvetenskapliga tidskriften -er	*populärwissenschaftliche Zeitschrift*	1
ett	**livsstilsmagasin** -et --	*Lifestylemagazin*	1
en	**skvallertidning** -en -ar	*Klatschzeitung*	1
	seriös -t -a	*seriös*	1
	trycka -er -te -t	*drucken*	1
	oseriös -t -a	*unseriös*	1

Lektionswortschatz

LEKTION 2 – 3

	sensationell -t -a	*sensationell*	1
	tecknad -t -e	*gezeichnet*	1
	vetenskaplig -t -a	*wissenschaftlich*	1
	anpassad -t -e	*angepasst*	1
ett	**mode** -t -n	*Mode*	1
en	**inredning** -en -ar	*Einrichtung*	1
	innehålla -er innehöll innehållit	*beinhalten*	1
	senaste	*neuestes*	1
(ett)	**skvaller** skvallret	*Klatsch*	1
en	**kändis** -en -ar	*Promi*	1
en	**klimatförändring** -en -ar	*Klimaveränderung*	2
	sluta -r -de -t	*aufhören, kündigen*	2
	prenumerera -r -de -t	*abonnieren*	2
en	**analys** -en -er	*Analyse*	2
	då och då	*hin und wieder*	2
	lita -r -de -t **på**	*trauen*	2
	popsångare -n --	*Popsänger, Popsängerin*	2
	gifta -er -e -t **om sig**	*wieder heiraten*	2
en	**skådespelerska** -n -or	*Schauspielerin*	2
	undra -r -de -t	*sich fragen*	2
	tydligen	*scheinbar*	2
	otrogen -t -otrogna	*untreu*	2
	ta ut en skilsmässa	*die Scheidung einreichen*	2
	Gud	*Gott*	2
	konstig -t -a	*komisch*	2
	plastikoperera sig -r -de -t	*eine Schönheits-OP durchführen lassen*	2
(en)	**hy** -n	*Haut*	2
	slät -t -a	*glatt*	2
en	**ålder** -n åldrar	*Alter*	2
	Tacka vet jag...	*Da lobe ich mir ...*	2
	lärorik -t -a	*lehrreich*	2
en	**läxa** -n -or	*Hausaufgabe*	2
ett	**prov** -et --	*Test*	2
	utrikes	*Auslands-, international*	3
	vinna -er vann vunnit	*gewinnen*	3
(en)	**ekonomi** -n	*Wirtschaft*	3
	inrikes	*Inland-, national*	3
	spåra -r -de -t **ur**	*entgleisen*	3
	skadad -t -e	*verletzt*	3
ett	**val** -et --	*Wahl*	3
	osäker -t -osäkra	*unsicher*	3
(en)	**värme** -n	*Wärme*	3
en	**skuld** -en -er	*Schuld*	3
	utlösa -er -te -t	*auslösen*	3
en	**finanskris** -en -er	*Finanzkrise*	3
	hittad -t -e	*gefunden*	3
	mördad -t -e	*ermordet*	3
en	**president** -en -er	*Präsident*	4
	delta -r deltog deltagit	*teilnehmen*	4
ett	**toppmöte** -t -n	*Spitzentreffen*	4
en	**bundeskansler** -n -kanslar	*Bundeskanzler, Bundeskanzlerin*	4
	knivmördad -t -e	*erstochen*	4
	ännu inte	*noch nicht*	4
en	**förövare** -n --	*Täter*	4
	gå -r **gick gått upp**	*steigen*	4
	mestadels	*meist*	4
	en och annan	*der ein oder andere*	4
en	**regnskur** -en -ar	*Regenschauer*	4
en	**flykting** -en -ar	*Flüchtling*	4
en	**förhandling** -en -ar	*Verhandlung*	4
	hota -r -de -t	*drohen*	4
	spräcka -er -te -t	*sprengen*	4
en	**regering** -en -ar	*Regierung*	4
	tappa -r -de -t	*verlieren*	4
en	**väljare** -n --	*Wähler*	4
en	**brand** -en -bränder	*Brand*	4
	utbryta -er utbröt utbrutit	*ausbrechen*	4
en	**ungdom** -en -ar	*Jugendlicher, Jugendliche*	4
	fly -r -dde -tt	*flüchten*	4
en	**eld** -en -ar	*Feuer*	4
en	**mästarinna** -n -or	*Meisterin*	4
en	**simning** -en -ar	*Schwimmen*	4
en	**medalj** -en -er	*Medaille*	4
	OS = Olympiska spelen	*Olympische Spiele*	4
	i fjol	*im Vorjahr*	4
(ett)	**guld** -et	*Gold*	4
(ett)	**silver** silvret	*Silber*	4
(ett)	**brons** -et	*Bronze*	4
en	**inflation** -en -er	*Inflation*	4
	stiga -er steg stigit	*steigen*	4
	starkare	*stärker*	4
	använd använt -a	*benutzt*	5
en	**sökmotor** -n -er	*Suchmaschine*	5
en	**björn** -en -ar	*Bär*	5
ett	**bidrag** -et --	*Geldleistung*	5
en	**bilfärd** -en -er	*Autofahrt*	5
	ta reda på	*herausfinden*	5
ett	**ord** -et --	*Wort*	5
en	**husläkare** -n --	*Hausarzt ,-ärztin*	5
en	**programledare** -n --	*Moderator, Moderatorin*	5
en	**sökning** -en -ar	*Suche*	5
en	**undersökning** -en -ar	*Untersuchung*	5

en	**folkomröstning** -en -ar	*Volksabstimmung*	5
en	**kungafamilj** -en -er	*Königsfamilie*	5
en	**ledighet** -en -er	*arbeitsfreie Zeit*	5
	förlora -r -de -t	*verlieren*	5
en	**motståndare** -n --	*Gegner*	5
	vore	*wäre*	5
	förskräcklig -t -a	*schrecklich*	5
	tvinga -r -de -t	*zwingen*	5
	skada -r -de -t	*verletzen*	5
ett	**ögonvittne** -t -n	*Augenzeuge*	5
ett	**skrik** -et --	*Schrei*	5
ett	**offer** offret --	*Opfer*	5
	åt alla håll	*in alle Richtungen*	5
	föra för förde fört	*bringen*	5
ett	**tillstånd** -et --	*Zustand*	5
en	**brottsplats** -en -er	*Tatort*	5
	gripa -er grep gripit	*ergreifen*	5
en	**förare** -n --	*Fahrer*	5
	medveten -t -medvetna	*bewusst*	5
	i nuläget	*derzeit*	5
en	**presskonferens** -en -er	*Pressekonferenz*	5
	storma -r -de -t **in**	*hineinstürmen*	5
	ilsken -t ilskna	*wütend*	5
	anfalla -er anföll anfallit	*angreifen*	5
	bita -er bet bitit	*beißen*	5
	rädd -- rädda	*ängstlich*	5
	resa sig -er -te -t	*aufstehen*	5
	skjuta -er sköt skjutit	*schießen*	5
en	**bybo** -n -r	*Dorfbewohner*	5
	hit	*hierher*	10
	där	*dort*	10
	dit	*dorthin*	10
	därifrån	*von dort*	10
	hemifrån	*von zu Hause*	10
	uppe	*oben*	10
	upp	*nach oben*	10
	uppifrån	*von oben*	10
	nere	*unten*	10
	ner	*nach unten*	10
	nerifrån	*von unten*	10
	vart	*wohin*	10
	fram	*nach vorne*	10
	framifrån	*von vorne*	10
	bort	*weg*	10
	bortifrån	*von weither*	10
	inne	*innen, drinnen*	10
	in	*hinein*	10
	inifrån	*aus … heraus*	10
	ute	*draußen*	10
	ut	*hinaus, heraus*	10
	utifrån	*von außen*	10
	vara framme	*da sein, angekommen sein*	11
	komma fram	*ankommen*	11
	hen	*er oder sie (geschlechtsneutral)*	14
	egentligen	*eigentlich*	14
ett	**kommunalråd** -et --	*Kommunalrat*	14
	visst	*wohl, sicher*	14
en	**affärsresa** -n -or	*Geschäftsreise*	14
	gå bort	*sterben*	14

LEKTION 3

ett	**skärp** -et --	*Gürtel*	1
en	**slips** -en -ar	*Krawatte*	1
en	**blus** -en -ar	*Bluse*	1
en	**kavaj** -en -er	*Jackett*	1
ett	**linne** -t -n	*Top*	1
en	**klänning** -en -ar	*Kleid*	1
ett	**par byxor**	*Hose*	1
en	**kjol** -en -ar	*Rock*	1
en	**kostym** -en -er	*Anzug, Kostüm*	1
en	**rock** -en -ar	*Mantel*	1
ett	**par trosor**	*Unterhose für Frauen*	1
en	**kappa** -n -or	*Mantel für Frauen*	1
en	**hatt** -en -ar	*Hut*	1
ett	**par skor** -na	*ein Paar Schuhe*	1
en	**mössa** -n -or	*Mütze*	1
ett	**par strumpor**	*ein Paar Strümpfe*	1
ett	**par kalsonger**	*Unterhose für Männer*	1
en	**skjorta** -n -or	*Hemd*	1
ett	**par handskar**	*ein Paar Handschuhe*	1
ett	**par vantar**	*ein Paar Fäustlinge*	1
	blå -tt -a	*blau*	2
	grön -t -a	*grün*	2
	gul -t -a	*gelb*	2
	röd rött röda	*rot*	2
	skär -t -a	*rosa*	2
	grå -tt -a	*grau*	2
	randig -t -a	*gestreift*	2
	rutig -t -a	*kariert*	2
	mönstrad -t -e	*gemustert*	2
	blommig -t -a	*geblümt*	2
	bära bär bar burit	*tragen*	3
en	**kasse** -n -ar	*Tüte*	3
	spendera -r -de -t	*ausgeben*	3

ett	**klädesplagg** -et --	*Kleidungsstück*	3
	renovera -r -de -t	*renovieren*	3
	oroa sig -r -de -t	*sich sorgen*	3
en	**lön** -en -er	*Gehalt*	3
en	**löneförhöjning** -en -ar	*Gehaltserhöhung*	3
	sätta -er **satte satt på sig**	*anziehen*	3
en	**storlek** -en -ar	*Größe*	3
	tajt -- -a	*hauteng*	3
en	**företagsfest** -en -er	*Betriebsfeier*	3
	sliten -t slitna	*abgenutzt*	3
en	**rea** -n -or	*Ausverkauf*	3
	lägga ut (pengar)	*ausgeben (Geld)*	3
	bry -r -dde -tt **sig om**	*sich um jmd./etw. kümmern*	3
	otroligt	*unglaublich*	3
	ansträngande	*anstrengend*	3
	klippa sig -er -te -t	*sich die Haare schneiden lassen*	4
	förbereda sig -er -de -tt	*sich vorbereiten*	4
	bestämma sig -er bestämde bestämt	*sich entscheiden*	4
	ha har hade haft på sig	*tragen*	4
	klä -r -dde -tt **av sig**	*ausziehen*	4
	tvätta sig -r -de -t	*sich waschen*	4
ett	**utseende** -t -n	*Aussehen*	5
ett	**inslag** -et --	*Sendung*	5
	göra om sig	*sich neu erfinden*	5
en	**deltagare** -n --	*Teilnehmer*	5
	ändra -r -de -t	*ändern*	5
	genomgå -r genomgick genomgått	*sich unterziehen*	5
	hård hårt hårda	*hart*	5
	nå -r -dde -tt	*erreichen*	5
en	**förvandlingseffekt** -en -er	*Verwandlungseffekt*	5
ett	**sammanhang** -et --	*Zusammenhang*	5
	med hjälp av	*mit Hilfe von*	5
en	**skribent** -en -er	*Verfasser, Verfasserin*	5
(en)	**inverkan** --	*Einfluss*	5
ett	**smink** -et --	*Schminke*	5
en	**tittare** -n --	*Zuschauer*	5
	ute	*out, außer Mode*	5
	råda -er -dde -tt	*herrschen*	5
	peka -r -de -t **ut**	*identifizieren*	5
en	**ansökning** -en -ar	*Bewerbung*	5
en	**förutsättning** -en -ar	*Voraussetzung*	5
en	**docka** -n -or	*Puppe*	5
	klä -r -dde -tt **ut**	*verkleiden*	5
en	**bredd** -en -er	*Breite*	5
ett	**kön** -et --	*Geschlecht*	5
en	**bakgrund** -en -er	*Hintergrund*	5
	slående	*auffallend*	5
en	**trimning** -en -ar	*Trimmen*	5
ett	**skägg** -et --	*Bart*	5
	ansvara -r -de -t **för**	*für etwas verantwortlich sein*	5
en	**omgörning** -en -ar	*(Stil-)Veränderung*	5
	tejpa -r -de -t	*mit Klebeband kleben*	5
	lata sig -r -de -t	*faulenzen*	9
	lära sig lär lärde lärt	*lernen*	9
	kamma sig -r -de -t	*sich kämmen*	9
	försova sig -er försov försovit	*verschlafen*	9
	anmäla sig -er -de -t	*sich anmelden*	9
	skynda sig -r -de -t	*sich beeilen*	9
	skilja sig -er skilde skilt	*sich scheiden lassen*	9
	snygg -t -a	*hübsch*	10
	kungsblå -tt -a	*königsblau*	10
	figurnära	*figurbetont*	10
	lös -t -a	*locker*	10
ett	**provrum** -met --	*Umkleidekabine*	10
	trång -t -a	*eng*	10
en	**michelingubbe** -n -gubbar	*Michelinmännchen*	10
	tjusig -t -a	*entzückend*	10
(ett)	**öppet köp**	*Kauf mit Rückgaberecht*	10
(en)	**bytesrätt** -en	*Umtauschrecht*	10
	spara -r -de -t	*sparen*	10
ett	**kvitto** -t -n	*Beleg*	10

LEKTION 4

en	**gympa** -n -or	*Turnen, Gymnastik*	1
en	**dans** -en -er	*Tanz*	1
(en)	**handboll** -en	*Handball*	1
(en)	**orientering** -en	*Orienterungslauf*	1
(en)	**stavgång** -en	*Nordic Walking*	1
(en)	**tennis** -en	*Tennis*	1
(en)	**golf** -en	*Golf*	1
(en)	**joggning** -en	*Jogging*	1
(en)	**kampsport** -en	*Kampfsport*	1
(en)	**yoga** -n	*Yoga*	1
(en)	**basket** -en	*Basketball*	1
(en)	**längdåkning** -en	*Langlauf*	1
(en)	**ridning** -en	*Reiten*	1
(en)	**utförsåkning** -en	*Skifahren (alpin)*	1
(en)	**cykling** -en	*Radfahren*	1
(en)	**skridskoåkning** -en	*Schlittschuhlaufen*	1

(en)	**styrketräning** -en	*Krafttraining*	1
en	**träningsvärk** -en -ar	*Muskelkater*	2
	gå vilse	*sich verirren*	2
	befinna sig -er befann befunnit	*sich befinden*	2
	kolla -r -de -t	*prüfen*	2
en	**kompass** -en -er	*Kompass*	2
en	**match** -en -er	*Spiel*	2
	mot	*gegen*	2
ett	**mål** -et --	*Tor*	2
en	**straffspark** -en -ar	*Strafstoß*	2
en	**backe** -n -ar	*Abhang*	2
	snabbt	*schnell*	2
en	**slalomport** -en -ar	*Slalomstange*	2
	gå ner i vikt	*abnehmen*	2
	orka -r -de -t	*schaffen*	2
en	**pensionär** -en -er	*Rentner, Rentnerin*	2
en	**stav** -en -ar	*Stock*	2
(en)	**motion** -en	*Bewegung*	2
en	**armhävning** -en -ar	*Liegestütz*	2
en	**axelpress** -en -ar	*Schulterpresse*	2
en	**skivstång** -en skivstänger	*Langhantel*	2
en	**magövning** -en -ar	*Bauchübung*	2
en	**tvättbräda** -n -or	*Waschbrett*	2
	oproblematiskt	*unproblematisch*	2
	svettas svettas svettades svettats	*schwitzen*	2
en	**längd** -en -er	*Bahn*	2
	spela en viktig roll	*eine wichtige Rolle spielen*	3
(en)	**vikingatid** -en	*Wikingerzeit*	3
ett	**århundrade** -t -n	*Jahrhundert*	3
(en)	**tyngdlyftning** -en	*Gewichtheben*	3
ett	**höjdhopp** -et --	*Hochsprung*	3
ett	**bågskytte** -t -n	*Bogenschießen*	3
	ordna -r -de -t	*arrangieren*	3
ett	**tornerspel** -et --	*Turnier*	3
	sprida sig -er spred spridit	*sich verbreiten*	3
	i slutet av	*am Ende von*	3
en	**rodd** -en -er	*Rudern*	3
	bilda -r -de -t	*bilden*	3
	kallas kallas kallades kallats	*genannt werden*	3
	ta tar tog tagit **hem**	*holen (Medaille, Sieg)*	3
	genomföra genomför genomförde genomfört	*durchführen*	3
ett	**skidlopp** -et --	*Skilauf*	3
	än idag	*noch heute*	3

	blivande	*zukünftig*	3
	under mellankrigstiden	*zwischen den Weltkriegen*	3
en	**folkrörelse** -n -r	*Volksbewegung*	3
	utöva -r -de -t	*betreiben*	3
(en)	**konståkning** -en	*Eiskunstlauf*	3
ett	**simhopp** -et --	*Kunstspringen*	3
(en)	**gymnastik** -en	*Gymnastik*	3
ett	**världskrig** -et --	*Weltkrieg*	3
ett	**antal** -et --	*Anzahl*	3
en	**medlem** -men -mar	*Mitglied*	3
	öka -r -de -t	*steigern*	3
en	**idrottsgren** -en -ar	*Sportart*	3
en	**motionsidrott** -en -er	*Gesundheitssport, Breitensport*	3
ett	**genombrott** -et --	*Durchbruch*	3
ett	**hälsoperspektiv** -et --	*gesundheitliche Perspektive*	3
(en)	**uppfostran** --	*Erziehung*	3
	bestå -r bestod bestått **av**	*aus etw. bestehen*	3
en	**samhällsgrupp** -en -er	*soziale Gruppe*	3
	därtill	*dazu*	3
	betydligt	*erheblich*	3
en	**monark** -en -er	*Monarch*	3
ett	**grannland** -et --	*Nachbarland*	3
	väsentlig	*wesentlich*	3
	krönas kröns kröntes krönts	*gekrönt werden*	3
	kraftigt	*kräftig*	6
	långsamt	*langsam*	6
	långt	*lang*	6
(en)	**reinkarnation** -en	*Wiedergeburt*	7
	längta -r -de -t	*Sehnsucht haben*	7

LEKTION 5

en	**termin** -en -er	*Semester*	1
en	**semester** -n semestrar	*Urlaub*	1
en	**stund** -en -er	*Weile*	1
	stjäla stjäl stal stulit	*stehlen*	1
	genant -- -a	*peinlich*	1
(ett)	**förfogande** -t	*Verfügung*	1
	anlita -r -de -t	*verwenden*	1
	ytterligare	*des Weiteren*	1
en	**stöld** -en -er	*Diebstahl*	1
en	**baksida** -n -or	*Kehrseite*	1
	utomstående	*Außenstehende*	1
	icke	*nicht*	1
(en)	**tillgång** -en	*Zugang*	1
	obehörig -t -a	*unbefugt*	1

1

LEKTIONSWORTSCHATZ

en	**nackdel** -en -ar	*Nachteil*	
	pinsam -t -ma	*peinlich*	1
en	**momang** -en -er	*Moment*	1
ett	**inbrott** -et --	*Einbruch*	1
en	**tjuv** -en -ar	*Dieb*	1
	ange -r angav angivit	*angeben*	2
	uppge -r uppgav uppgivit	*angeben*	2
	lägga -er la lagt **ut**	*posten*	2
en	**fördel** -en -ar	*Vorteil*	2
en	**tjänst** -en -er	*Dienstleistung*	2
	ta bort	*entfernen*	2
	offentliggöra	*veröffentlichen*	2
en	**företagschef** -en -er	*Unternehmenschef*	2
en	**arbetsgivare** -n --	*Arbeitgeber*	2
en	**anställningsintervju** -n -er	*Vorstellungsgespräch*	2
	apropå	*apropos*	2
	delge delger delgav delgivit	*preisgeben*	2
en	**inbrottstjuv** -en -ar	*Einbrecher*	2
en	**försäkring** -en -ar	*Versicherung*	2
	påverka -r -de -t	*auswirken*	2
ett	**e-mejl** -et --	*E-Mail*	4
en	**advokat** -en -er	*Anwalt, Anwältin*	4
	ledig -t -a	*frei*	4
ett	**försäkringsbolag** -et --	*Versicherungsfirma*	4
	ses ses sågs setts	*einander sehen*	4
(en)	**vänförfrågan** -- **vänförfrågningar**	*Freundschaftsanfrage*	4
	söt -t -a	*niedlich*	4
	nuförtiden	*heutzutage*	4
(en)	**juridik** -en	*Jura*	4
	om	*wenn*	4
	minnas minns mindes mints	*sich erinnern*	4
	ta studenten	*das Abitur machen*	4
	frilansa -r -de -t	*freiberuflich tätig sein*	4
en	**översättare** -n --	*Übersetzer, Übersetzerin*	4
	höra av sig	*sich melden*	4
ett	**gymnasium** gymnasiet gymnasier	*Gymnasium*	4
	trots att	*obwohl*	4
en	**åklagare** -n --	*Staatsanwalt*	4
ett	**familjeliv** -et --	*Familienleben*	4
	Låt oss...	*Lass uns ...*	4
	se fram emot	*sich freuen*	4
en	**kram** -en -ar	*Umarmung*	4
ett	**uppdrag** -et --	*Auftrag*	5
	omgående	*umgehend*	5
en	**översättningsbyrå** -n -er	*Übersetzungsbüro*	5
	främst	*vorwiegend*	5
	ägna sig -r -de -t **åt**	*sich befassen mit*	5
	handla -r -de -t **om**	*sich handeln um*	5
en	**bruksanvisning** -en -ar	*Gebrauchsanweisung*	5
	översättas översätts översattes översatts	*übersetzt werden*	5
	bestå -r bestod bestått **av**	*bestehen aus*	5
	lämna -r -de -t **in**	*einreichen*	5
	villig -t -a	*bereit*	5
	ta på sig	*annehmen*	5
en	**förfrågan** -- förfrågningar	*Anfrage*	5
	dessvärre	*leider*	5
	så att	*damit*	5
	få en uppfattning	*sich ein Bild machen*	5
	innan dess	*bis dahin*	5
	Tack på förhand	*Danke im Voraus*	5
	gärna hellre helst	*gern lieber am liebsten*	10
	nog	*wohl*	10
	troligen	*wahrscheinlich*	10
	åtminstone	*wenigstens*	10
ett	**naturvetenskapsprogram** -met --	*naturwissenschaftlicher Zweig*	11
en	**klasskamrat** -en -er	*Klassenkamerad, Klassenkameradin*	11
	boka -r -de -t **tid**	*einen Termin machen*	11
	ta hand om	*sich kümmern um*	11

RÜCKBLICK 1

	innan	*bevor*	6
en	**bänk** -en -ar	*Bank*	6
	gå under	*untergehen*	7

LEKTION 6

	följande	*folgende*	
	fundera -r -de -t	*überlegen*	1
	bocka -r -de -t **för**	*abhaken*	1
en	**utveckling** -en -ar	*Entwicklung*	1
	lyckas lyckas lyckades lyckats	*gelingen*	1
	trivas trivs trivdes trivts	*sich wohl fühlen*	1
(en)	**svartsjuka** -n	*Eifersucht*	1
en	**självkänsla** -n -or	*Selbstwertgefühl*	1
(en)	**ärlighet** -en	*Ehrlichkeit*	1

	umgås umgås umgicks umgåtts	*Kontakt haben*	1
	pålitlig -t -a	*zuverlässig*	1
	skämmas skäms skämdes skämts	*sich schämen*	1
	återspegla -r -de -t	*widerspiegeln*	1
	lojal -t -a	*loyal*	1
	drabbas drabbas drabbades drabbats	*erleiden*	1
	förebyggande	*vorbeugend*	1
en	**fras** -en -er	*Phrase*	2
en	**mening** -en -ar	*Satz*	2
en	**lucka** -n -or	*Lücke*	2
	uppstå uppstår uppstod uppstått	*entstehen*	2
	minska -r -de -t	*vermindern*	2
	stödja stödjer stödde stött	*unterstützen*	2
en	**vänskap** -en -er	*Freundschaft*	3
	fler	*mehr*	3
	färre	*weniger*	3
	göra slut	*Schluss machen*	3
	ta skada	*Schaden nehmen*	3
	beundra -r -de -t	*bewundern*	3
	hålla -er höll hållit **med**	*zustimmen*	3
	uppskatta -r -de -t	*schätzen*	3
en	**biroll** -en -er	*Nebenrolle*	3
ett	**stöd** -et --	*Unterstützung*	3
en	**majoritet** -en -er	*Mehrheit*	3
en	**stjärna** -n -or	*Star*	3
	delvis	*teilweise*	3
	stryka -er strök strukit **under**	*unterstreichen*	4
ett	**karaktärsdrag** -et --	*Charakterzug*	4
en	**känsla** -n -or	*Gefühl*	4
en	**anhörig** -en anhöriga	*Angehöriger*	4
	misshandla -r -de -t	*misshandeln*	4
	psykiskt	*psychisch*	4
	fysiskt	*physisch*	4
	svartsjuk -t -a	*eifersuchtig*	4
	misstänka -er -te -t	*verdächtigen*	4
	jämt	*ständig*	4
	oärlig -t -a	*unehrlich*	4
	självisk -t -a	*selbstsüchtig*	4
	elak -t -a	*gemein*	4
	dominerande	*dominant*	4
	ohövlig -t -a	*unhöflich*	4
	ovänlig -t -a	*unfreundlich*	4
	arg -t -a	*wütend*	4
	säga -er sa sagt **upp**	*aufkündigen*	4
	orolig -t -a	*besorgt*	4
(en)	**misshandel** -n	*Misshandlung*	4
	uppleva -er -de -t	*erleben*	4
	allvarlig -t -a	*ernsthaft*	4
	isolera sig -r -de -t	*sich isolieren*	4
	polisanmäla -er -de -t	*bei der Polizei anzeigen*	4
	kvinnofridslinjen	*Hilfetelefon bei Gewalt gegen Frauen*	4
	ta upp kontakten	*die Verbindung aufnehmen*	5
	våldsam -t -ma	*gewalttätig*	5
en	**motsats** -en -er	*Gegenteil*	6
	slarvig -t -a	*schlampig*	6
	inåtvänd -t -a	*in sich gekehrt*	6
	altruistisk -t -a	*selbstlos*	6
	utåtriktad -t -e	*nach außen gerichtet*	6
	ödmjuk -t -a	*demütig*	6
	ordentlig -t -a	*ordentlich*	6
	tråkig -t -a	*langweilig*	6
	glad glatt glada	*fröhlich*	6
	snäll -t -a	*nett, lieb*	6
	opålitlig -t -a	*unzuverlässig*	6
ett	**inlägg** -et --	*Beitrag*	7
en	**barndomsvän** -nen -ner	*Freund aus Kindertagen*	7
(en)	**humor** -n	*Humor*	7
	skämta -r -de -t	*scherzen*	7
en	**skolbänk** -en -ar	*Schulbank*	7
ett	**kaos** -et --	*Chaos*	7
	rasande	*rasend*	7
en	**plugghäst** -en -ar	*Streber*	7
	vuxen -t vuxna	*erwachsen*	7
en	**karriärist** -en -er	*Karrierist*	7
	konkurrensinriktad -t -e	*auf Wettbewerb bedacht*	7
	ledsen -t ledsna	*traurig*	7
	ljuga -er ljög ljugit	*lügen*	7
en	**egenskap** -en -er	*Eigenschaft*	7
	bestå består bestod bestått	*bleiben*	7
	andas andas andades andats	*atmen*	8
	låtsas låtsas låtsades låtsats	*so tun als ob*	8
	nedanstående	*untenstehend*	11
en	**relation** -en -er	*Beziehung*	11
en	**professor** -n -er	*Professor*	11
(en)	**socialpsykologi** -n	*Sozialpsychologie*	11
	häromdagen	*neulich*	11

LEKTION 7

en	**guide** -n -er	*Fremdenführer*	1
en	**turist** -en -er	*Tourist*	1
ett	**ställe** -t -n	*Platz, Ort*	1
en	**staty** -n -er	*Statue*	1
en	**fontän** -en -er	*Brunnen*	1
	skapa -r -de -t	*erschaffen*	1
ett	**tegel tegelt** --	*Backstein*	1
en	**stadsteater** -n -teatrar	*Stadttheater*	1
	underhållande	*unterhaltsam*	1
en	**nöjespark** -en -er	*Vernügungspark*	1
en	**avbild** -en -er	*Abbild*	1
	grunda -r -de -t	*gründen*	1
	peka -r -de -t **på**	*auf etw. zeigen*	1
	bli blir blev blivit **till**	*entstehen*	1
en	**bakelse** -n -r	*Gebäck*	1
	Mums!	*Lecker!*	1
ett	**läppstift** -et --	*Lippenstift*	1
en	**skyskrapa** -n -or	*Wolkenkratzer*	1
	inviga -er -de -t	*einweihen*	1
	guida -r -de -t	*führen*	1
en	**hedersgäst** -en -er	*Ehrengast*	1
en	**midsommarafton** -en midsommaraftnar	*Mittsommerabend*	1
	influera -r -de -t	*beeinflussen*	1
	bygga -er -de -t	*bauen*	1
en	**sten** -en -ar	*Stein*	1
	uppföra uppför upp-förde uppfört	*errichten*	1
en	**vaktavlösning** -en -ar	*Wachablösung*	1
	äga -er -de -t **rum**	*statt finden*	1
en	**stadsvandring** -en -ar	*Stadtwanderung*	1
en	**gotlänning** -en -ar	*Bewohner Gotlands*	1
	medeltida	*mittelalterlich*	1
en	**hansestad** -en hanse-städer	*Hansestadt*	1
en	**världsarvslista** -n -or	*Weltkulturerbeliste*	1
en	**ringmur** -en -ar	*Ringmauer*	1
en	**domkyrka** -n -or	*Dom*	1
en	**handelsman** -nen han-delsmän	*Kaufmann*	1
	pigg -t -a	*lebhaft*	1
en	**biskop** -en -ar	*Bischof*	1
	utförligt	*ausführlich*	1
(en)	**midnattssol** -en	*Mitternachtssonne*	1
ett	**konstverk** -et --	*Kunstwerk*	1
ett	**gruvsamhälle** -t -n	*Bergbaustadt*	1
	bryta -er bröt brutit	*abbauen*	1
(en)	**järnmalm** -en	*Eisenerz*	1
	belöna -r -de -t	*belohnen*	1

	omtyckt -- -a	*beliebt*	1
	stolt -- -a	*stolz*	1
en	**spricka** -n -or	*Spalt*	1
	drygt	*etwa*	2
ett	**påstående** -t -n	*Behauptung*	3
	1100-talet	*das 12. Jahrhundert*	3
(en)	**renässans** -en	*Renaissance*	3
en	**oas** -en -er	*Oase*	4
en	**art** -en -er	*Art*	4
en	**växt** -en -er	*Pflanze*	4
	beskåda -r -de -t	*ansehen*	4
(en)	**vetenskapshistoria** -n	*Wissenschaftsgeschichte*	4
ett	**besök** -et --	*Besuch*	4
en	**gruva** -n -or	*Mine*	4
(en)	**koppar** -n	*Kupfer*	4
	påbörja -r -de -t	*beginnen*	4
	förutom	*außer*	4
	utforska -r -de -t	*erforschen*	4
	året om	*das ganze Jahr über*	4
	utse utser utsåg ut-sett	*auswählen*	4
ett	**underverk** -et --	*Wunder*	4
	därmed	*somit*	4
(en)	**föranmälan** --	*Voranmeldung*	4
	kräva -er -de -t	*verlangen*	4
	bevarad -t -e	*behütet*	4
ett	**regalskepp** -et --	*Regalschiff*	4
en	**jungfrufärd** -en -er	*Jungfernfahrt*	4
	bärga -r -de -t	*bergen*	4
	restaurera -r -de -t	*restaurieren*	4
ett	**sekel** seklet sekel	*Jahrhundert*	4
	praktfull -t -a	*prachtvoll*	4
en	**nationalpark** -en -er	*Nationalpark*	4
(ett)	**norrsken** -et	*Polarlicht*	4
en	**vandringsled** -en -er	*Wanderweg*	4
en	**linbana** -n -or	*Seilbahn*	4
	tack vare	*dank*	4
ett	**sommarsolstånd** -et --	*Sommersonnwende*	4
	njuta njuter njöt njutit	*genießen*	4
ett	**fågelliv** -et --	*Vogelwelt*	4
	ljuvlig -t -a	*herrlich*	4
ett	**fiskesamhälle** -t -n	*Fischerdorf*	4
	pittoresk -t -a	*malerisch*	4
en	**sjöbod** -en -ar	*Geräteschuppen am Strand*	4
en	**brygga** -n -or	*Bootssteg*	4
en	**badklippa** -n -or	*Badefelsen*	4
en	**bebyggelse** -n -r	*Bebauung*	4

ett	**skaldjur** -et --	*Schalentier*	4
en	**motor** -n -er	*Motor*	4
en	**fiskebåt** -en -ar	*Fischerboot*	4
ett	**avstånd** -et --	*Abstand*	4
	lite till	*ein bisschen mehr*	4
	etablera -r -de -t	*gründen*	7
	meningsfull -t -a	*sinnvoll*	8
	kunnig -t -a	*kenntnisvoll*	8
	romantisk -t -a	*romantisch*	9
en	**rektor** -n -er	*Rektor*	10
en	**revisor** -n -er	*Wirtschaftsprüfer*	10
en	**koordinator** -n -er	*Koordinator, Koordinatorin*	10

LEKTION 8

en	**utbildning** -en -ar	*Ausbildung*	1
en	**högskola** -n -or	*Hochschule*	1
ett	**program** -met --	*Linie im Gymnasium*	1
ett	**lågstadium** lågstadiet lågstadier	*Unterstufe der schwedischen Grundschule*	1
ett	**daghem** -met --	*Kita*	1
ett	**mellanstadium** mellanstadiet mellanstadier	*Mittelstufe der schwedischen Grundschule*	1
	sfi (svenska för invandrare)	*Schwedischunterricht für Einwanderer*	1
en	**grundskola** -n -or	*Grundschule*	1
ett	**universitet** -et --	*Universität*	1
ett	**högstadium högstadiet högstadier**	*Oberstufe der schwedischen Grundschule*	1
	obligatorisk -t -a	*obligatorisch*	1
	frivillig -t -a	*freiwillig*	1
	dela -r -de -t **upp**	*einteilen*	1
en	**klass** -en -er	*Klasse*	1
en	**farsa** -n -or	*Papa (fam.)*	3
en	**syrra** -n -or	*Schwester (fam.)*	3
en	**morsa** -n -or	*Mama (fam.)*	3
en	**brorsa** -n -or	*Bruder (fam.)*	3
	stenhårt	*knallhart*	3
en	**kursare** -n --	*Kommilitone (fam.)*	3
en	**kurskamrat** -en -er	*Kommilitone*	3
	jädrar	*verflixt*	3
	vara tvungen att	*müssen*	3
ett	**samhällsvetenskapsprogram** -met --	*gesellschaftswissenschaftliche Linie*	4
	SO (samhällsorienterande ämnen)	*sozialkundliche Fächer*	4
ett	**matteprov** -et --	*Mathetest*	4
	komma in på	*angenommen werden*	4
ett	**betyg** -et --	*Note*	4
ett	**ämne** -t -n	*Fach*	4
(en)	**kemi** -n	*Chemie*	4
ett	**ekonomiprogram** -met --	*Wirtschaftslinie*	4
en	**rödspätta** -n -or	*Scholle*	4
en	**kandidatexamen** -- kandidatexamina	*Abschlussprüfung*	4
en	**masteruppsats** -en -er	*Masterarbeit*	4
en	**föreläsning** -en -ar	*Vorlesung*	4
en	**handledare** -n --	*Betreuer*	4
ett	**examensarbete** -t -n	*Abschlussarbeit*	4
	sammanfatta -r -de -t	*zusammenfassen*	4
	fixa -r -de -t **mat**	*Essen machen*	4
	hinna hinner hann hunnit **med**	*etwas (zeitlich) schaffen*	4
en	**såpopera** -n -or	*Seifenoper*	4
	snacka -r -de -t	*reden (fam.)*	4
en	**brytning** -en -ar	*Akzent*	4
en	**inställning** -en -ar	*Einstellung*	4
en	**färdighet** -en -er	*Fertigkeit*	4
(en)	**läsning** -en	*Lesen*	4
(en)	**skrivning** -en	*Schreiben*	4
(en)	**vårdpersonal** -en	*Pflegepersonal*	4
	legitimerad -t -e	*anerkannt*	4
en	**inriktning** -en -ar	*Ausrichtung*	4
	gullig -t -a	*niedlich, süß*	4
en	**läroplan** -en -er	*Lehrplan*	4
en	**utlänning** -en -ar	*Ausländer, Ausländerin*	5
	sökläsa -er -te -t	*einen Text auf bestimmte Informationen durchsehen*	5
	allmän -t -a	*allgemein*	5
	förbättra -r -de -t	*verbessern*	5
ett	**uttal** -et --	*Aussprache*	5
	öva -r -de -t	*üben*	5
	fördjupa -r -de -t	*vertiefen*	5
en	**nybörjare** -n --	*Anfänger*	5
en	**kunskap** -en -er	*Kenntnis*	5
en	**erfarenhet** -en -er	*Erfahrung*	5
(en)	**undervisning** -en	*Unterricht*	5
	erbjuda -er erbjöd erbjudit	*anbieten*	5
(en)	**studietakt** -en	*Geschwindigkeit des Studiums*	5
	indelad -t -e	*eingeteilt*	5
en	**nivå** -n -er	*Niveau*	5
	avancerad -t -de	*Kurs für Fortgeschrittene*	5
en	**benämning** -en -ar	*Benennung*	5
en	**invandrare** -n --	*Einwanderer*	5
	duktig -t -a	*geschickt*	5
	engagerad -t -e	*engagiert*	5

en	**möjlighet** -en -er	*Möglichkeit*	5
	utbilda sig -r -de -t	*eine Ausbildung machen*	5
	lära lär lärde lärt **känna**	*kennen lernen*	5
en	**hörselnedsättning** -en -ar	*Hörschwäche*	5
ett	**inlärningshinder** -hindret --	*Lernschwierigkeiten*	5
ett	**höskolespår** -et --	*Hochschullinie*	5
ett	**upplägg** -et --	*Gestaltung*	5
	med sikte på	*mit dem Ziel*	5
	innovativ -t -a	*innovativ*	5
en	**pedagogik** -en -er	*Pädagogik*	5
en	**framgång** -en -ar	*Erfolg*	5
(en)	**samhällskunskap** -en	*Sozialkunde*	5
	främmande	*fremd*	5
en	**utflykt** -en -er	*Ausflug*	5
en	**utskrift** -en -er	*gedruckter Text*	6
(en)	**framtid** -en	*Zukunft*	6
en	**utbytestermin** -en -er	*Austauschsemester*	8
en	**årskurs** -en -er	*Klassenstufe*	10
	gå i ettan	*in die erste Klasse gehen*	10
	gå i första klass	*in die erste Klasse gehen*	10
	tvåan	*zweite Klasse*	10
	trean	*dritte Klasse*	10
	fyran	*vierte Klasse*	10
	femman	*fünfte Klasse*	10
	sexan	*sechste Klasse*	10
	sjuan	*siebte Klasse*	10
	åttan	*achte Klasse*	10
	nian	*neunte Klasse*	10
(en)	**maskinteknik** -en	*Maschinenbau*	10
en	**civilingenjörexamen** -- examina	*Ingenieursabschluss*	10
ett	**högskolepoäng** -et --	*Credit Point*	10
en	**bilfirma** -n -or	*Automobilfirma*	10
ett	**schema** -t -n	*Stundenplan*	12
(en)	**teknik** -en	*Technik*	12
en	**pianist** -en -er	*Pianist*	12
en	**broschyr** -en -er	*Broschüre*	12
en	**konversation** -en -er	*Unterhaltung*	12

LEKTION 9

ett	**arbetsliv** -et --	*Berufsleben*	1
en	**snickare** -n --	*Tischler*	1
en	**forskare** -n --	*Forscher*	1
en	**sekreterare** -n --	*Sekretär, Sekretärin*	1
en	**företagsledare** -n --	*Betriebsleiter*	1
en	**präst** -en -er	*Pfarrer, Pfarrerin*	1
en	**expedit** -en -er	*Verkäufer, Verkäuferin*	1
en	**veterinär** -en -er	*Tierarzt, Tierärztin*	1
en	**lantbrukare** -n --	*Landwirt, Landwirtin*	1
en	**trädgårdsmästare** -n --	*Gärtner, Gärtnerin*	1
en	**datavetare** -n --	*Informatiker*	1
	plantera -r -de -t	*pflanzen*	2
	sköta -er skötte skött **om**	*pflegen*	2
	bedriva -er -drev -drivit **forskning**	*forschen*	2
	diagnostisera -r -de -t	*diagnostizieren*	2
	behandla -r -de -t	*behandeln*	2
(en)	**rådgivning** -en	*Beratung*	2
en	**domstol** -en -ar	*Gericht*	2
ett	**församlingsarbete** -t -n	*Gemeindearbeit*	2
en	**gudstjänst** -en -er	*Gottesdienst*	2
ett	**dop** -et --	*Taufe*	2
en	**vigsel** -n vigslar	*Trauung*	2
en	**begravning** -en -ar	*Beerdigung*	2
(en)	**själavård** -en	*Seelsorge*	2
	granska -r -de -t	*prüfen*	2
en	**verksamhet** -en -er	*Betrieb*	2
en	**redovisning** -en -ar	*Rechenschaftsbericht*	2
(en)	**förvaltning** -en	*Verwaltung*	2
ett	**byggprojekt** -et --	*Bauprojekt*	2
ett	**sniderі** -et -er	*Schnitzerei*	2
	redigera -r -de -t	*redigieren*	2
ett	**sammanträde** -t -n	*Sitzung*	2
	arrendera -r -de -t	*pachten*	2
ett	**jordbuk** -et --	*Landwirtschaft*	2
	utspela sig -r -de -t	*sich abspielen*	3
en	**mottagning** -en -ar	*Praxis*	3
en	**matvaruaffär** -en -er	*Lebensmittelgeschäft*	3
ett	**snickeri** -et -er	*Tischlerei*	3
	jobbig -t -a	*mühsam, anstrengend*	3
en	**skatt** -en -er	*Steuer*	3
	välbetald -t -a	*gut bezahlt*	3
	färdigskriven -t -skrivna	*fertig geschrieben*	3
	handleda -er -dde -tt	*betreuen*	3
	publicerad -t -e	*veröffentlicht*	3
	av yttersta vikt	*äußerst wichtig*	3
ett	**citat** -et --	*Zitat*	3
	ansedd -tt -a	*angesehen*	3
en	**blombukett** -en -er	*Blumengesteck*	3
ett	**altare** -t --	*Altar*	3
en	**predikstol** -en -ar	*Kanzel*	3
	framställd -t -a	*hingestellt*	3

	bredd -tt -a	*geschmiert*	3
en	**psalm**	*Kirchenlied, Psalm*	3
en	**brud** -en -ar	*Braut*	3
ett	**flickebarn** -et --	*Mädchen*	3
	döpt -- -a	*getauft*	3
	besvärlig -t -a	*schwierig*	3
	leverera -r -de -t	*liefern*	3
	montera -r -de -t	*zusammenbauen*	3
	otålig -t -a	*ungeduldig*	3
	tjatig -t -a	*nörgelig*	3
	fatta -r -de -t	*kapieren*	3
en	**undulat** -en -er	*Wellensittich*	3
en	**pinne** -n -ar	*Stange*	3
	slö -tt -a	*träge*	3
	uppburrad -t -e	*aufgeplustert*	3
	kry -tt -a	*gesund*	3
en	**näbb** -en -ar	*Schnabel*	3
en	**buk** -en -ar	*Bauch*	3
en	**affärshandling** -en -ar	*geschäftliches Dokument*	3
en	**svaghet** -en -er	*Schwäche*	3
	höra till	*dazu gehören*	3
	uppdaterad -t -e	*auf dem neuesten Stand sein*	3
en	**programvara** -n -or	*Software*	3
	välkänd -t -a	*wohlbekannt*	3
en	**utmaning** -en -ar	*Herausforderung*	3
en	**platsannons** -en -er	*Stellenanzeige*	5
en	**rubrik** -en -er	*Überschrift*	5
en	**varaktighet** -en -er	*Dauer*	5
en	**arbetstid** -en -er	*Arbeitszeit*	5
en	**kvalifikation** -en -er	*Qualifikation*	5
en	**receptionist** -en -er	*Rezeptionist*	5
(en)	**primärvård** -en	*medizinische Erstversorgung*	5
(en)	**allmänmedicin** -en	*Allgemeinmedizin*	5
(en)	**specialistsjukvård** -en	*Facharztbetreuung*	5
en	**lokal** -en -er	*Raum*	5
	ansluten -t anslutna	*angeschlossen*	5
ett	**läkarhus** -et --	*Ärztezentrum*	5
en	**fysioterepeut** -en -er	*Physiotherapeut*	5
en	**arbetsterapeut** -en -er	*Beschäftigungstherapeut*	5
en	**logoped** -en -er	*Logopäde*	5
en	**patient** -en -er	*Patient*	5
en	**arbetsuppgift** -en -er	*Arbeitsaufgabe*	5
	ta emot	*empfangen*	5
(en)	**posthantering** -en	*Postbearbeitung*	5
	m.m. (med mera)	*u.a. (unter anderem)*	5
	önskvärt	*wünschenswert*	5
en	**sökande** den sökande --	*Bewerber*	5
	sätta värde på	*Wert legen auf*	5
(en)	**serviceanda** -n	*Dienstleistungsgedanke*	5
en	**samarbetsförmåga** -n -or	*Teamfähigkeit*	5
	stor vikt läggs vid	*großer Wert wird gelegt auf*	5
(en)	**lämplighet** -en	*Eignung*	5
en	**tillsvidareanställning** -en -ar	*unbefristete Anstellung*	5
	tillämpa -r -de -t	*anwenden*	5
en	**provanställning** -en -ar	*Probezeit*	5
en	**heltid** -en -er	*Vollzeit*	5
ett	**tillträde** -t -n	*Eintritt*	5
	snarast möjligt	*möglichst bald*	5
en	**ansökan** -- ansökningar	*Bewerbung*	5
ett	**cv** -t -n	*Lebenslauf*	5
ett	**personligt brev**	*Anschreiben*	5
	skall vara oss tillhanda	*sollen uns vorliegen*	5
	senast	*spätestens*	5
en	**deltid** -en -er	*Teilzeit*	5
	fast anställd	*fest angestellt*	5
ett	**tips** -et --	*Tipp*	6
	fånga läsarens intresse	*das Interesse des Lesers wecken*	6
en	**inledning** -en -ar	*Anfang*	6
	anpassa -r -de -t	*anpassen*	6
	i punktform	*in Stichpunkten*	6
	se till	*Acht geben*	6
	komplettera -r -de -t	*komplettieren*	6
	upprepa sig -r -de -t	*sich wiederholen*	6
ett	**yrkesliv** -et --	*Berufsleben*	6
en	**arbetsförmedling** -en -ar	*Arbeitsvermittlung*	6
ett	**sätt** -et --	*Art und Weise*	7
	inleda -er -de -tt	*anfangen*	7
en	**tjänst** -en -er	*Stelle*	7
	utannonserad -t -e	*ausgeschrieben*	7
	för närvarande	*zur Zeit*	7
en	**läkarmottagning** -en -ar	*Arztpraxis*	7
	serviceinriktad -t -e	*dienstleistungsorientiert, kundenfreundlich*	7
	välorganiserad -t -e	*strukturiert*	7
	samarbetsvillig -t -a	*teamfähig*	7
	övertygad -t -e	*überzeugt*	7
	stressa -r -de -t	*unter Stress stehen*	8

	stressad -t -de	*gestresst*	8
	anställa -er -de -t	*anstellen*	8
	anställd -t -a	*angestellt*	8
	ansluta ansluter anslöt anslutit	*anschließen*	8
	sydd -tt -a	*genäht*	8
	uppdrucken -t -uppdruckna	*ausgetrunken*	8
	intervjua -r -de -t	*interviewen; ein Bewerbungsgespräch führen*	9
	döpa -er -te -t	*taufen*	9
	brygga -er -de -t	*(Kaffee) kochen*	9
	försvara -r -de -t	*verteidigen*	10
en	**församling** -en -ar	*Gemeinde*	10
	emottagen -t -emottagna	*empfangen*	10
	självkritisk -t -a	*selbstkritisch*	11
	nöjd -t -a	*zufrieden*	11
(en)	**omgivning** -en	*Umfeld*	11
en	**kollega** -n -or	*Kollege*	11
	stressa -r -de -t **av**	*Stress abbauen*	11
	lyckas lyckas lyckades lyckats **med**	*jmd. gelingt etwas*	11
	tilltala -r -de -t	*ansprechen*	11

LEKTION 10

	borgerlig -t -a	*bürgerlich*	1
	rösta -r -de -t	*wählen*	1
(en)	**riksdag** -en	*Reichstag*	1
ett	**landsting** -et --	*Provinziallandtag*	1
en	**kommun** -en -er	*Gemeinde*	1
	självstyrande	*selbstverwaltend*	1
en	**enhet** -en -er	*Einheit*	1
(en)	**lokaltrafik** -en	*Nahverkehr*	1
ett	**självstyre** -t -n	*Sebstverwaltung*	1
ett	**ansvar** -et --	*Verantwortung*	1
(en)	**barnomsorg** -en	*Kinderbetreuung*	1
(en)	**åldringsvård** -en	*Seniorenbetreuung*	1
	gå till	*ablaufen*	2
	fullmäktige *Pl*	*Gemeinderat*	2
	få får fick fått **lov**	*tun dürfen*	2
en	**medborgare** -n --	*Bürger*	2
	folkbokförd -t -a	*(amtlich) gemeldet*	2
ett	**valdeltagande** -t -n	*Wahlbeteiligung*	2
ett	**valprogram** -met --	*Wahlprogramm*	2
en	**ökning** -en -ar	*Erhöhung*	3
en	**minskning** -en -ar	*Senkung*	3
	sjunka -er sjönk sjunkit	*sinken*	3
en	**nyhetssändning** -en -ar	*Nachrichtensendung*	4
ett	**parti** -et -er	*Partei*	4
	ingå ingår ingick ingått	*zu etw. gehören*	4
	sammanställa -er -de -t	*zusammenstellen*	4
en	**procentenhet** -en -er	*Prozentpunkt*	4
	ligga kvar på	*unverändert liegen bei*	4
	hamna -r -de -t **på**	*landen bei*	4
	oförändrat	*unverändert*	4
	nå upp till	*erreichen*	4
en	**opinionsmätning** -en -ar	*Meinungsumfrage*	4
en	**demokrati** -n -er	*Demokratie*	5
en	**kammare** -n --	*Kammer*	5
en	**ledamot** -en ledamöter	*Abgeordnete(r)*	5
ett	**lagförslag** -et --	*Gesetzesvorschlag*	5
	fastställa -er -de -t	*festlegen*	5
en	**statsbudget** -en -ar	*Haushalt*	5
	tillsätta -er tillsatte tillsatt	*einsetzen*	5
	avsätta -er avsatte avsatt	*des Amtes entheben*	5
ett	**block** -et --	*Block*	5
en	**statsminister** -n -ministrar	*Ministerpräsident*	5
en	**utrikesminister** -n -ministrar	*Außenminister*	5
en	**finansminister** -n -ministrar	*Finanzminister*	5
en	**utbildningsminister** -n -ministrar	*Bildungsminister*	5
ett	**departement** -et --	*Ministerium*	5
	styra styr styrde styrt	*führen*	5
	lägga fram	*einbringen*	5
ett	**förslag** -et --	*Vorschlag*	5
en	**proposition** -en -er	*Regierungsvorlage*	5
	dock	*jedoch*	5
	gå igenom	*durchkommen*	5
	utökad -t -e	*erweitert*	5
en	**region** -en -er	*Region*	5
(en)	**tandvård** -en	*Zahnarztwesen; Zahnpflege*	5
	omfatta -r -de -t	*umfassen*	5
en	**tätbebyggelse** -n -r	*Ballungsraum*	5
en	**landsbygd** -en -er	*ländliches Gebiet*	5
en	**räddningstjänst** -en -er	*Rettungsdienst*	5
en	**socialtjänst** -en -er	*Sozialhilfe*	5

en	**funktionshindrad** den funktionshindrade -e	*Mensch mit Behinderung*	5
	representerad -t -e	*vertreten*	7
en	**mandatperiod** -en -er	*Legislaturperiode*	7
en	**bonde** -n bönder	*Bauer*	7
en	**stomme** -n -ar	*Grundlage*	7
en	**värdering** -en -ar	*Grundwert*	7
en	**bas** -en -er	*Basis*	7
	enskild -t -a	*einzeln*	7
en	**utgångspunkt** -en -er	*Ausgangspunkt*	7
en	**förbättring** -en -ar	*Verbesserung*	7
ett	**småföretag** -et --	*Kleinunternehmen*	7
en	**miljö** -n -er	*Umwelt*	7
	konservativ -t -a	*konservativ*	7
	nationalistisk -t -a	*nationalistisch*	7
	sänkt -- -a	*gesenkt*	7
	ansvarsfull -t -a	*verantwortungsvoll*	7
(en)	**hantering** -en	*Handhabung*	7
en	**invandring** -en -ar	*Einwanderung*	7
	medföra medför medförde medfört	*verursachen*	7
en	**påfrestning** -en -ar	*Belastung*	7
	gemensam -t -ma	*gemeinsam*	7
(ett)	**ägande** -t	*Besitz*	7
	vara emot	*dagegen sein*	7
(en)	**offentlig sektor** den offentliga sektorn -er	*öffentlichen Dienst*	7
	höjd -t -a	*erhöht*	7
	ursprungligen	*ursprünglich*	7
(en)	**jämlikhet** -en	*Gleichberechtigung*	7
(en)	**frihet** -en	*Freiheit*	7
	sänka -er -te -t	*herabsetzen*	8
	höja -er -de -t	*erhöhen*	8
en	**arbetsmarknadsåtgärd** -en -er	*Arbeitsmarktmaßnahme*	9
	arbetslös -t -a	*arbeitslos*	9
	vald -t -a	*gewählt*	10
ett	**medborgarskap** -et --	*Staatsangehörigkeit*	10
	lägga märke till	*bemerken*	11
en	**betoning** -en -ar	*Betonung*	11
en	**temperatur** -en -er	*Temperatur*	11
en	**hylla** -n -or	*Regal*	11
en	**komiker** -n --	*Komiker*	12
	lustig -t -a	*lustig*	12
	märka -er -te -t	*bemerken*	12

RÜCKBLICK 2

ett	**förhållande** -t -n	*Beziehung*	1
	spruta -r -de -t	*spritzen*	1
	ängslig -t -a	*ängstlich*	1
	understruken -t understrukna	*unterstrichen*	8
	smutsa -r -de -t **ner**	*verschmutzen*	9
	avgaser *Pl*	*Abgase*	9
	uttrycka sig -er -te -t	*sich ausdrücken*	9
	kär -t -a	*verliebt*	10

LEKTION 1

1
1. höghus; **2.** villa; **3.** radhus; **4.** lägenhet; **5.** studentrum; **6.** kollektiv; **7.** parhus; **8.** torp

2
1. fel; **2.** rätt; **3.** fel; **4.** rätt; **5.** fel; **6.** fel; **7.** fel; **8.** rätt; **9.** fel; **10.** fel; **11.** fel; **12.** fel;

3
1. ett skrivbord; **2.** en soffa; **3.** en gardin; **4.** ett matbord; **5.** en bokhylla; **6.** en spis; **7.** en fåtölj; **8.** ett skåp; **9.** en säng; **10.** ett badkar; **11.** ett soffbord; **12.** en tavla

4
1.D; **2.**G; **3.**A; **4.**F; **5.**E; **6.**C; **7.**B

5
1. Lägenheten ligger på Raketgatan 49c i Göteborg.; **2.** Den har tre rum och kök.; **3.** Den är 87 kvadratmeter.; **4.** Hyran är 14030 kronor i månaden.

6
ägt, billigare, dyrare, mindre, dyrast, populärast, större, bättre, lägre, flest, unga, gifta, sambo, mambo, inneboende, viktigt, svenska, särbo

7
1. större; **2.** mindre; **3.** fler; **4.** högst; **5.** dyrare; **6.** billig; **7.** lägre

8
1. Den populära lägenheten; **2.** Det dyra radhuset; **3.** De höga hyrorna; **4.** stora vardagsrum; **5.** billiga studentrum; **6.** trevliga grannar

9
1. framför; **2.** i; **3.** till vänster om; **4.** på, under; **5.** På; **6.** ovanför; **7.** mitt emot; **8.** under

10
1. Hur stor är den?; **2.** Vad ligger hyran på?; **3.** Hur länge kan man hyra den?; **4.** När kan man flytta in?; **5.** Vilken våning ligger lägenheten på?; **6.** Är det mycket trafik i området?; **7.** Finns det parkeringsplats?; **8.** Ingår el i hyran?; **9.** Kan jag boka en visning?

12
1. står; **2.** vid; **3.** hänger; **4.** Till; **5.** om; **6.** står; **7.** ovanför; **8.** sitter; **9.** står; **10.** står; **11.** Framför; **12.** Under; **13.** ligger; **14.** står; **15.** står; **16.** sitter;

LEKTION 2

1
1. skvallertidning; **2.** populärvetenskaplig tidskrift; **3.** kvällstidning; **4.** serietidning; **5.** dagstidning; **6.** livsstilsmagasin;

2
1. fel; **2.** rätt; **3.** fel; **4.** rätt; **5.** rätt; **6.** fel; **7.** rätt; **8.** fel; **9.** fel; **10.** rätt; **11.** fel; **12.** rätt; **13.** fel; **14.** rätt

3
1.D; **2.**F; **3.**G; **4.**A; **5.**B; **6.**E; **7.**C

4
1. Utrikesnyheter; **2.** Brott; **3.** Vädret; **4.** Inrikespolitik; **5.** Olyckor; **6.** Sport; **7.** Ekonomi

5
1. Vad googlade svenskarna mest?; **2.** Nej till fler pappamånader; **3.** Bil körde på folk i Kiruna; **4.** Björn anföll älg på lekplats

6
1. fel; **2.** rätt; **3.** fel; **4.** fel; **5.** rätt; **6.** rätt; **7.** rätt; **8.** fel

8
Präteritum: Över 60 miljoner sökningar **var** med i undersökningen. Förra året **var** svenskarna väldigt intresserade av politik. En bil **körde** in i och **skadade** flera människor. Han **hörde** skrik och **såg** offren flyga. Tio personer **skadades** och **fick** föras till sjukhus. Vi tror att det **var** en medveten handling. En älg **stormade** plötsligt in på en lekplats i samhället Hede i Härjedalen. Efter sig **hade** älgen en ilsken och hungrig björn. Flera vittnen **såg** hur björnen **anföll** älgen och **bet** den. Men när en bil **körde** förbi **blev** björnen rädd och **flydde** in i skogen. Älgen **var** svårt skadad och **kunde** inte resa sig. En älgjägare **kunde** skjuta älgen kort därefter.

Perfekt: Eftersom det berättar något om vad som **har hänt** under året. De mest populära orden i år **har varit**... I år **har** det däremot **handlat** mer om den svenska kungafamiljen. ...**har** regeringen tidigare **bestämt** att papporna ska vara hemma i tre månader. Nu **har** det **kommit** ett nytt förslag...De **har gripit** föraren. Jag **har** aldrig **sett** något liknande.

9
1. såg, körde; **2.** har stormat; **3.** har varit, var; **4.** gjorde, åt; **5.** drack; **6.** bodde, flyttade, har bott

10
1. Igår såg jag en bil som körde på en man. **2.** Den här veckan har det stormat kraftigt i Göteborg. **3.** Tre gånger har Ove varit i Paris. Förra året var han där. **5.** I morse drack Lina två koppar te till frukost. **6.** För sex år sedan bodde vi i Tübingen och sedan flyttade vi till norra Tyskland. I sex år har vi bott i Bremen nu och vi trivs bra här. / Nu har vi bott i Bremen i sex år och vi trivs bra här.

11
1. hit, här; **2.** Vart, dit; **3.** framme, fram; **4.** hemma, hem; **5.** ut, ute; **6.** uppe, upp

12
1. har läst; **2.** har arbetat; **3.** tog; **4.** har bott; **5.** prenumererade, slutade, blev

13
1. Jag har läst i tidningen idag att en björn jagade en älg. / Idag har jag läst i tidningen att en björn jagade en älg. **2.** Vad har du gjort den här veckan? **3.** Jag har tittat mycket på TV den här veckan. / Den här veckan har jag tittat mycket på TV. **4.** Jag såg på TV-nyheterna att en bil skadade flera människor i förrgår. **5.** Har du hört att regeringen vill införa mer pappaledighet? **6.** Ja, jag hörde det på radio förra veckan. / Ja, det hörde jag på radio förra veckan.

14
Die Lösung finden Sie bei den Hörtexten.

15

U	B	R	O	T	T	S	P	L	A	T	S
E	I	P	L	W	Ö	N	A	U	S	T	A
R	D	A	A	I	N	I	S	S	D	I	M
T	R	I	N	V	A	L	C	K	E	N	H
Z	A	P	D	G	Ö	S	H	J	E	Q	Ä
D	G	Ä	U	M	H	K	I	U	A	T	L
I	F	F	N	Y	Ä	E	N	T	I	C	L
B	Y	B	O	Y	G	N	E	A	H	Ö	E

LEKTION 3

1

3A; 4B; 20C; 8D; 9E; 7F; 10G; 5H; 11I; 12J; 14K; 2L; 17M; 15N; 16O; 18P; 13Q; 19R; 6S; 1T

2

1F; 2A; 3G; 4B; 5D; 6I; 7H; 8E; 9C

3

1.B; **2.**C; **3.**A; **4.**A; **5.**C; **6.**C;

4

klippt mig	*att klippa sig*
oroa dig	att oroa sig
förbereder mig	att förbereda sig
sätta på dig	att sätta på sig
bestämma mig	att bestämma sig
ha på dig	att ha på sig
bryr dig om	att bry sig om
klä av mig	att klä av sig
tvätta mig	att tvätta sig

5

1. identifierar sig; **2.** superkrafter; **3.** naturlig; **4.** omgörning; **5.** utseendet; **6.** Stilförändringen

6

1. rätt; **2.** fel; **3.** fel; **4.** fel; **5.** rätt; 6; rätt; **7.** fel

7

mig, mig, mig, oss, mig, oss, oss, henne, honom, dem

8

1. dig; **2.** honom, mig; **3.** henne; **4.** dem; **5.** oss; **6.** er; **7.** mig, den, det; **8.** en

9

1. gifte sig, skilt sig; **2.** anmäla sig, lära sig; **3.** försov mig; **4.** kände sig; **5.** kamma er; **6.** skynda oss; **7.** latat dig

10

Die Lösung finden Sie bei den Hörtexten.

11

1. Oroar du dig för framtiden? Ja, jag oroar mig för framtiden./ Nej, jag oroar mig inte för framtiden.;
2. När tvättar du dig på kvällen? Jag tvättar mig klockan... på kvällen.
3. Klipper du dig ofta hos frisören? Ja, jag klipper mig ofta hos frisören./ Ne, jag klipper mig inte ofta hos frisören.
4. Har du förberett dig för en presentation i år? Ja, jag har förberett mig för en presentation i år. / Nej, jag har inte förberett mig för en presentation i år. ;
5. Brukar du skynda dig till bussen på morgonen? Ja, jag brukar skynda mig till bussen på morgonen./Nej, jag brukar inte skynda mig till bussen på morgonen.
6. Vill du lära dig ett nytt språk? Ja, jag vill lära mig.../ Nej, jag vill inte lära mig ett nytt språk.;
7. När går du och lägger dig på kvällen? Jag går och lägger mig klockan...på kvällen.
8. Har du anmält dig till någon kurs i år? Ja, jag har anmält mig till en kurs i .../ Nej,jag har inte anmält mig till någon kurs i år.
9. Hur ofta brukar du försova dig? Jag brukar försova mig.../ Jag brukar aldrig försova mig.
10. Klär du på dig före frukosten? Ja, jag klär på mig före frukosten./ Nej, jag klär inte på mig före frukosten.;
11. Kammar du dig alltid på morgonen? Ja, jag kammar mig alltid på morgonen./ Nej, jag kammar mig inte alltid på morgonen.
12. Vad har du på dig för kläder på dig när du går på fest? Jag har på mig...när jag går på fest./ När jag går på fest har jag på mig...

12

skj**o**rtan	**u**tseende
kj**o**len	**a**nsv**a**r
kals**o**ngerna	f**ä**rgen
d**e**lt**a**gare	l**ö**neförh**ö**jning
k**ä**ndis	st**o**rl**e**k
ansikte	b**y**tesr**ä**tt

LEKTION 4

1

GYMPA SIMNING DANS ISHOCKEY HANDBOLL, ORIENTERING STAVGÅNG TENNIS FOTBOLL, INNEBANDY GOLF JOGGNING KAMPSPORT YOGA, BASKET LÄNGDÅKNING RIDNING UTFÖRSÅKNING, CYKLING SKRIDSKOÅKNING STYRKETRÄNING

2

1. joggning; **2.** orientering; **3.** fotboll; **4.** utförsåkning; **5.** stavgång; **6.** styrketräning; **7.** gympa; **8.** simning

3

A17; B13; C0; D0; E2; F10; G7; H1

4

1. första; **2.** trettioförsta i sjunde; **3.** fjärde; **4.** sjätte; **5.** andra; **6.** tredje i tionde

5

1. riktigt, långt; **2. 3.** faktiskt; **4.** väldigt, snabbt, systematiskt; **7.** otroligt, oproblematiskt

6

1. kraftigt/snabbt; **2.** långsamt, riktigt/väldigt/otroligt snabbt; **3.** långt; **4.** otroligt; **5.** oproblematiskt

7

1. tror; **2.** tänker, tycker; **3.** Tror; **4.** tänker, tänker; **5.** tror; **6.** tycker; **7.** tror

8

1. väldigt systematiskt; **2.** riktigt långsamt; **3.** fantastiskt högt; **4.** entusiastiskt; **5.** otroligt energiskt; **6.** vackert; **7.** oentusiastiskt; **8.** väldigt entusiastiskt

9

entusiastis**k**t, energis**k**t, otroli**g**t, problematis**k**t, fantastis**k**t, rikti**g**t, krafti**g**t, väldi**g**t, systematis**k**t

10

den tjugofjärde i tolfte, den första i tionde, den sjätte i sjätte, den åttonde i sjunde, den nittonde i elfte, den tjugoandra i fjärde, den trettionde i åttonde, den fjortonde i nionde, den tjugotredje i första, den sextonde i femte, den tjugofemte i andra

LEKTION 5

1

1.H; **2.**L; **3.**J; **4.** E; **5.**A; **6.**K; **7.**I; **8.**D; **9.**G; **10.** C; **11.**F; **12.**B

2

1.C; **2.**H; **3.**E; **4.**G; **5.**D; **6.**I; **7.**A; **8.**F; **9.**B

3

1. rätt; **2.** fel; **3.** rätt; **4.** rätt; **5.** fel

4

1. journalist; **2.** timmar ; **3.** ledig; **4.** E-mejl; **5.** advokat; **6.** försäkringsbolag; **7.** termin

6

1. Översättningsbyrån är specialiserad på medicinska och tekniska texter. **2.** En bruksanvisning för medicin som ska översättas från italienska till svenska. **3.** Texten består av 2000 ord. **4.** Hon måste lämna in översättningen senast 15 juli. **5.** Hon vill att Gösta skickar henne filen med bruksanvisningen.

7

Hauptsätze (Aussagesätze): Det var väldigt länge sedan vi sågs. ; Jag sökte upp dig på Facebook igår kväll och blev jätteglad...; Jag ser... ; På dina foton har du två söta barn. ; ...läste jag journalistik och italienska på Uppsala universitet. ; Jag arbetar som journalist på en tidning nu och så frilansar jag som översättare några timmar varje dag. ; Det skulle vara kul... ; ...är jag ledig och ganska flexibel.

8

1. Monika sökte upp henne och hon skrev direkt ett mejl. **2.** Ulf kan inte träffas för han har inte semester nästa vecka. **3.** Vendela studerade juridik men hon blev inte åklagare. **4.** Gösta behöver mycket hjälp så han kontaktar ofta översättaren. **5.** Han ringer till honom eller han skriver ett sms till honom.

9

Nebensätze und Konjunktionen: ...**när** jag hittade din sida och kunde skicka dig en vänförfrågan; ...**att** du är gift nu; ...**om** jag minns rätt; **Efter att** vi hade tagit studenten...; **om** vi kunde träffas någon gång **så att** vi kan tala om gamla tider; **Eftersom** jag har semester då.

10

1. Vad roligt att du alltid vill träffas. **2.** Jag är trött eftersom jag inte har druckit kaffe idag. **3.** Du kan kontakta mig om du eventuellt har några frågor. **4.** Han skriver till henne trots att hon aldrig har ringt honom. **5.** Blockera Facebook så att chefen inte ser dina bilder! **6.** Han åker på en solsemester efter att han faktiskt har tjänat pengar på Facebookannonser. **7.** Hon började studera när hon verkligen hade lust. **8.** Jag skickar texten till dig som du omgående måste översätta. **9.** Jag undrar om jag inte ska boka tid hos läkaren.

11

1. stund; **2.** terminer; **3.** timmar; **4.** öl; **5.** ledig; **6.** semester; **7.** tid; **8.** tid

RÜCKBLICK 1

1

					16				
		1.	F	Å	T	Ö	L	J	
2.	S	K	R	I	V	B	O	R	D
			3.	V	Å	N	I	N	G
			4.	T	R	Ö	J	A	
5.	R	A	D	H	U	S			
		6.	S	A	M	B	O		
7.	H	Y	R	E	S	R	Ä	T	T
8.	S	T	O	R	L	E	K		
		9.	S	K	Ä	R	P		
10.	T	R	Ä	D	G	Å	R	D	
11.	K	A	S	S	E				
12.	K	L	Ä	N	N	I	N	G	
				13.	H	A	T	T	
14.	K	O	L	L	E	K	T	I	V
	15.	K	V	I	T	T	O		

2

1. fel; **2.**rätt; **3.** fel; **4.** fel; **5.** rätt

3

1. har rakat sig; **2.** kände sig, har klippt sig; **3.** har latat mig; **4.** försov mig; **5.** torkade sig; **6.** la(de) oss

4

D.1; A.2; F.3; H.4; C. 5; I. 6; E. 7; G. 8; B.9

5

1. orientering; **2.** stavgång; **3.** styrketräning; **4.** längdåkning; **5.** kampsport; **6.** simning; **7.** innebandy; **8.** handboll

6

1. hem, snabbt; **2.** långt, dit; **3.** ner, långsamt, snabbt, nere; **4.** uppe, väldigt; **5.** där, framme, otroligt; **6.** kraftigt; **7.** ner, ute, kraftigt

7

1. tror, tjugofemte; **2.** tänker, tolfte; **3.** tycker, sjunde, första **4.** tänker, trettioförsta, tionde; **5.** Tror, tjugosjätte, tror

8

1. D; **2.** F; **3.** A; **4.** H; **5.** I; **6.** B; **7.**C; **8.** G; 9E

LEKTION 6

1

1. identitetsutveckling; **2.** återspeglar; **3.** pålitlig; **4.** lojal; **5.** ärlighet; **6.** finns; **7.** umgås; **8.** minns; **9.** trivs; **10.** drabbas; **11.** förebyggande; **12.** skämmas; **13.** självkänsla; **14.** svartsjuka; **15.** ansträngande; **16.** lyckas

2

1. återspeglar; **2.** pålitlig, lojal; **3.** Ärlighet; **4.** minns; **5.** drabbas; **6.** förebyggande **7.** skämmas; **8.** svartsjuka; **9.** ansträngande; **10.** lyckas

3

1.B; **2.**C; **3.**A; **4.**B; **5.**A; **6.**C; **7.**C; **8.**A

4

svartsjuk, otrogen, oärlig, självisk, elak, dominerande, ohövlig, ovänlig, arrogant, orolig, arg, rädd

5

Satz B

6

1.F; **2.**G; **3.**I; **4.**E; **5.**C; **6.**H; **7.**A; **8.**D; **9.**B

7

1. rolig; **2.** tråkig; **3.** utåtriktad/extrovert; **4.** inåtvänd/introvert; **5.** slarvig; **6.** arg; **7.** ordentlig; **8.** självisk/arrogant; **9.** elaka; **10.** opålitlig

8

1. finns; **2.** trivts; **3.** mindes; **4.** andas; **5.** svettades; **6.** låtsades; **7.** umgås; **8.** skämdes

9

Jag har försökt tala om **att hon måste lämna honom...**; hon...menar **att jag inte förstår**; Du skriver **att din väninna blir arg** och tycker **att du inte förstår**.

10

1. Britta säger att hon alltid är rädd för arga och elaka kommentarer.; **2.** Karl menar att han inte litar på sin vän mer.; **3.** Maria tycker att han alltid är så konkurrensinriktad mot henne.; **4.** Bengt anser att de så sällan går på bio tillsammans nuförtiden.; **5.** Madeleine säger att hon inte har läst boken om vänskap.

11

1. Mamma frågar vart hon ska gå. Bettan säger att hon ska gå och träffa Åsa. Mamma undrar vad de ska göra. Bettan svarar att de inte tänker dricka alkohol, om hon tror det. Mamma tycker att det är bra. Bettan säger att de vill gå och dansa på en klubb. Mamma vill veta när hon kommer hem. Bettan säger att hon kanske kommer hem klockan ett. Mamma menar att hon måste komma hem senast klockan tolv. Bettan säger att det är okej.
2. Bertil frågar vad hon läser för bok. Johanna säger att hon läser en bok om vänskap och relationer. Bertil säger att hon ofta läser sådana böcker. Han frågar om den är intressant. Johanna svarar att den är väldigt intressant. Bertil undrar vem som har skrivit boken. Johanna säger att det är en professor som heter Henrik Stålberg. Bertil vill veta vad han är professor i. Johanna tror att han är professor i socialpsykologi. Bertil säger att han faktiskt hörde hans program på radion häromdagen.

12

U	Q	G	S	Ä	C	L	E	D	S	E	N
E	F	P	L	R	Ö	N	A	U	S	T	V
R	S	J	Ä	L	V	I	S	K	D	I	E
T	E	I	N	I	H	E	N	K	E	N	L
Z	M	P	D	G	Ö	N	Ä	H	A	Q	A
D	D	Ä	U	M	H	E	L	M	R	T	K
T	R	O	G	E	N	H	L	L	G	C	H
G	A	N	G	Ü	G	M	E	C	G	Ö	G
L	U	G	N	K	Ö	D	M	J	U	K	L
C	P	A	J	N	V	Ö	T	K	Z	N	A
M	X	S	V	A	R	T	S	J	U	K	D

13

1. Jag anser att jag är pålitlig.
2. Jag menar att jag är rolig och hövlig.
3. Jag tror att jag inte är inåtvänd./ Jag tror inte att jag är inåtvänd.
4. Jag tycker att jag är ganska slarvig.
5. Jag anser att jag inte är utåtriktad / Jag anser inte att jag är utåtriktad.
6. Jag menar att jag är självisk och dominerande.

14

Individuelle Antworten

LEKTION 7

1

1. Gustav Adolfs torg, Göteborg; **2.** Stadshuset, Stockholm; **3.** Sankta Maria kyrka, Visby; **4.** Icehotel / Ishotellet, Kiruna / Jukkasjärvi

2

A.2; B.4; C.3; D.3; E.1; F.2; G.4; H.1

3

1. fel; **2.** fel; **3.** rätt; **4.** rätt; **5.** fel; **6.** fel; **7.** fel; **8.** rätt; **9.** rätt; **10.** fel; **11.** fel; **12.** fel; **13.** rätt; **14.** rätt

4

1. Västkusten; **2.** Linnéträdgården ; **3.** Vasamuseet; **4.** Abisko nationalpark; **5.** Lunds domkyrka; **6.** Falu koppargruva

5

1. Gruvorna; **2.** Visningarna; **3.** Vandringslederna; **4.** Fiskesamhällena; **5.** Hotellen; **6.** Läkarna

6

Passiva satser:

De vackra blommorna ska bäst beskådas under sommaren.

Linnés bostad kan också besökas.

Man tror att brytningen av koppar eventuellt påbörjades så tidigt som på 800-talet.

Förutom koppar har där även brutits silver och guld.

Lunds domkyrka besöks av 700 000 människor varje år och har utsetts till ett av Sveriges sju underverk av Vetenskapsradions lyssnare.

Den började byggas under 1100-talet.
Lunds universitet invigdes i denna kyrka.
Ingen föranmälan krävs.
Det 69 meter långa regalskeppet sjönk (...) och bärgades först år 1961.
Skeppet har långsamt restaurerats under ett halvt sekel.
Visningar av museet ges varje dag.
Nationalparken som ligger i Norrbotten besöks av cirka 50 000 turister varje år.
På Orust (...) kan mysiga fiskesamhällen (...) besökas.

Aktiva satser:
Man ska bäst beskåda de vackra blommorna under sommaren.
Man kan också besöka Linnés bostad.
Man tror att man eventuellt påbörjade brytningen av koppar så tidigt som på 800-talet.
Förutom koppar har man även brutit silver och guld där.
700 000 människor besöker Lunds domkyrka varje år och Vetenskapsradions lyssnare har utsett den till ett av Sveriges sju underverk.
Man började bygga den under 1100-talet.
Man invigde Lunds universitet i denna kyrka 1668.
Man kräver ingen föranmälan.
Det 69 meter långa regalskeppet sjönk (...) och man bärgade det först år 1961.
Man har långsamt restaurerat skeppet under ett halvt sekel.
Man ger visningar av museet varje dag.
Nationalparken som ligger i Norrbotten besöker 50 000 turister varje år.
50 000 turister besöker nationalparken som ligger i Norrbotten varje år.
På Orust (...) kan man besöka mysiga fiskesamhällen.

7
1. Stadsteatern etablerades 1890.; **2.** Västkusten besöks av många turister.; **3.** Mycket fisk- och skaldjur har ätits av restauranggästerna idag.; **4.** Stadshuset ska visas klockan 12 av guiden.; **5.** Mycket vin dracks av vetenskapsmannen under Nobelmiddagen.; **6.** En bok om Kiruna har skrivits av Maria Nilsson.; **7.** Astrid Lindgrens böcker läses gärna av många barn.; **8.** Huset kan byggas av honom på ett halvår.; **9.** Kung Gustav II Adolf dödades i Lützen 1632.;

8
1. Vet du vad? Jag ska åka till Göteborg i juli.; **2.** Nej, vad kul! Vad tänker du göra där?; **3.** Jag tänker åka på en guidad busstur genom stan. Jag har redan köpt biljetten till turen.; **4.** Jaha. Vilka sevärdheter kommer ni att titta på?; **5.** Jag läste på Internet att vi kommer att åka förbi Gustav Adolfs torg.; **6.** Gustav Adolf! Är inte det den där statyn som står på torget?; **7.** Jo, precis. Staden grundades ju av honom 1621, tror jag.; **8.** Wow, tänk att du är så kunnig i historia. Vad kommer ni mer att se?; **9.** Tack! Ja jag är jätteintresserad av historia. Vi kommer också att se Läppstiftet, en skyskrapa som invigdes 1989.

9
1. köpte; **2.** beskåda; **3.** belönat; **4.** läser; **5.** åker; **6.** besökte; **7.** gav; **8.** renoverade
1. Biljetter köptes av Arne till en guidad busstur, **2.** Västkusten måste beskådas när vädret är vackert.; **3.** Hon har belönats med ett pris.; **4.** Romantiska böcker läses gärna av många kvinnor.; **5.** Linbana åks av turister upp på fjället./ Linbana åks upp på fjället av turister.; **6.** Han besöktes av henne i Stockholm.; **7.** Hon gavs en resa i present av honom. /Hon gavs en resa av honom i present.; **8.** Slottet renoverades.

10

'motor	mo'torer	mo'torerna
pro'fessor	profes'sorer	profes'sorerna
'doktor	dok'torer	dok'torerna
'dator	da'torer	da'torerna
'rektor	rek'torer	rek'torerna
re'visor	revi'sorer	revi'sorerna
koordi'nator	koordina'torer	koordina'torerna

LEKTION 8

1
1. daghem; **2.** grundskolan; **3.**gymnasiet; **4.** högskolan, universitetet; **5.** Komvux; **6.** Sfi; **7.** lågstadiet, mellanstadiet, högstadiet; **8.** program

2
A.1; B.4; C.2; D.3

3
1.D; **2.**F; **3.**B; **4.**H; **5.**C; **6.**G; **7.**E; **8.**I; **9.**A; **10.**J

4
1. fel; **2.** fel ; **3.** rätt; **4.** rätt; **5.** fel; **6.** rätt; **7.** rätt; **8.** fel; **9.** rätt; **10.** fel

5
1.B; **2.**A; **3.**C; **4.**B; **5.**A; **6.**C; **7.**B; **8.**C; **9.**A

6
Jag **ska kolla** på schemat.; Vi **har** matteprov på fredag; **Ska** du **plugga** natur?; Jag själv **tänker** faktiskt **söka** till...; Madde **tänker** väl också **söka**...; **Ska se** hur det smakar...; ...föreläsningen som **börjar** om tio minuter...; ...därefter **ska** jag **träffa** min handledare.; ...jag **sammanfattar** artikeln på måndag nästa vecka...; Min familj **kommer** på besök imorgon...; ...jag **tänker visa** dem...; ...**ska** jag ju **hämta** dem...; ...**ska** ju studierna **komma** i första hand...; Jag **tänker** absolut **stanna** i Sverige...; ...sedan **kommer** jag **att gå** en kurs i svenska;

7
1. kommer att; **2.** ska; **3.** kommer att; **4.** kommer att; **5.** ska; **6.** ska/kommer att; **7.** kommer att; **8.** ska/kommer att

8
1. När jag gick i grundskolan, gillade jag inte matte.; **2.** Eftersom hon är musikalisk, läser hon det estetiska programmet; **3.** Medan Mange sportar, har Lollo och Bengan mattelektion.; **4.** Trots att hon har läst C1-kursen, talar hon inte så bra svenska.; **5.** Innan hon arbetar som sjuksköterska i Sverige, måste hon gå en kurs i sjukvårdssvenska.; **6.** Efter att jag är färdig med mina studier, ska jag åka till England på en utbytestermin. / ska jag åka på en utbytestermin till England.

9
2. Hon läser det estetiska programmet, eftersom hon är musikalisk.; **3.** Lollo och Bengan har mattelektion, medan Mange sportar.; **4.** Hon talar inte så bra svenska, trots att hon har läst C1-kursen.; **5.** Hon måste gå en kurs i sjukvårdssvenska, innan hon arbetar som sjuksköterska i Sverige.; **6.** Jag ska åka till England på en utbytestermin/ Jag ska åka på en utbytestermin till England, efter att jag är färdig med mina studier.

10
1. lågstadiet; **2.** mellanstadiet; **3.** högstadiet; **4.** betyg; **5.** masterexamen
11
Individuelle Antwort
12
'sch**e**ma matema't**i**k fy's**i**k ke'm**i** biolo'g**i** his't**o**ria '**i**drott ekono'm**i** tek'n**i**k be't**y**g gym'n**a**siet e'x**a**men mu's**i**k pia'n**i**st Sf'**i** 'l**ä**sning 'skr**i**vning bro'sch**y**r 'n**y**början '**u**ttal gramma't**i**k konversa'ti**o**n ' **u**ndervisning ingen'j**ö**r

LEKTION 9

1
TRAEADVOKATLLESNICKAREGDIFORSKAREVTZECY-SEKRETERARE
BLAREVISORPLAFÖRETAGSLEDAREGNZPRÄSTKOKA-EXPEDITDMNUEVPLI
VETERINÄRJLILANTBRUKAREKBTTRÄDGÅRDS-MÄSTARESNIDATAVETARE
2
1. trädgårdsmästare; **2.** företagsledare; **3.** forskare; **4.** veterinär; **5.** datavetare; **6.** advokat; **7.** präst; **8.** expedit; **9.** revisor; **10.** snickare; **11.** sekreterare; **12.** lantbrukare
3
1. expedit, matvaruaffär; **2.** forskare, universitet; **3.** präst, kyrka; **4.** snickare, snickeri; **5.** veterinär, mottagning; **6.** sekreterare, anställningsintervju
4
A. 1, 6; B. 1; C. 1, 4; D. 5 ; E. 2, 3
5
1. Receptionist Cabrio Rehab Snillefloden; **2.** Arbetsbeskrivning; **3.** Kvalifikationer; **4.** Övrig information; **5.** Varaktighet, arbetstid
6
1. A; **2.** B; **3.** A; **4.** B
7
B (Inledningen fångar läsarens intresse direkt genom att personen först beskriver varför han passar för det jobb han söker.)
8
1. stressat, stressad; **2.** skrivit, skrivet; **3.** anställt, anställda; **4.** ansluten, anslutit; **5.** sydd, sytt; **6.** druckit upp, uppdrucket
9
1.Hedda blir intervjuad av Nils.; **2.** Flickebarnet blev döpt av prästen i söndags.; **3.** Fågeln Putte ska bli undersökt av veterinären.; **4.** Psalmer blev spelade under vigseln.; **5.** Smörgåsarna blev bredda och kaffet blev bryggt inför sammanträdet.; **6.** Gården och skogen blir arrenderade av lantbrukaren.; **7.** En vetenskaplig artikel ska bli publicerad av Linnea snart.; **8.** Köket blir specialanpassat av Andreas.; **9.** Nina blir stressad av sitt jobb som expedit varje dag.; **10.** Ett personligt brev och ett cv blev skrivna av Börje Nyberg förra veckan.; **11.** Programvaran blir uppdaterad varje månad.; **12.** Det personliga brevet blev läst av företagsledaren.; **13.** Linus blev uppringd av en otålig kund.; **14.** Växterna blir omskötta av trädgårdsmästaren.

10
1. installerad, installerat, installerade; **2.** fångat, anställd, betald, betalt; **3.** uppsökt, uppsökta; **4.** trodda, trodd; **5.** skrivet, skickat; **6.** intervjuad, stressad; **7.** emottagen, undersökt, ansedd
11
1. välkänt; **2.** seriöst; **3.**utmaning; **4.** pålitlig; **5.** disciplinerad; **6.** kommunicera; **7.** serviceinriktad; **8.** välorganiserad; **9.** självkritisk; **10.** nöjd; **11.** uppdaterad

LEKTION 10
1
1. riksdagen; **2.** val; **3.** röstar; **4.** borgerliga; **5.** Vänsterblocket; **6.** Landsting/en; **7.** Kommuner/na
2
1. Det finns fyra allmäna val nämligen till riksdagen, till landstingsfullmäktige, till kommunfullmäktige och till Europaparlamentet. **2.** Riksdagsvalet hålls den andra söndagen i september vart fjärde år. **3.** Man måste ha fyllt 18 år senast på valdagen och man har rösträtt till riksdagen om man är svensk medborgare och eller har varit folkbokförd i Sverige. **4.** Man har rätt att rösta i kommunalvalet om man är svensk medborgare och är folkbokförd i kommunen eller som medborgare i något av EU:s medlemsländer och om man är folkbokförd i kommunen. Om man är medborgare i något annat land och har varit folkbokförd i Sverige i tre år samt i kommunen får man också rösta. **5.** I det senaste riksdagsvalet deltog cirka 85 procent av befolkningen. **6.** Hon vet inte.
3
1. Trenden går upp: ökning, öka, stiga, bli större; **2.** Trenden går ner: minskning, minska, sjunka, bli mindre
4
1. S, MP, V; **2.** M, LIB, KD, C; **3.** SD; **4.** S, C; **5.** M, KD; **6.** MP; **7.** KD; **8.** V; **9.** M; **10.**C; **11.** M
6
1. Det finns 349 ledamöter i riksdagen. **2.** Ett parti måste ha 4 % av rösterna för att få sitta i riksdagen. **3.** Statsministern. **4.** .Utrikesminister, finansminister och utbildningsminister. **5.** Regeringen styr landet genom att lägga fram förslag s.k. propositioner till riksdagen. **6.** Sverige har 290 kommuner. **7.** Kommunerna måste erbjuda bl.a. räddningstjänst, socialtjänst,sfi och vård av funktionshindrade.
7
A.7; B.6; C.5; D.2; E.4; F.8; G.3; H.1
8
1. Om Alliansen vinner valet, sänker de skatterna. **2.** Om de rödgröna vinner valet, höjer de skatterna. **3.** Om jag får pengar, köper jag en ny cykel. **4.** Om riksdagen avsätter regeringen, får landet en ny regering. **5.** Om många människor inte röstar, kommer kanske ett extremt parti till makten. **6.** Om det kostar mer än 10 000 kronor att resa till Thailand, åker vi inte dit. **7.** Om statsministern väljer ut en ny finansminister, blir Kjell Berggren finansminister.

9

1. Om jag vore statsminister, skulle jag ändra finanspolitiken. **2.** Om hon inte var sjuk, skulle hon gå på festen. **3.**Om han vann på lotto, skulle han resa på en lyxkryssning. **4.** Om jag mötte en älg i skogen, skulle jag snabbt springa iväg. **5.** Om regeringen genomförde bättre arbetsmarknadsåtgärder, skulle färre människor vara arbetslösa.

10

1. Om statsministern hade lyssnat på folket, skulle han ha blivit vald igen. **2.** Om partiet hade fått 4 % av rösterna, skulle de ha kommit in i riksdagen. **3.** Om han hade behandlat sin fru väl, skulle hon ha stannat kvar. **4.** Om hon hade varit frisk, skulle hon ha hälsat på sin pappa. **5.** Om jag hade haft pengar på den tiden, skulle jag ha rest till USA. **6.** Om det hade funnits internetuppkoppling, skulle jag ha skrivit ett mejl. **7.** Om hon hade haft en mobiltelefon, skulle hon ha ringt honom. **8.** Om han hade haft svenskt medborgarskap, skulle han ha röstat i riksdagsvalet. **9.** Om hon hade fyllt 18 år på valdagen, skulle hon ha kunnat rösta.

11

1. är emot; **2.** går till; **3.** lägga fram; **4.** gå igenom; **5.** Känner ... till; **6.** gått upp; **7.** gått ner; **8.** ligger kvar; **9.** når... upp

12

1. om; **2.** till; **3.** om; **4.** till; **5.** om; **6.** till... till

RÜCKBLICK 2

1

					15.					
1.	N	Ö	J	E	S	P	A	R	K	
	2.	O	T	R	O	G	E	N		
		3.	Ö	D	M	J	U	K		
		4.	K	A	M	R	A	T		
5.	L	I	N	B	A	N	A	N		
		6.	O	Ä	R	L	I	G		
				7.	S	E	K	E	L	
			8.	K	O	P	P	A	R	
	9.	S	K	A	L	D	J	U	R	
10.	L	Ä	P	P	S	T	I	F	T	
11.	P	Å	L	I	T	L	I	G		
		12.	I	N	Å	T	V	Ä	N	D
		13.	F	O	N	T	Ä	N		
	14	R	Ä	D	D					

2

1. lågstadiet; **2.** kursare; **3.** betyg; **4.** domstol; **5.** mottagning

3

1. svettades; **2.** andas; **3.** finns; **4.** lyckats; **5.** hoppas, umgås; **6.** minns

4

1. Ann-Britt säger att det alltid var så varmt och att de svettades mycket när de cyklade runt på Gotland. **2.** Veterinären säger att fågeln är sjuk och andas tungt. **3.** Guiden säger att det finns många turister som vill bo på Ishotellet. **4.** .Bengan säger att han har lyckats få jättebra betyg i matte. **5.** Siv säger att hon hoppas att hon och hennes bästa vän kommer att umgås hela livet. **6.** Lars säger att han inte minns vad hans gamla klasskamrat heter.

5

1. Brevet redigeras av sekreteraren. **2.** Kopparna fylldes med kaffe av Berit. **3.** E-mejlet lästes av honom. **4.** Flickebarnet har klätts i dopklänningen av mamman. **5.** Alla smörgåsar åts upp av gästerna direkt. / Alla smörgåsar åts direkt upp av gästerna.

6

Verb-grupp	**Supinum**	**Perfekt particip**		
		en	ett	bestämd form / pluralis
1	redigera|t	redigerad	redigerat	redigerade
2a	fyll|t	fylld	fyllt	fyllda
2b	läs|t	läst	läst	lästa
3	klä|tt	klädd	klätt	klädda
4	ät|it upp	uppäten	uppätet	uppätna

7

2. Kopparna blev fyllda med kaffe av Berit. **3.** E-mejlet blev läst av honom. **4.** Flickebarnet har blivit klätt i dopklänningen av mamman. **5.** Alla smörgåsar blev uppätna av gästerna direkt. / Alla smörgåsar blev direkt uppätna av gästerna.

8

KJORDBRUKHSKATTÖBLOMBUKETTVBRUDYAFFÄRSHANDLINGQ
MUTMANINGNMOTTAGNINGTLÄKARHUSBSERVICEANDAHVORE
UBARNOMSORGAMEDBORGARELSTATSMINISTERÄLEDAMOTHG
RRIKSDAGSUTRIKESMINISTERYSOCIALTJÄNSTJMILJÖFJÄMLIKHETOBONDEW

9

1. H; **2.** F; **3.** E; **4.** G; **5.** A; **6.** C; **7.** B; **8.** D

10

1. med; **2.** slut; **3.** med; **4.** om; **5.** emot; **6.** till; **7.** till; **8.** igenom, om

LEKTION 1

Übung 1 – Track 1

lägenhet - torp - villa - höghus - kollektiv - parhus - studentrum - radhus

Wohnung – Holzhaus – Einfamilienhaus – WG – Doppelhaus – Studentenzimmer – Reihenhaus

Übung 2 – Track 2

Dialog 1

Markus: Hur bor du?
Åsa: Jag bor i en lägenhet i ett höghus i Guldheden.
Markus: Jaha. Hur stor är din lägenhet?
Åsa: Det är en trerumslägenhet på 75 kvadratmeter. Jag bor där med min sambo.
Markus: Ja, är det en bostadsrätt eller en hyresrätt?
Åsa: Det är en hyresrätt. Vi har inte råd att köpa någon bostadsrätt just nu.
Markus: Vad betalar ni i hyra om man får fråga?
Åsa: Vi betalar 9300 kronor i månaden.
Markus: Hur många våningar finns det i huset?
Åsa: Det är ett sexvåningshus. Vi bor på femte våningen. Men vi har hiss som tur är.
Markus: Har ni något förråd?
Åsa: Ja, vi har en vind faktiskt men ingen källare. Tvättstugan ligger däremot i källaren.

Markus: *Wie wohnst du?*
Åsa: *Ich wohne in einer Wohnung in einem Hochhaus in Guldheden.*
Markus: *Aha. Wie groß ist deine Wohnung?*
Åsa: *Es ist eine 75 Quadratmeter große Drei-Zimmer-Wohnung. Ich wohne dort mit meinem Lebensgefährten.*
Markus: *Ja, ist es eine Eigentums- oder eine Mietwohnung?*
Åsa: *Es ist eine Mietwohnung. Wir können es uns gerade nicht leisten, eine Eigentumswohnung zu kaufen.*
Markus: *Wieviel Miete bezahlt ihr, wenn ich fragen darf?*
Åsa: *Wir zahlen 9300 Kronen im Monat.*
Markus: *Wie viele Stockwerke hat das Haus?*
Åsa: *Es ist ein sechsstöckiges Haus. Wir wohnen im fünften Stock. Aber zum Glück haben wir einen Aufzug.*
Markus: *Habt ihr eine Abstellmöglichkeit?*
Åsa: *Ja, wir haben einen Dachboden, aber keinen Keller. Die Waschküche hingegen liegt im Keller.*

Dialog 2

Åsa: Men hur bor du egentligen? Bodde inte du i ett radhus, eller?
Markus: Jag bor i en villa i Mölndal med min fru och våra tre barn.
Åsa: Vad bra! Då har ni trädgård och mycket plats.
Markus: Ja, det har vi. Villan är på 220 kvadratmeter och tomten är ganska stor med gräsmatta, många fruktträd och rabatter. Dessutom har vi en härlig altan och ett stort garage.
Åsa: Är det ett trähus eller ett stenhus?
Markus: Det är ett typiskt svenskt, gult trähus.

Åsa: *Aber wie wohnst du eigentlich? Wohnst du nicht in einem Reihenhaus?*
Markus: *Ich wohne mit meiner Frau und unseren drei Kindern in einem Einfamilienhaus in Mölndal.*
Åsa: *Wie schön! Dann habt ihr einen Garten und viel Platz.*
Markus: *Ja, das haben wir. Das Haus hat 220 Quadratmeter und das Grundstück ist recht groß mit Rasenfläche, vielen Obstbäumen und Rabatten. Außerdem haben wir eine herrliche Terrasse und eine große Garage.*
Åsa: *Ist es ein Holzhaus oder ein Steinhaus?*
Markus: *Es ist ein typisch schwedisches gelbes Holzhaus.*

Dialog 3

Klas: Var bor du?
Anna: Jag bor i Långedrag precis vid havet
Klas: Är det en villa eller lägenhet?
Anna: Nej, det är faktiskt ett radhus. Jag bor där själv nu med min katt sedan mina barn flyttade ut.
Klas: Jaha, då har du mycket plats att röra dig på.
Anna: Ja, det kan man säga. Fast radhuset är inte särskilt stort. Men det räcker för mig och katten. Och så finns det en pytteliten trädgård där jag odlar lite grönsaker. Men jag har en underbar utsikt mot havet.
Klas: Ja, det kan jag tänka mig. Har du trevliga grannar?
Anna: Ja, de är ganska vänliga även om jag ibland kan känna att vi bor lite för tätt inpå varandra.

Klas: *Wo wohnst du?*
Anna: *Ich wohne in Långedrag, direkt am Meer.*
Klas: *Ist es ein Einfamilienhaus oder eine Wohnung?*
Anna: *Nein, es ist ein Reihenhaus. Ich wohne dort alleine mit meiner Katze, seit meine Kinder ausgezogen sind.*
Klas: *Aha, dann hast du ja viel Platz, um dich zu bewegen.*
Anna: *Ja, kann man so sagen. Obwohl das Reihenhaus nicht besonders groß ist. Aber es reicht für mich und die Katze. Und außerdem gibt es einen winzigen Garten, wo ich ein bisschen Gemüse anbaue. Aber ich habe einen wunderbaren Blick auf das Meer.*
Klas: *Ja, das denke ich mir. Hast du nette Nachbarn?*
Anna: *Ja, sie sind freundlich, auch wenn ich manchmal das Gefühl habe, wir wohnen zu dicht aufeinander.*

Übung 3 – Track 3

Hej Pernilla,
hur är det med dig? Med mig är det jättebra. Jag har ju precis flyttat till Guldheden i Göteborg eftersom jag har fått arbete på Sahlgrenska sjukhuset. Jag köpte mig en bostadsrätt på Reutersgatan 45 som ligger en kilometer från Guldhedstorget. Alltså har jag både nära till jobbet och till mataffär, pizzeria och sushibar. Jag bor i en tvåa på 65 m² som ligger på sjätte våningen. Därför har jag en underbar utsikt över staden från min balkong.
Min tvårumslägenhet är väldigt mysig. Först kommer man in i min nymålade hall. Där finns ett stort skåp och en spegel med guldram. Till vänster ligger köket. Det står ett vitt matbord och fyra stolar vid fönstret där det

hänger blåvitrandiga gardiner. Jag har precis installerat ett IKEA-kök med vit spis, vitt kylskåp och vita köksskåp. Lyxigt nog finns det också en diskmaskin!
Jag har ett underbart vardagsrum. Det står en bekväm soffa och två fåtöljer där. Det ligger många färgglada kuddar i soffan. Framför soffan står ett brunt soffbord och så finns det en stor bokhylla i vitt. Det hänger åtta tavlor på väggarna med motiv från Bohusläns skärgård. Det finns en stor platt TV också. I fönstret har jag massor med krukväxter. Som lampa har jag en vacker kristallkrona i taket.
Mitt sovrum är också vitt med en svart säng i metall och en prickig matta på golvet. Jag har även mitt skrivbord och min dator där eftersom sovrummet också fungerar som arbetsrum. Badrummet är ganska stort och fint och har både dusch och badkar. Jag brukar ligga i badkaret och slappna av efter en lång och stressig dag på jobbet. Du måste absolut komma och hälsa på mig i min nya lägenhet. Jag ringer till dig imorgon om det går bra så att vi kan bestämma vilket datum som passar.
Hej hej!

Hallo Pernilla,
wie geht es dir? Mir geht es super. Ich bin kürzlich nach Guldheden in Göteborg umgezogen, weil ich eine Stelle im Sahlgrenska-Krankenhaus bekommen habe. Ich habe mir eine Eigentumswohnung in der Reutersgata 45 gekauft, die einen Kilometer vom Guldhedstorget entfernt liegt. Also habe ich es nicht weit zur Arbeit und auch zum Supermarkt, zur Pizzeria und der Sushibar. Ich wohne in einer Zwei-Zimmer-Wohnung mit 65 Quadratmetern, die im sechsten Stock liegt. Deshalb habe ich von meinem Balkon aus einer wunderbare Aussicht über die Stadt.
Meine Zwei-Zimmer-Wohnung ist sehr gemütlich. Zuerst kommt man in meinen frischgestrichenen Flur. Dort gibt es einen großen Schrank und einen Spiegel mit Goldrahmen. Links liegt die Küche. Am Fenster, wo blau-weiß gestreifte Gardinen hängen, steht ein weißer Esstisch mit vier Stühlen. Ich habe gerade eine Ikea-Küche mit weißem Herd, weißem Kühlschrank und weißen Küchenschränken eingebaut. Es gibt auch eine Spülmaschine – Luxus!
Ich habe ein herrliches Wohnzimmer. Dort stehen ein bequemes Sofa und zwei Sessel. Es liegen viele bunte Kissen auf dem Sofa. Vor dem Sofa steht ein brauner Sofatisch, und außerdem gibt es ein großes weißes Bücherregal. Es hängen acht Bilder mit Motiven aus den Schären von Bohuslän an den Wänden. Es gibt auch einen großen Flachbildfernseher. Am Fenster stehen massenhaft Topfpflanzen. Als Lampe habe ich einen schönen Kronleuchter an der Decke.
Mein Schlafzimmer ist ebenfalls weiß mit einem schwarzen Metallbett und einem gepunkteten Teppich auf dem Boden. Ich habe dort auch meinen Schreibtisch und meinen Computer, da das Schlafzimmer auch als Arbeitszimmer fungiert. Das Badezimmer ist recht groß und schön und hat sowohl eine Dusche als auch eine Badewanne. Nach einem langen stressigen Tag bei der Arbeit liege ich oft in der Wanne und entspanne mich.
Du musst auf jeden Fall kommen und mich in meiner neuen Wohnung besuchen. Ich rufe dich morgen an, wenn es geht, dann können wir festlegen, welches Datum passt.
Tschüs!

Übung 10 - Track 4

Kicki: Sambygg AB. Du talar med Kicki Andreasson.
Du: Hej jag heter Malin och ringer angående annonsen om lägenheten på Raketgatan 49c. Hur stor är den?
Kicki: Det är en trea på 87 m^2.
Du: Vad ligger hyran på?
Kicki: Hyran är på 14.030 kronor i månaden.
Du: Hur länge kan man hyra den?
Kicki: Man kan hyra lägenheten under ett år.
Du: När kan man flytta in?
Kicki: Man kan flytta in tidigast 15 oktober.
Du: Vilken våning ligger lägenheten på?
Kicki: Den ligger på andra våningen.
Du: Är det mycket trafik i området?
Kicki: Nej, det är det inte. Området är mycket lugnt.
Du: Finns det parkeringsplats?
Kicki: Ja, det finns till och med ett garage.
Du: Ingår el i hyran?
Kicki: Ja, elektriciteten ingår i hyran.
Du: Kan jag boka en visning?
Kicki: Ja du kan boka en visning. Passar det bra att komma på onsdag 25 september?
Du: Ja, det passar bra. Då kommer jag på onsdag.

Kicki: *Sambygg AB. Sie sprechen mit Kicki Andreasson.*
Du: *Hallo, ich heiße Malin und ich rufe wegen der Anzeige für die Wohnung in der Raketgata 49c an. Wie groß ist sie?*
Kicki: *Es ist eine Drei-Zimmer-Wohnung mit 87 m^2.*
Du: *Wie hoch ist die Miete?*
Kicki: *Die Miete liegt bei 14.030 Kronen in Monat.*
Du: *Wie lange kann man sie mieten?*
Kicki: *Man kann die Wohnung ein Jahr lang mieten.*
Du: *Wann kann man einziehen?*
Kicki: *Man kann frühestens am 15. Oktober einziehen.*
Du: *In welchem Stock liegt die Wohnung?*
Kicki: *Sie liegt im zweiten Stock.*
Du: *Ist in der Gegend viel Verkehr?*
Kicki: *Nein. Die Gegend ist sehr ruhig.*
Du: *Gibt es einen Parkplatz?*
Kicki: *Ja, es gibt sogar eine Garage.*
Du: *Ist Strom in der Miete inbegriffen?*
Kicki: *Ja, Strom ist in der Miete inbegriffen.*
Du: *Kann ich eine Besichtigung vereinbaren?*
Kicki: *Ja, Sie können eine Besichtigung vereinbaren. Passt es Ihnen, am Mittwoch, dem 25. September vorbeizukommen?*
Du: *Ja, das passt gut. Dann komme ich am Mittwoch.*

Übung 11 - Track 5

lägenhet, torp, villa, källare, höghus, tvättstuga, studentrum, radhus, kök, vardagsrum, skrivbord, gardin, bokhylla, fåtölj, kudde, skåp, badkar, tavla, utsikt, hyra, dyr, stor, människor, garage, lugnt, trädgård, bostadsrätt

Wohnung, Holzhaus, Einfamilienhaus, Keller, Hochhaus, Waschküche, Studentenzimmer, Reihenhaus, Küche, Wohnzimmer, Schreibtisch, Gardine, Bücherregal, Sessel, Kissen, Schrank, Badewanne, Bild, Aussicht, Miete, teuer, groß, Menschen, Garage, ruhig, Garten, Eigentumswohnung

Übung 12 – Track 6

Man: Kan du beskriva din lägenhet?
Kvinna: Jag har en stor fyra på 90 m² som är välplanerad och luftig. Köket är alldeles nyinstallerat. Det står ett stort matbord vid fönstret. Det hänger blåa gardiner i fönstret. Till vänster om bordet står en spis och ovanför den sitter flera vita köksskåp. Kylskåpet står mitt emot spisen.
Man: Har du ett stort vardagsrum?
Kvinna: Ja, det har jag. Det står en stor soffa och två fåtöljer i mitten av vardagsrummet. Framför soffan står ett svart soffbord. Under soffbordet ligger en vacker, persisk matta. Bakom fåtöljerna står fyra bokhyllor. Till höger om bokhyllorna står en krukväxt. Det sitter fem tavlor på väggarna.

Mann: *Kannst du deine Wohnung beschreiben?*
Frau: *Ich habe eine große Vier-Zimmer-Wohnung mit 90 Quadratmetern, die gut geplant und luftig ist. Die Küche wurde vor kurzem erst eingebaut. Am Fenster steht ein großer Esstisch. Im Fenster hängen blaue Gardinen. Links neben dem Tisch steht ein Herd und darüber hängen mehrere weiße Küchenschränke. Der Kühlschrank steht gegenüber dem Herd.*
Mann: *Hast du ein großes Wohnzimmer?*
Frau: *Ja, das habe ich. In der Mitte des Wohnzimmers stehen ein großes Sofa und zwei Sessel. Vor dem Sofa steht ein schwarzer Sofatisch. Unter dem Sofatisch liegt ein schöner Perserteppich. Hinter dem Sessel stehen vier Bücherregale. Rechts neben den Bücherregalen steht eine Topfpflanze. An der Wand hängen fünf Bilder.*

LEKTION 2

Übung 1 – Track 7

En dagstidning är en seriös tidning som trycks dagligen. En kvällstidning är en oseriös tidning med sensationella nyheter och bilder. I en serietidning finns tecknade bilder. En populärvetenskaplig tidskrift har vetenskapliga artiklar som är anpassade till vanliga människor. I ett livsstilsmagasin kan man läsa om t.ex. mode, mat och inredning. En skvallertidning innehåller det senaste skvallret om kändisar.

Eine Tageszeitung ist eine seriöse Zeitung, die täglich gedruckt wird. Eine Abendzeitung ist eine unseriöse Zeitung mit sensationellen Nachrichten und Bildern. In einem Comicheft gibt es gezeichnete Bilder. In einer populärwissenschaftlichen Zeitschrift gibt es wissenschaftliche Artikel, die an normale Menschen angepasst sind. In einem Lifestylemagazin liest man über beispielsweise Mode, Essen und Einrichtung. Eine Klatschzeitung beinhaltet den neuesten Klatsch über Promis.

Übung 2 – Track 8

Dialog 1

Göran: Vad sitter du och läser?
Sandra: Jag sitter och läser en intressant artikel i Svenska Dagbladet som handlar om klimatförändringen.
Göran: Ja, det låter ju intressant. Men du, tycker du inte att vi ska sluta prenumerera på Svenska Dagbladet? Det blir så väldigt dyrt.
Sandra: Nej, det tycker jag verkligen inte. Det är ju en seriös dagstidning med intressanta analyser och gott språk.
Göran: Jovisst. Men man kan ju köpa en kvällstidning såsom Expressen eller Aftonbladet då och då i stället. Det blir ju billigare.
Sandra: Kvällstidningar är totalt oseriösa. Man kan ju inte lita på de nyheter som presenteras där. Det mesta är bara sensationellt.

Göran: *Was liest du denn da?*
Sandra: *Ich lese einen interessanten Artikel über Klimaveränderung im Svenska Dagbladet.*
Göran: *Ja, das klingt interessant. Aber findest du nicht, dass wir unser Abonnement beim Svenska Dagbladet kündigen sollen? Es ist sehr teuer.*
Sandra: *Nein, das finde ich wirklich nicht. Es ist ja eine seriöse Tageszeitung mit interessanten Analysen und guter Sprache.*
Göran: *Ja, klar. Aber man kann ja stattdessen hin und wieder eine Abendzeitung wie Expressen oder Aftonbladet kaufen. Das wäre billiger.*
Sandra: *Abendzeitungen sind total unseriös. Man kann den Nachrichten, die da präsentiert werden, nicht trauen. Das meiste ist nur sensationell.*

Dialog 2

Maria: Åh titta här. Det står här i "Hänt i veckan" att popsångaren Tommy Berg har gift om sig.
Anna: Nää, det menar du inte. Han gifte ju sig för bara ett år sedan med den där vackra skådespelerskan Susanne Lind tror jag att hon heter. Jag undrar vad som hände.
Maria: Jag läste att han tydligen hade varit otrogen många gånger och att frun tröttnade och tog ut en skilsmässa.
Anna: Jaha. Där ser man. Men titta har du sett den här bilden på politikern Camilla Lilja, va. Gud vad hon ser konstig ut! Tror du att hon kan ha plastikopererat sig?
Maria: Ja, det är mycket möjligt. Hon är redan 60 år och hennes hy ser väldigt slät ut för den åldern måste man säga.
Gustav: Hej tjejer! Vad gör ni? Sitter ni och läser skvallertidningar nu igen. Hur kan ni tycka om det? Tacka vet jag en bra populärvetenskaplig tidskrift. Själv läser jag gärna Forskning & Framsteg. Det är informativt och lärorikt, eller hur?
Anna: Ja, du ska ju alltid vara så intellektuell.

Maria: *Oh, schau mal. In "Hänt i veckan" steht, dass der Popsänger Tommy Berg wieder geheiratet hat.*
Anna: *Nein, nicht im Ernst. Er hat doch erst vor einem Jahr diese hübsche Schauspielerin geheiratet, Susanne Lind heißt sie glaube ich. Ich frage mich, was da passiert ist.*
Maria: *Ich habe gelesen, dass er scheinbar oft untreu war und dass es der Frau zu viel wurde und sie die Scheidung eingereicht hat.*

Anna: *Aha, da sieht man mal. Aber schau mal, hast du das Bild hier von der Politikerin Camilla Lilja schon gesehen? Gott, sieht die komisch aus! Glaubst du, dass sie eine Schönheits-OP hatte?*
Maria: *Ja, das ist gut möglich. Sie ist schon 60 und ihre Haut sieht für dieses Alter ganz schön glatt aus, muss man sagen.*
Gustav: *Hi Mädels! Was macht ihr? Sitzt ihr schon wieder hier und lest Klatschzeitungen? Wie kann euch das nur gefallen? Da lobe ich mir eine gute populärwissenschaftliche Zeitschrift. Ich lese gern Forskning & Framsteg. Das ist informativ und lehrreich, oder nicht?*
Anna: *Ja, du musst ja immer einen auf intellektuell machen.*

Dialog 3
Mamma: Har du gjort färdigt läxan idag?
Pelle: Nja, jag sitter och läser just nu.
Mamma: Jaha. Vad bra! Läser du den där boken om Sveriges historia.
Pelle: Nej, inte precis. Den ska jag läsa senare.
Mamma: Nej men! Sitter du och läser Kalle Anka nu.
Pelle: Vad är det för fel på "Kalle Anka"?
Mamma: Ja, men du kan ju inte läsa serietidningar när du har massor med läxor att göra färdigt. Du har matteprov på fredag. Har du glömt det?

Dialog 3
Mamma: *Hast du deine Hausaufgaben für heute fertig gemacht?*
Pelle: *Naja, jetzt lese ich gerade.*
Mamma: *Aha. Gut! Liest du das Buch über die Geschichte Schwedens?*
Pelle: *Nein, nicht ganz. Das lese ich später.*
Mamma: *Nein aber – liest du jetzt etwa Donald Duck?*
Pelle: *Was ist das Problem mit Donald Duck?*
Mamma: *Ja, du kannst ja nicht Comics lesen, wenn du noch massenhaft Hausaufgaben zu erledigen hast. Am Freitag schreibst du eine Mathearbeit. Hast du das vergessen?*

Übung 4 – Track 9

Den amerikanske presidenten har idag rest till Berlin för att delta i ett toppmöte tillsammans med den tyska bundeskanslern...
En kvinna på 22 år har hittats knivmördad i sin lägenhet i Biskopsgården på Hisingen. Polisen vet ännu inte vem förövaren är...
Imorgon går temperaturen upp till 20 grader och vi kommer att få mestadels sol med en och annan regnskur fram på eftermiddagen...
Flyktingfrågans förhandlingar hotar att spräcka regeringen. Socialdemokraterna kommer inte acceptera något som gör att partiet tappar väljare till Moderaterna...
En brand utbröt på ett diskotek i Örgryte i Göteborg igår kväll. Många ungdomar försökte fly från elden i panik...
Mästarinnan i simning Agneta Nilsson tog tre medaljer i OS i fjol, guld, silver och brons...
Inflationen stiger med 2,0 procent i november, jämfört med 1,8 procent i oktober. Som en effekt blir kronan starkare mot euron...

Der amerikanische Präsident ist heute nach Berlin gereist, um zusammen mit der deutschen Bundeskanzlerin an einem Spitzentreffen teilzunehmen ...
Eine 22-jährige Frau wurde erstochen in ihrer Wohnung in Biskopsgården auf Hisingen aufgefunden. Die Polizei weiß noch nicht, wer der Täter ist ...
Morgen steigt die Temperatur auf bis zu 20 Grad und wir bekommen meist Sonne mit dem ein oder anderen Regenschauer am Nachmittag ...
Die Verhandlungen über die Flüchtlingsfrage drohen die Regierung zu sprengen. Die Sozialdemokraten werden nichts akzeptieren, was dazu führt, dass die Partei Wähler an die Moderaten verliert ...
Gestern Abend brach in einer Diskothek in Örgryte in Göteborg ein Brand aus. Viele Jugendliche versuchten in Panik vor dem Feuer zu flüchten ...
Die Meisterin im Schwimmen Agneta Nilsson holte letztes Jahr drei Medaillen bei den Olympischen Spielen, Gold, Silber und Bronze.
Die Inflation steigt im November um 2,0 Prozent, verglichen mit 1,8 Prozent im Oktober. Als Auswirkung dessen wird die Krone im Vergleich zum Euro stärker ...

Übung 12 – Track 10

1. Jag har läst Svenska Dagbladet idag. 2. Hon har arbetat som journalist i åtta år. 3. Han tog journalistexamen 2005. 4. Vi har bott i Göteborg i fyra år och trivs bra här. 5. De prenumererade på Dagens Nyheter förra året.

1. Heute habe ich Svenska Dagbladet gelesen. 2. Sie arbeitet seit acht Jahren als Journalistin. 3. Er hat seinen Abschluss als Journalist 2005 gemacht. 4. Wir wohnen seit vier Jahren in Göteborg und es gefällt uns hier gut. 5. Letztes Jahr hatten sie Dagens Nyheter abonniert.

Übung 13 – Track 11

1. Jag har läst i tidningen idag att en björn jagade en älg. / Idag har jag läst i tidningen att en björn jagade en älg. 2. Vad har du gjort den här veckan? 3. Jag har tittat mycket på TV den här veckan. / Den här veckan har jag tittat mycket på TV. 4. Jag såg på TV-nyheterna att en bil skadade flera människor i förrgår. 5. Har du hört att regeringen vill införa mer pappaledighet? 6. Ja, jag hörde det på radio förra veckan. / Ja, det hörde jag på radio förra veckan.

1. Ich habe heute in der Zeitung gelesen, dass ein Bär einen Elch gejagt hat. 2. Was hast du diese Woche gemacht? 3. Ich habe diese Woche viel ferngesehen. 4. Ich habe in den Fernsehnachrichten gesehen, dass ein Auto vorgestern mehrere Menschen verletzt hat. 5. Hast du schon gehört, dass die Regierung mehr Elternzeit für Väter einführen möchte? 6. Ja, das habe ich letzte Woche im Radio gehört.

Übung 14 – Track 12

Susanna: Vad sitter du och gör *här* i köket och när kom du *hem* egentligen?
Gustav: Jag kom *in* för en timme sedan och jag sitter och läser i tidningen om att man har valt ett nytt kommunalråd *där borta* i Västerbotten.
Susanna: Jaha, *varifrån* kommer hen?
Gustav: Hon heter Cecilia Lindberg och kommer visst *uppifrån* Piteå i Norrbotten.
Susanna: Förresten, när ska du åka på affärsresa *ner* till Malmö?
Gustav: Jag åker *bort* på tisdag nästa vecka och stannar *där* fram till fredag.

Susanna: Jag har precis varit *nere* i kiosken och köpt Aftonbladet och det står på förstasidan att IKEAs grundare har gått *bort*.
Gustav: Oj, det var en stor nyhet. Han har ju betytt så mycket för svensk möbeldesign i utlandet. Du, vad ska vi äta ikväll? Det finns inte så mycket *inne* i kylskåpet.
Susanna: Jag tycker att vi går *ut* på restaurang och äter idag.
Gustav: Det låter toppen! Ska vi inte äta indiskt idag *inne* på Maharani? De har så goda tandoorirätter.

Susanna: *Was machst du denn hier in der Küche, und wann bist du eigentlich nach Hause gekommen?*
Gustav: *Ich bin vor einer Stunde hereingekommen und lese in der Zeitung, dass man drüben in Västerbotten einen neuen Kommunalrat gewählt hat.*
Susanna: *Aha, woher kommt er oder sie denn?*
Gustav: *Sie heißt Cecilia Lindberg und kommt wohl aus Piteå oben in Norrbotten.*
Susanna: Übrigens, *wann gehst du auf Geschäftsreise runter nach Malmö?*
Gustav: *Ich fahre nächste Woche Dienstag und bleibe bis Freitag dort.*
Susanna: *Ich war gerade unten am Kiosk und habe Aftonbladet gekauft und auf der ersten Seite steht, dass der Ikea-Gründer gestorben ist.*
Gustav: *Oh, das sind große Neuigkeiten. Er hat für das schwedische Möbeldesign im Ausland viel bedeutet. Du, was sollen wir heute Abend essen? Es gibt nicht so viel im Kühlschrank.*
Susanna: *Ich denke, wir gehen heute zum Essen ins Restaurant.*
Gustav: *Das klingt super! Sollen wir nicht im Maharani indisch essen? Sie haben so gute Tandoorigerichte.*

Übung 15 – Track 13

brottsplats, val, bybo, bidrag, ilsken, skjuta, samhälle

Tatort, Wahl, Dorfbewohner, Zuwendung, böse, schießen, Gemeinde

LEKTION 3

Übung 1 – Track 14

ett skärp – en slips – en tröja – en blus – en kavaj – ett linne – en klänning – ett par byxor – en kjol – en jacka – en kostym – en rock – ett par trosor – en kappa – en hatt – ett par skor – en mössa – ett par strumpor – ett par kalsonger – en skjorta

ein Gürtel – eine Krawatte – ein Pullover – eine Bluse – ein Jackett – ein Top – ein Kleid – eine Hose – ein Rock – eine Jacke – ein Anzug/ein Kostüm – ein Mantel – eine Unterhose (für Frauen) – ein Mantel (für Frauen) – ein Hut – ein Paar Schuhe – eine Mütze – ein Paar Strümpfe – eine Unterhose (für Männer) – ein Hemd

Übung 3 – Track 15

Svante: Var har du varit idag? Jag ser att du bär på en massa kassar och så har du en ny frisyr.
Johanna: Jag har faktiskt varit på stan och shoppat och dessutom har jag varit hos frisören och klippt mig.
Svante: Jaha, du menar att du har handlat kläder igen. Tycker du inte att du spenderar lite för mycket pengar på klädesplagg? Vi behöver ju faktiskt spara pengar till att renovera köket, eller hur?
Johanna: Men snälla Svante. Oroa dig inte! Även jag har faktiskt sparat lite av min lön så att vi ska kunna betala för köket. Dessutom fick jag löneförhöjning förra månaden. Jag behöver verkligen nya formella kläder för jobbet. Jag håller på och förbereder mig för presentationen nästa vecka. För den har jag köpt en blå kostym. Vad tycker du om den här randiga kavajen och de här byxorna? Dessutom har jag köpt den här vita, prickiga blusen till.
Svante: Nja, det ser väl okej ut. Men det måste ha kostat en hel del. Du får sätta på dig kostymen så att jag ser hur den ser ut.
Johanna: Nå vad tycker du? Jag kunde först inte bestämma mig för om jag skulle köpa storlek 38 eller 40, men till slut blev det 40.
Svante: Jag tycker att du passar bra i kostymen. Den klär dig alltså. Du skulle inte ha köpt en mindre storlek. Det är ju viktigt att man ser seriös ut när man håller en presentation och att kläderna inte sitter för tajt.
Johanna: Du, vad ska du ha på dig på företagsfesten på lördag? Du ska väl inte sätta på dig den där slitna svarta mönstrade skjortan?
Svante: Nej, hur så?
Johanna: Jag kunde faktiskt inte låta bli att köpa en ny blå polotröja och ett par svarta skor till dig. De såldes båda på rea. Titta här!
Svante: Oj! Tänk att du har lagt ut så mycket pengar på kläder till mig. Du bryr dig verkligen om mig. Tack! Jag ska gå och prova kläderna genast.
Johanna: Ja, gör du det. Själv ska jag klä av mig och gå och tvätta mig. Det har varit en otroligt ansträngande dag även om jag älskar att shoppa på stan. Nästa gång får jag helt enkelt köpa kläder på nätet. Det blir lättare så.

Svante: *Wo warst du heute? Ich sehe, dass du eine Menge Tüten trägst, und du hast eine neue Frisur.*
Johanna: *Ich war in der Stadt zum Shoppen und außerdem beim Frisör zum Haareschneiden.*
Svante: *Aha, hast du also wieder einmal Kleider eingekauft. Findest du nicht, dass du ein bisschen viel Geld für Kleidung ausgibst? Wir müssen ja eigentlich Geld sparen, um die Küche zu renovieren, oder?*
Johanna: *Ach bitte, Svante. Mach dir keine Sorgen! Auch ich habe einen Teil meines Gehalts gespart, damit wir die Küche bezahlen können. Außerdem habe ich letzten Monat eine Gehaltserhöhung bekommen. Ich brauche wirklich neue formelle Kleidung für die Arbeit. Ich bin gerade dabei, mich auf die Präsentation nächste Woche vorzubereiten. Dafür habe ich ein blaues Kostüm gekauft. Wie findest du diesen gestreiften Blazer und diese Hose? Außerdem habe ich diese weiße gepunktete Bluse dazu gekauft.*

Svante: *Naja, das sieht schon okay aus. Aber es muss eine ganze Menge gekostet haben. Du musst das Kostüm einmal anziehen, damit ich sehe, wie es aussieht.*
Johanna: *Na, wie findest du es? Ich konnte mich erst nicht entscheiden, ob ich Größe 38 oder 40 kaufen sollte, aber zum Schluss ist es die 40 geworden.*
Svante: *Ich finde, das Kostüm passt dir gut. Also, es steht dir. Du hättest es nicht kleiner kaufen sollen. Es ist wichtig, dass man seriös aussieht, wenn man eine Präsentation hält, und dass die Kleider nicht zu eng sitzen.*
Johanna: *Du, was willst du denn zur Betriebsfeier am Samstag anziehen? Du wirst doch wohl nicht dieses abgenutzte schwarze gemusterte Hemd anziehen?*
Svante: *Nein, warum?*
Johanna: *Ich konnte es nicht lassen, dir ein neues blaues Polohemd und ein Paar schwarze Schuhe zu kaufen. Beide waren im Angebot. Schau mal hier!*
Svante: *Oh! Dass du so viel Geld für Kleider für mich ausgegeben hast. Du kümmerst dich wirklich um mich. Danke! Ich gehe gleich und probiere die Kleider an.*
Johanna: *Ja, mach das. Ich gehe mich jetzt ausziehen und waschen. Es war ein unglaublich anstrengender Tag, auch wenn ich es liebe, in der Stadt zu shoppen. Nächstes Mal kaufe ich Kleider einfach im Internet. Das ist leichter.*

Übung 10 - Track 16

Försäljare: Hej! Kan jag hjälpa till?
Kund: Ja, jag letar efter en <u>snygg</u> klänning som jag kan ha på mig till firmafesten.
Försäljare: Jaha, i vilken <u>färg</u>?
Kund: Jag tänkte att det skulle vara vackert med antingen <u>rött</u> eller <u>blått</u>.
Försäljare: Vilken <u>storlek</u> har du?
Kund: 38
Försäljare: Ett ögonblick, jag ska se vad vi har...Här har vi en kungsblå klänning i din <u>storlek</u> som är figurnära och en knallröd klänning i 36 som sitter lite <u>lösare</u>. Vad tycker du om dem?
Kund: Jo, de ser ganska eleganta ut. Kan jag få prova dem?
Försäljare: Ja, självklart. <u>Provrummen</u> ligger därborta till höger...Nå, hur passar de?
Kund: Den röda är tyvärr för <u>trång</u>. Jag ser ut som en michelingubbe i den. Men den blåa ser <u>väldigt</u> tjusig ut. Har ni den möjligtvis i <u>storlek</u> 40?
Försäljare: Jag ska se efter...Här är <u>storlek</u> 40, varsågod!...
Kund: Den passar perfekt även om den kanske är lite för lång...Har ni <u>öppet köp</u>?
Försäljare: Naturligtvis. Du kan få varan på <u>öppet köp</u> i två veckor och så har du <u>bytesrätt</u> i 30 dagar. <u>Spara</u> bara <u>kvittot</u>!
Kund: Det låter bra.

Försäljare: *Hallo! Kann ich helfen?*
Kund: *Ja, ich suche nach einem hübschen Kleid, dass ich bei der Betriebsfeier anziehen kann.*
Försäljare: *Ja, in welcher Farbe?*
Kund: *Ich dachte, dass Rot oder Blau schön wären.*
Försäljare: *Welche Größe haben Sie?*
Kund: *38*
Försäljare: *Einen Moment, ich schaue mal, was wir haben ... Hier haben wir ein königsblaues Kleid in Ihrer Größe, das figurbetont geschnitten ist, und ein knallrotes Kleid in 36, das etwas lockerer sitzt. Wie finden Sie die?*
Kund: *Ja, sie sehen ziemlich elegant aus. Kann ich sie anprobieren?*
Försäljare: *Ja, selbstverständlich. Die Umkleidekabinen sind dort hinten ... Und, passen sie?*
Kund: *Das rote ist leider zu eng. Ich sehe darin wie ein Michelinmännchen aus. Aber das blaue sieht wirklich toll aus. Haben Sie das zufällig auch in Größe 40?*
Försäljare: *Ich schaue nach ... Hier ist Größe 40, bitteschön.*
Kund: *Es passt perfekt, auch wenn es vielleicht etwas zu lang ist. Gib es die Möglichkeit zum Kauf mit Rückgaberecht?*
Försäljare: *Natürlich. Sie können die Ware zwei Wochen lang mit Rückgaberecht behalten, außerdem haben Sie 30 Tage lang Umtauschrecht. Bewahren Sie dafür den Kassenbeleg auf.*
Kund: *Das klingt gut.*

Übung 11 - Track 17

1. Oroar du dig för framtiden?
2. När tvättar du dig på kvällen?
3. Klipper du dig ofta hos frisören?
4. Har du förberett dig för en presentation i år?
5. Brukar du skynda dig till bussen på morgonen?
6. Vill du lära dig ett nytt språk?
7. När går du och lägger dig på kvällen?
8. Har du anmält dig till någon kurs i år?
9. Hur ofta brukar du försova dig?
10. Klär du på dig före frukosten?
11. Kammar du dig alltid på morgonen?
12. Vad har du på dig för kläder när du går på fest?

1. *Machst du dir Sorgen um die Zukunft?*
2. *Wann wäschst du dich abends?*
3. *Lässt du dir oft beim Frisör die Haare schneiden?*
4. *Hast du dich dieses Jahr auf eine Präsentation vorbereitet?*
5. *Beeilst du dich normalerweise, um morgens zum Bus zu kommen?*
6. *Willst du eine neue Sprache lernen?*
7. *Wann gehst du abends ins Bett?*
8. *Hast du dich dieses Jahr zu einem Kurs angemeldet?*
9. *Wie oft verschläfst du normalerweise?*
10. *Ziehst du dich vor dem Frühstück an?*
11. *Kämmst du dich morgens immer?*
12. *Was für Kleider hast du an, wenn du auf ein Fest gehst?*

Übung 13 - Track 18

skjortan, kjolen, kalsongerna, deltagare, kändis, ansikte, utseende, ansvar, färgen, löneförhöjning, storlek, bytesrätt

das Hemd, der Rock, die Unterhosen, Teilnehmer, Promi, Gesicht, Aussehen, die Farbe, Gehaltserhöhung, Größe, Umtauschrecht

LEKTION 4

Übung 2 – Track 19

1. Man: Du ser trött ut.
Kvinna: Ja, jag har sådan träningsvärk eftersom jag precis har sprungit 15 km i Skatås
Man: Oj, då har du sprungit riktigt långt idag.

1. Mann: *Du siehst müde aus.*
Frau: *Ja, ich habe so Muskelkater, weil ich 15 Kilometer im Skatåspark gelaufen bin.*
Mann: *Oh, dann bist du heute aber richtig weit gelaufen.*

2. Leif: Nej, nu tror jag att vi har gått vilse. Har du kartan på dig?
Maria: Ja, titta här. Jag tror att vi befinner oss norr om Vättlefjäll men jag ska kolla med kompassen också.
Leif: Ja men skynda dig så att vi inte förlorar för mycket tid.

2. Leif: *Nein, jetzt glaube ich, wir haben uns verirrt. Hast du die Karte bei dir?*
Maria: *Ja, schau mal hier. Ich glaube, wir befinden uns nördlich vom Vättlefjäll, aber ich prüfe das auch noch mit dem Kompass.*
Leif: *Ja, aber beeil dich, damit wir nicht so viel Zeit verlieren.*

3. Kvinna: Vem vann matchen?
Man: Ja, det var faktiskt Djurgården som vann mot Malmö FF med 2-0.
Kvinna: Jaså! Vem var det som gjorde mål?
Man: Första målet sköt Niklas Gunnarsson och andra målet Andreas Isaksson. Dessutom dömdes laget från Malmö till två straffsparkar.
Kvinna: Oj då!

3. Frau: *Wer hat das Spiel gewonnen?*
Mann: *Djurgården hat 2:0 gegen Malmö FF gewonnen.*
Frau: *Aha! Wer hat die Tore geschossen?*
Mann: *Das erste Tor hat Niklas Gunnarsson geschossen und das zweite Andreas Isaksson. Außerdem hat Malmö zwei Strafstöße bekommen.*
Frau: *Oha!*

4. Man: Vem kom på första plats?
Kvinna: Det var Gunde Henriksson som kom på första plats. Han åkte ner för backen väldigt snabbt och attackerade slalomportarna systematiskt. Förresten på andra plats kom Otto Pettersson.
Man: Jag hade faktiskt trott att han skulle vinna.

4. Mann: *Wer ist Erster geworden?*
Frau: *Gunde Henriksson hat den ersten Platz gemacht. Er ist den Hang sehr schnell hinabgefahren und hat die Slalompfosten systematisch angegriffen. Auf den zweiten Platz kam übrigens Otto Pettersson.*
Mann: *Ich dachte eigentlich, er würde gewinnen.*

5. Kvinna: Jag försöker gå ner i vikt men jag orkar inte spela tennis längre.
Man: Jaha. Vad gör du i stället?
Kvinna: Jag går ut i skogen med en grupp andra pensionärer och så använder vi stavar så att även armarna får motion.

5. Frau: *Ich versuche abzunehmen, aber ich schaffe es nicht mehr, Tennis zu spielen*
Mann: *Aha. Was machst du stattdessen?*
Frau: *Ich gehe mit einer Gruppe Rentner in den Wald und wir benutzen auch Stöcke, damit auch die Arme Bewegung bekommen.*

6. Ragnar: Hur många armhävningar har du gjort?
Sofia: 100 stycken. Och nu tänker jag göra några axelpressar med skivstången.
Ragnar: Jaha. Under tiden gör jag några magövningar. Man vill ju gärna ha en tvättbräda på magen.

6. Ragnar: *Wie viele Liegestützen hast du gemacht?*
Sofia: *100 Stück. Und jetzt will ich noch ein paar Schulterpressen mit der Langhantel machen.*
Ragnar: *Aha. Ich mache solange ein paar Bauchübungen. Man möchte ja gern einen Waschbrettbauch haben.*

7. Maja: Den nya ledaren tycker jag är otroligt bra. Hon är så entusiastisk och energisk.
Elsa: Jag håller helt med dig. Man känner sig så inspirerad av henne och man gör därför alla övningar oproblematiskt. Först efter passet känner man hur mycket man faktiskt svettas. Dessutom är musiken som hon väljer toppenbra.
Maja: Ja, det är fantastiskt.

7. Maja: *Die neue Trainerin finde ich unglaublich gut. Sie ist so energisch und begeistert.*
Elsa: *Ich bin ganz deiner Meinung. Man fühlt sich von ihr richtig inspiriert und macht deshalb alle Übungen problemlos. Erst nach dem Kurs merkt man, wie sehr man eigentlich schwitzt. Außerdem ist die Musik, die sie aussucht, echt spitze.*
Maja: *Ja, es ist fantastisch.*

8. Man: Hur många längder har du gjort?
Kvinna: Fem längder och jag tror att jag ska göra två till.
Man: Sedan tycker jag att vi går och badar bastu.
Kvinna: Javisst, gärna!

8. Mann: *Wie viele Bahnen hast du gemacht?*
Frau: *Fünf Bahnen, und ich will noch zwei machen.*
Mann: *Danach können wir doch in die Sauna gehen.*
Frau: *Ja, gerne!*

Übung 7 – Track 20

1. Imorgon spelar IFK mot Gais. Jag tror att IFK vinner stort.
2. Jag tänker träna på Friskis & Svettis ikväll. Jag går dit tre gånger i veckan eftersom jag tycker att jag mår så bra av att träna där.
3. Tror du på reinkarnation?
4. Vad tänker du på? – Jag tänker på min familj i Frankrike som jag måste besöka snart. Jag längtar så efter dem.

5. Jag ska gå och se filmen "Pelle Erövraren" ikväll eftersom jag läste om den i tidningen. Jag tror att den är bra.
6. Jag såg faktiskt den filmen igår. Jag tycker att den är jättebra.
7. Oj vad många moln. Jag tror att det kommer att regna.

1. *Morgen spielt IFK gegen Gais. Ich glaube, dass IFK klar gewinnen wird.*
2. *Ich will heute Abend bei Friskis & Svettis trainieren. Ich gehe drei Mal die Woche hin, weil ich finde, dass es mir so guttut, dort zu trainieren.*
3. *Glaubst du an Wiedergeburt?*
4. *An was denkst du? – Ich denke an meine Familie in Frankreich, die ich bald besuchen muss. Ich habe so Sehnsucht nach ihnen.*
5. *Heute Abend gehe ich mir den Film "Pelle der Eroberer" ansehen, weil ich in der Zeitung darüber gelesen habe. Ich glaube, er ist gut.*
6. *Den Film habe ich gestern gesehen. Ich finde ihn richtig gut.*
7. *Oh, so viele Wolken. Ich glaube es wird regnen.*

Übung 8 - Track 21

Han har sprungit otroligt snabbt den här veckan.
1. Hon åker längdåkning väldigt systematiskt.
2. Han åker skidor ner för backen riktigt långsamt.
3. Hon kan hoppa höjdhopp fantastiskt högt.
4. De joggar entusiastiskt i skogen.
5. Jag brukar cykla otroligt energiskt till arbetet.
6. Hon åker skridskor vackert.
7. De spelar fotboll oentusiastiskt.
8. Hon styrketränar väldigt entusiastiskt.

Er ist diese Woche unglaublich schnell gelaufen.
1. *Sie betreibt sehr systematisch Langlauf.*
2. *Er fährt richtig langsam mit den Skiern bergab.*
3. *Sie kann wahnsinnig hoch hochspringen.*
4. *Sie joggen enthusiastisch im Wald.*
5. *Ich fahre normalerweise unglaublich energisch mit dem Rad zur Arbeit.*
6. *Sie läuft schön Schlittschuh.*
7. *Sie spielen ohne Begeisterung Fußball.*
8. *Sie betreibt sehr enthusiastisch Krafttraining.*

Übung 9 - Track 22

entusiastiskt - energiskt - otroligt - problematiskt - fantastiskt - riktigt - kraftigt - väldigt - systematiskt

enthusiastisch - energisch - unglaublich - problematisch - fantastisch - richtig - kräftig - sehr - systematisch

Übung 10 - Track 23

den tjugofjärde i tolfte, den första i tionde, den sjätte i sjätte, den åttonde i sjunde, den nittonde i elfte, den tjugoandra i fjärde, den trettionde i åttonde, den fjortonde i nionde, den tjugotredje i första, den sextonde i femte, den tjugofemte i andra

der 24.12., der 01.10., der 06.06., der 08.07., der 19.11., der 22.04., der 30.08., der 14.09., der 23.01., der 16.05., der 16.05., der 25.02.

LEKTION 5

Übung 2 - Track 24

Godkväll kära lyssnare. Välkomna tillbaka till en ny vårtermin. Jag tänkte att jag idag ska prata lite om vilka för- och nackdelar jag ser med sociala medier, i det här fallet med Facebook. Många av oss använder säkerligen Facebook dagligen, även om det handlar om en kort stund eller flera timmar. Enligt statistiken använder fyra av fem svenskar sociala medier och Facebook är fortsatt populärast och anlitas av 74% av internetanvändarna. På andra plats kommer Instagram.
Hur kommer det sig då att Facebook har blivit så populärt? Ja, en stor fördel är ju att man kan hitta gamla vänner lätt som man har förlorat kontakten med via Facebooks sökmotor. Dessutom gör Facebook det enkelt att ta kontakt med människor som har samma intressen och samma hobby som du. En ytterligare fördel är att företag eller personen som äger företaget kan skapa en attraktiv Facebook-sida med produkter och tjänster som når ut till en bredare publik. Många Facebook-användare med privata användarkonton tjänar faktiskt pengar med hjälp av annonser som publiceras på deras Facebook-sida.
Men tyvärr finns det ju också en baksida med Facebook. Det finns ingen sekretess. Den information som man lägger ut kan ses av vem som helst med en Facebook-profil om man inte blockerar till en begränsad grupp.
Här tar jag upp några saker som man borde ta bort från sitt Facebook-konto direkt:
Ens födelsedatum kan faktiskt ge obehöriga personer tillgång till bankkonton och känsliga personuppgifter. Så ta bort det för att vara på den säkra sidan.
Telefonnummer bör man vara försiktig med så att man inte blir uppringd av en stalker.
Bilder av barn och yngre syskon kan vara känsligt att offentliggöra. Många barn vill inte att information om dem delas på nätet, särskilt inte senare i barnens liv.
Man ska heller inte dela med sig av bilder och information kring yngre familjemedlemmars skolor och förskolor. Detta kan vara farligt då det kan locka dit obehöriga som vill ens familj illa.
Var även försiktig med lättklädda semesterfoton och vilda festbilder. Tänk på att din företagschef eventuellt kan se dem, vilket kan bli lite pinsamt. En blivande arbetsgivare kan ju också hitta din profil, innan du går till anställningsintervjun!
Apropå semester bör du inte delge information om var och när du åker bort. Det är aldrig smart att berätta för potentiella inbrottstjuvar när din bostad kommer att stå tom. Du riskerar till och med att inte få ut full försäkring om ett inbrott sker efter att du har berättat om dina semesterplaner på sociala medier.
Sedan finns det ju också andra nackdelar med sociala medier, nämligen hur de påverkar människor psykologiskt. Det har visat sig att många människor, särskilt ungdomar faktiskt mår psykiskt sämre och känner sig deprimerade, ju mer tid de tillbringar med att läsa och titta på Facebooksvänners kommentarer och bilder. Men detta kommer jag att diskutera vidare i min nästa podcast. Lyssna gärna då! Hej så länge.

Guten Abend, liebe Hörer. Willkommen zurück zu unserem neuen Frühjahrsprogramm (wörtl.: Frühjahrssemester). Ich hatte vor, heute ein bisschen darüber zu reden, welche Vor- und Nachteile ich bei sozialen Medien sehe, in diesem Fall bei Facebook. Viele von uns benutzen Facebook sicher täglich, ob nur für eine kurze Weile oder mehrere Stunden lang. Laut Statistik benutzen vier von fünf Schweden soziale Medien, und Facebook ist nach wie vor am beliebtesten und wird von 74 Prozent der Internetnutzer verwendet. Auf dem zweiten Platz folgt Instagram.

Wie kommt es, dass Facebook so populär geworden ist? Ja, ein großer Vorteil daran ist ja, dass man über die Suchmaschine von Facebook leicht alte Freunde wiederfinden kann, zu denen man den Kontakt verloren hat. Außerdem macht es Facebook einfach, Kontakt mit Menschen aufzunehmen, die die gleichen Interessen und Hobbys haben wie du. Ein weiterer Vorteil ist, dass Unternehmen oder derjenige, der ein Unternehmen besitzt, eine attraktive Facebook-Seite mit Produkten und Dienstleistungen einrichten können, die ein breiteres Publikum erreicht. Viele Facebook-Nutzer mit privaten Accounts verdienen Geld damit, dass Anzeigen auf ihrer Facebook-Seite veröffentlicht werden.

Doch leider gibt es auch die Kehrseite von Facebook. Es gibt keine Privatsphäre. Die Informationen, die man veröffentlicht, können von allen möglichen Leuten mit Facebook-Profil gesehen werden, wenn man sie nicht nur für eine begrenzte Gruppe freigibt. Hier ein paar Dinge, die man sofort von seinem Facebook-Account entfernen sollte:

Das Geburtsdatum kann unbefugten Personen Zugang zu Bankkonten und sensiblen persönlichen Daten verschaffen. Entferne es, um auf der sicheren Seite zu sein.

Mit der Telefonnummer sollte man vorsichtig sein, damit man nicht von Stalkern angerufen wird.

Es kann heikel sein, Bilder von Kindern und jüngeren Geschwistern zu veröffentlichen. Viele Kinder wollen nicht, dass Informationen über sie im Netz verbreitet werden, vor allem nicht später im Leben des Kindes.

Man sollte auch keine Informationen über Schulen und Vorschulen jüngerer Familienmitglieder teilen. Das kann gefährlich sein, da es Unbefugte dorthin locken kann, die der Familie Übles wollen.

Sei auch vorsichtig mit leichtbekleideten Urlaubsbildern und wilden Partybildern. Denk daran, dass dein Chef sie eventuell sehen kann, was leicht peinlich werden kann. Auch ein zukünftiger Arbeitgeber kann ja dein Profil finden, ehe du zum Vorstellungsgespräch gehst!

Apropos Urlaub: Du solltest keine Informationen darüber preisgeben, wohin und wann du verreist. Es ist nie klug, potentiellen Einbrechern zu verraten, wann deine Wohnung leersteht. Du riskierst damit sogar, nicht den vollen Versicherungsschutz zu erhalten, wenn ein Einbruch geschieht, nachdem du über soziale Medien von deinen Urlaubsplänen berichtet hast.

Außerdem gibt es weitere Nachteile bei sozialen Medien, nämlich wie sie sich psychologisch auf Menschen auswirken. Es hat sich gezeigt, dass es Menschen, vor allem Jugendlichen psychisch schlechter geht und dass die sich deprimiert fühlen, je mehr Zeit sie damit verbringen, sich die Kommentare und Bilder von Facebookfreunden durchzulesen und anzusehen. Aber das werde ich in meinem nächsten Podcast weiter ausführen. Hört wieder rein! Tschüs bis dahin.

Übung 10 – Track 25

1. Vad roligt att du alltid vill träffas.
2. Jag är trött eftersom jag inte har druckit kaffe idag.
3. Du kan kontakta mig om du eventuellt har några frågor.
4. Han skriver till henne trots att hon aldrig har ringt honom.
5. Blockera Facebook så att chefen inte ser dina bilder.
6. Han åker på en solsemester efter att han faktiskt har tjänat pengar på Facebookannonser.
7. Hon började studera när hon verkligen hade lust.
8. Jag skickar texten till dig som du omgående måste översätta.
9. Jag undrar om jag inte ska boka tid hos läkaren.

1. *Wie schön, dass du immer Lust hast, dich zu treffen.*
2. *Ich bin müde, weil ich heute keinen Kaffee getrunken habe.*
3. *Du kannst mich kontaktieren, falls du eventuell Fragen hast.*
4. *Er schreibt ihr, obwohl sie ihn nie angerufen hat.*
5. *Blockiere Facebook, damit der Chef nicht deine Bilder sieht.*
6. *Er macht Urlaub in der Sonne, nachdem er tatsächlich Geld mit Facebookanzeigen verdient hat.*
7. *Sie fing an zu studieren, als sie wirklich Lust hatte.*
8. *Ich schicke dir den Text, den du umgehend übersetzen musst.*
9. *Ich frage mich, ob ich nicht einen Termin beim Arzt machen soll.*

Übung 11 – Track 26

Vendela: Vet du vad! En gammal klasskamrat till mig hittade min facebooksida och skickade en vänförfrågan till mig. Efter en **stund** accepterade jag den.

Ulf: Jaha, vad kul! Vem är hon?

Vendela: Hon heter Monika och vi var klasskamrater under flera **terminer** på gymnasiet. Hon började lite senare än jag eftersom hon hade gått naturvetenskapsprogrammet först och sedan växlat.

Ulf: Jaha, vad gör hon nu då?

Vendela: Hon jobbar som journalist på en tidning och så frilansar hon som översättare några **timmar** varje dag.

Ulf: Jaså! Vilket språk översätter hon från?

Vendela: Från italienska till svenska faktiskt. Vi ska träffas och ta en **öl** på fredag nästa vecka. Monika är nämligen *ledig* då eftersom hon har *semester*.

Ulf: På fredag! Jag har bokat *tid* hos läkaren då. När ska ni träffas? Någon måste ju ta hand om Torbjörn och Ylva.

Vendela: Det har vi inte bestämt än. När har du **tid** hos läkaren?

Ulf: Klockan fem.

Vendela: Ja, men då frågar jag henne om vi kan träffas någon gång senare. Kanske klockan sju?

Ulf: Ja, det låter bra.

Vendela: *Weißt du was? Eine ehemalige Klassenkameradin hat meine Facebookseite gefunden und hat mir eine Freundschaftsanfrage geschickt. Nach einer Weile habe ich sie angenommen.*

Ulf: *Aha, toll! Wer ist sie?*
Vendela: *Sie heißt Monika und wir waren im Gymnasium mehrere Halbjahre lang Klassenkameraden. Sie hat etwas später als ich angefangen, da sie erst auf dem naturwissenschaftlichen Zweig war und dann gewechselt hat.*
Ulf: *Aha, und was macht sie jetzt?*
Vendela: *Sie arbeitet als Journalistin bei einer Zeitung und ist einig paar Stunden pro Tag als Übersetzerin selbstständig.*
Ulf: *Achso! Aus welcher Sprache übersetzt sie?*
Vendela: *Vom Italienischen ins Schwedische. Freitag nächste Woche treffen wir uns auf ein Bier. Monika hat da nämlich frei, da sie Urlaub hat.*
Ulf: *Am Freitag! Da habe ich einen Termin beim Arzt. Wann trefft ihr euch? Irgendjemand muss sich ja um Torbjörn und Ylva kümmern.*
Vendela: *Das haben wir noch nicht ausgemacht. Wann hast du den Termin beim Arzt?*
Ulf: *Um fünf.*
Vendela: *Ja, dann frage ich sie, ob wir uns irgendwann danach treffen können. Vielleicht um sieben?*
Ulf: *Ja, das klingt gut.*

3

AUDIOTEXTE

LEKTION 6

Übung 1 – Track 1

Programledare: Hej och välkomna till vårt radioprogram! Idag ska det handla om vänskap...Till studion har vi bjudit in Henrik Stålberg som är professor i socialpsykologi på Linnéuniversitetet. Välkommen hit Henrik!
Henrik: Tack!
Programledare: Du är expert på identitetsutveckling. Vilken betydelse har vänskap för vår identitet, tycker du?
Henrik: Ja, jag forskar i hur vi som människor skapar vår identitet och en del av den är faktiskt via mötet med andra människor. Det är ju tack vare våra sociala nätverk som vi kan förstå vilka vi själva är.
Programledare: Jaha! Hur menar du då?
Henrik: Ja, andra människor återspeglar oss, så att säga, särskilt våra vänner. Vissa har många vänner och bekanta medan andra omger sig med några få. Det är din personlighet som avgör vad som är bäst men forskning visar faktiskt att de flesta har fyra till sex riktigt nära sociala kontakter.
Programledare: Mhm! Vad är det då som vänskap ger oss för att vi ska må bra?
Henrik: Ja, först och främst är det viktigt att vi har någon som man kan vara förtrolig med...någon som jag kan berätta mina hemligheter för...en vän som är pålitlig och lojal. Det är också väsentligt att din vän också anförtror sig till dig, så att du känner dig viktig. Ärlighet är A och O.
Programledare: Jaha! Finns det några fler fördelar när man umgås med vänner? Jag har läst din bok och jag minns att du skriver att en god vän bör göra dig glad. Hur menar du då?
Henrik: Jag menar att vi trivs bättre när vi umgås med andra som gör oss glada och till det vill jag tillägga att ny forskning faktiskt visar att vi behöver träffa våra vänner regelbundet för att minska risken att drabbas av depressioner och inte bara hålla kontakt via telefon, mejl och sociala medier.
Programledare: Oj! Så du menar att det inte räcker med att man ses ibland.
Henrik: Det stämmer. En amerikansk studie visar att de som träffar sina kompisar minst tre gånger i veckan lider av mindre depressiva symptom jämfört med de som sällan träffar sina vänner. De löpte nämligen dubbelt så hög risk att bli deprimerade!
Programledare: Så man kan säga att tid tillsammans med vänner är en sorts förebyggande medicin, eller?
Henrik: Ja, det håller jag med dig om. Det är precis det som vi forskare konstaterar.
Programledare: Finns det fall där vänner eller vänskap kan vara destruktivt för oss?
Henrik: Absolut! Ibland ska man inte skämmas för att distansera sig från människor som inte är bra för en och att avsluta vänskapen. Slutligen förändras ju folk och du och dina vänner kan komma att gå helt olika vägar i livet.
Programledare: När råder du människor att avsluta vänskapen?
Henrik: Ja, till exempel när din vänskap är ur balans och din vän inte uppskattar dig lika mycket som du uppskattar honom eller henne. När du ständigt behöver ta alla initiativ, vilket kan skada din självkänsla. Ett annat exempel är när din vän manipulerar dig och försöker styra hur du agerar, då bör du avsluta vänskapen.
Programledare: Ja det tror jag också. Ibland uppstår ju även svartsjuka och konkurrens mellan vänner. En vän kan t.ex. ständigt behöva bevisa att han eller hon är bättre än du. Det kan ju vara ansträngande, eller hur?
Henrik: Absolut! Det håller jag helt med om. En vänskap som inte bygger på varandras stöd är definitivt negativ. Jag tycker att vänskap handlar om att båda växer och blir bättre tillsammans, inte om att den ena är stjärnan och den andra spelar en biroll. En sista sak som jag skulle vilja ta upp är att du också bör avsluta vänskapen om din vän drar ner dig eller skadar din självkänsla. Man ska ju uppmuntra och stödja varandra. Så lyckas man bättre.
Programledare: Oj, jag ser här att vi får avsluta programmet just nu eftersom tiden har runnit iväg men jag får tacka dig så mycket för att du har kommit hit Henrik Stålberg, professor i socialpsykologi.
Henrik: Tack!
Programledare: Gå gärna in på vår hemsida om ni vill veta mer om Henriks forskning om vänskap och identitetsutveckling. Tack för att ni har lyssnat!

Moderatorin: *Hallo und willkommen zu unserer Sendung! Heute geht es um Freundschaft ... Ins Studio haben wir Henrik Stålberg eingeladen, der an der Linnéuniversität Professor für Sozialpsychologie ist. Willkommen, Henrik!*

Henrik: *Danke!*

Moderatorin: *Sie sind Experte auf dem Gebiet der Identitätsentwicklung. Welche Bedeutung haben Freundschaften Ihrer Meinung nach für unsere Identität?*

Henrik: *Ja, ich erforsche ja, wie wir Menschen unsere Identität aufbauen, und ein Teil davon passiert tatsächlich über den Kontakt mit anderen Menschen. Dank unserer sozialen Netze verstehen wir, wer wir selbst sind.*

Moderatorin: *Aha! Wie meinen Sie das?*

Henrik: *Ja, andere Menschen spiegeln uns sozusagen wider, vor allem unsere Freunde. Manche haben viele Freunde und Bekannte, wohingegen andere sich nur mit einigen wenigen umgeben. Die eigene Persönlichkeit entscheidet, was am besten ist, aber die Forschung zeigt, dass die meisten etwa vier bis sechs richtig enge soziale Kontakte haben.*

Moderatorin: *Mhm! Was gibt uns denn Freundschaft, damit es uns gut geht?*

Henrik: *Ja, zunächst einmal ist wichtig, dass wir jemanden haben, mit dem wir vertraulich sein können ... jemand, dem ich meine Geheimnisse erzählen kann ... ein Freund, der verlässlich und loyal ist. Es ist außerdem bedeutend, dass Ihr Freund sich auch Ihnen anvertraut, damit Sie sich wichtig fühlen. Ehrlichkeit ist das A und O.*

Moderatorin: *Aha! Gibt es noch mehr Vorteile, wenn man Freunde trifft? Ich habe Ihr Buch gelesen und erinnere mich, dass Sie schreiben, dass ein guter Freund einen froh machen sollte. Wie meinen Sie das?*

Henrik: *Ich meine, dass es uns besser geht, wenn wir mit anderen zusammen sind, die uns froh machen, und ergänzend will ich noch sagen, dass neuere Forschungsergebnisse zeigen, dass wir unsere Freunde regelmäßig treffen müssen, um das Risiko zu vermindern, depressiv zu werden, und nicht nur via Telefon, E-Mail und soziale Medien Kontakt halten.*

Moderatorin: *Oh! Sie meinen also, dass es nicht reicht, wenn man sich gelegentlich sieht?*

Henrik: *Stimmt. Eine amerikanische Studie zeigt, dass die, die ihre Freunde mindestens drei Mal pro Woche sehen, im Vergleich mit denen, die ihre Freunde seltener treffen, weniger an depressiven Symptomen leiden. Die haben nämlich ein doppelt so großes Risiko, depressiv zu werden!*

Moderatorin: *Man kann also sagen, dass Zeit mit Freunden eine Art vorbeugende Medizin ist?*

Henrik: *Ja, da bin ich Ihrer Meinung. Genau das haben wir Wissenschaftler festgestellt.*

Moderatorin: *Gibt es Fälle, in denen Freunde oder Freundschaft für uns destruktiv werden können?*

Henrik: *Auf jeden Fall! Manchmal sollte man sich nicht schämen, sich von Menschen zu distanzieren, die nicht gut für einen sind, und Freundschaften zu beenden. Schließlich verändern sich Menschen ja, und es kann sein, dass Ihre Freunde ganz andere Wege im Leben nehmen.*

Moderatorin: *Wann raten Sie Menschen, Freundschaften zu beenden?*

Henrik: *Ja, beispielsweise wenn Ihre Freundschaft aus dem Gleichgewicht ist und Ihr Freund Sie nicht so sehr schätzt, wie Sie ihn oder sie schätzen. Wenn Sie ständig die Initiative ergreifen müssen, was Ihrem Selbstwertgefühl schaden kann. Ein anderes Beispiel ist, wenn Ihr Freund Sie manipuliert und zu steuern versucht, wie Sie handeln – dann sollten Sie die Freundschaft beenden.*

Moderatorin: *Ja, das glaube ich auch. Manchmal entstehen unter Freunden ja auch Eifersucht und Konkurrenz. Zum Beispiel will ein Freund ständig beweisen, dass er oder sie besser ist als Sie. Das kann anstrengend sein, oder?*

Henrik: *Auf jeden Fall! Ich gebe Ihnen völlig Recht. Eine Freundschaft, die nicht auf gegenseitige Unterstützung baut, ist definitiv negativ. Ich denke, bei Freundschaft geht es darum, dass beide wachsen und gemeinsam besser werden und nicht darum, dass einer der Star ist und der andere eine Nebenrolle spielt. Eine letzte Sache, die ich ansprechen möchte ist, dass Sie eine Freundschaft auch beenden sollten, wenn Ihr Freund Sie runterzieht oder Ihrem Selbstwertgefühl schadet. Man sollte einander ja ermuntern und sich unterstützen. So gelingen einem die Dinge besser.*

Moderatorin: *Oh, ich sehe, dass wir die Sendung jetzt beenden müssen, die Zeit ist uns davongelaufen. Ich danke Ihnen sehr herzlich, dass Sie hergekommen sind, Henrik Stålberg, Professor für Sozialpsychologie.*

Henrik: *Danke!*

Moderatorin: *Besuchen Sie gerne unsere Homepage, wenn Sie mehr über Henriks Forschung zu den Themen Freundschaft und Identitätsentwicklung wissen wollen. Danke fürs Zuhören!*

Übung 11 – Track 2

1.

Mamma: Vart ska du gå så sent?
Bettan: Jag ska gå och träffa Åsa.
Mamma: Vad ska ni göra?
Bettan: Vi tänker inte dricka alkohol, om du tror det.
Mamma: Det är bra.
Bettan: Vi vill gå och dansa på en klubb.
Mamma: När kommer du hem?
Bettan: Jag kommer kanske hem klockan ett.
Mamma: Du måste komma hem senast klockan tolv.
Bettan: Det är okej.

Mamma: *Wohin gehst du denn so spät?*
Bettan: *Ich treffe mich mit Åsa.*
Mamma: *Was wollt ihr machen?*
Bettan: *Wir haben nicht vor, Alkohol zu trinken, falls du das glaubst.*
Mamma: *Das ist gut.*
Bettan: *Wir wollen in einen Club tanzen gehen.*
Mamma: *Wann kommst du nach Hause?*
Bettan: *Ich komme vielleicht so um eins heim.*

3

AUDIOTEXTE

Mamma:	*Du musst spätestens um zwölf nach Hause kommen.*
Bettan:	*Das ist okay.*

2.

Bertil:	Vad läser du för bok?
Johanna:	Jag läser en bok om vänskap och relationer.
Bertil:	Du läser ofta sådana böcker. Är den intressant?
Johanna:	Ja, den är väldigt intressant.
Bertil:	Vem har skrivit boken?
Johanna:	Det är en professor som heter Henrik Stålberg.
Bertil:	Vad är han professor i?
Johanna:	Han är professor i socialpsykologi, tror jag.
Bertil:	Jag hörde faktiskt hans program på radion häromdagen.

Bertil:	*Was liest du für ein Buch?*
Johanna:	*Ich lese ein Buch über Freundschaft und Beziehungen.*
Bertil:	*Du liest oft solche Bücher. Ist es interessant?*
Johanna:	*Ja, es ist sehr interessant.*
Bertil:	*Wer hat das Buch geschrieben?*
Johanna:	*Ein Professor namens Henrik Stålberg.*
Bertil:	*Für was ist er Professor?*
Johanna:	*Er ist Professor für Sozialpsychologie, glaube ich.*
Bertil:	*Ich habe neulich seine Sendung im Radio gehört.*

Übung 11 - Track 3

1. Mamma frågar vart hon ska gå. Bettan säger att hon ska gå och träffa Åsa. Mamma undrar vad de ska göra. Bettan svarar att de inte tänker dricka alkohol, om hon tror det. Mamma tycker att det är bra. Bettan säger att de vill gå och dansa på en klubb. Mamma vill veta när hon kommer hem. Bettan säger att hon kanske kommer hem klockan ett. Mamma menar att hon måste komma hem senast klockan tolv. Bettan säger att det är okej.

1. Die Mutter fragt, wo sie hingeht. Bettan sagt, dass sie Åsa treffen wird. Die Mutter fragt, was sie tun werden. Bettan antwortet, dass sie keinen Alkohol trinken werden, falls sie das glaubt. Die Mutter findet das gut. Bettan sagt, dass sie zum Tanzen in einen Club gehen wollen. Die Mutter will wissen, wann sie nach Hause kommt. Bettan sagt, dass sie vielleicht gegen eins nach Hause kommt. Die Mutter sagt, dass sie spätestens um zwölf nach Hause kommen soll. Bettan sagt, dass das okay ist.

2. Bertil frågar vad hon läser för bok. Johanna säger att hon läser en bok om vänskap och relationer. Bertil säger att hon ofta läser sådana böcker. Han frågar om den är intressant. Johanna svarar att den är väldigt intressant. Bertil undrar vem som har skrivit boken. Johanna säger att det är en professor som heter Henrik Stålberg. Bertil vill veta vad han är professor i. Johanna tror att han är professor i socialpsykologi. Bertil säger att han faktiskt hörde hans program på radion häromdagen.

2. Bertil fragt, was sie für ein Buch liest. Johanna sagt, dass sie ein Buch über Freundschaft und Beziehungen liest. Bertil sagt, dass sie oft solche Bücher liest. Er fragt, ob es interessant ist. Johanna antwortet, dass es sehr interessant ist. Bertil will wissen, wer das Buch geschrieben hat. Johanna sagt, dass es ein Professor namens Henrik Stålberg war. Bertil will wissen, für was er Professor ist. Johanna glaubt, dass er Professor in Sozialpsychologie ist. Bertil sagt, dass er neulich seine Sendung im Radio gehört hat.

Übung 12 - Track 4

ledsen, självisk, trogen, lugn, ödmjuk, svartsjuk, ärlig, snäll, arg, elak

traurig, egoistisch, treu, ruhig, bescheiden, eifersüchtig, ehrlich, lieb, böse, gemein

Übung 13 - Track 5

1. Jag anser att jag är pålitlig.
2. Jag menar att jag är rolig och hövlig.
3. Jag tror att jag inte är inåtvänd./ Jag tror inte att jag är inåtvänd.
4. Jag tycker att jag är ganska slarvig.
5. Jag anser att jag inte är utåtriktad. / Jag anser inte att jag är utåtriktad.
6. Jag menar att jag är självisk och dominerande.

1. *Ich finde, dass ich zuverlässig bin.*
2. *Ich denke, dass ich lustig und höflich bin.*
3. *Ich glaube, dass ich nicht introvertiert bin. / Ich glaube nicht, dass ich introvertiert bin.*
4. *Ich finde, dass ich ziemlich schlampig bin.*
5. *Ich finde, dass ich nicht extrovertiert bin. / Ich finde nicht, dass ich extrovertiert bin.*
6. *Ich finde, dass ich egoistisch und dominant bin.*

LEKTION 7

Übung 1 - Track 6

Guide 1

Hej och välkomna till den här turen som kommer att ta cirka två timmar. Roligt att se att vi har så många glada turister här från alla delar av världen. Vi har riktigt tur med vädret den här underbara junidagen... 25 grader och sol! Vad mer kan man önska sig?
Vi åker nu förbi Avenyn, vår finaste shoppinggata i stan. Viktigt att veta för alla unga damer här på bussen. På höger sida ser ni bronsstatyn Poseidon i fontänen skapad av konstnären Carl Milles 1931. Den här statyn har ju blivit en symbol för vår stad. Bakom statyn står konstmuseet i gult tegel som etablerades 1923 och på höger sida om fontänen ligger konserthuset. Mitt emot konserthuset ser ni stadsteatern.
Vi åker nu vidare ner mot Korsvägen. Här kommer någonting underhållande för alla våra barn i bussen, nämligen Liseberg, Nordens största nöjespark. Jag rekommenderar att ni åker Lisebergshjulet när ni är där. Man har nämligen en fantastiskt utsikt över staden därifrån...
Vi tar oss nu långsamt ner mot hamnen, men innan dess stannar vi till på Gustav Adolfs torg, här på vänster sida. Statyn som ni ser i mitten av torget är en avbild av den berömde kung Gustav II Adolf. Vår stad grundades av honom ca 1621. Som ni ser pekar kungen med höger hand ned mot torget samtidigt som han tittar upp. Detta var när kungen ska ha sagt "Här ska staden ligga" och symboliserar alltså när staden Göteborg blev till. Till minne av kungen äter vi alltid Gustav Adolfs bakelser den sjätte november med hans huvud på toppen i antingen marsipan eller choklad. Mums!

Ja, då åker vi vidare mot hamnen där vi bland annat ska se Operahuset och „Läppstiftet", en 86 meter hög skyskrapa som officiellt invigdes 1989...

Göteborg
Hallo und willkommen zu dieser Tour, die ungefähr zwei Stunden dauern wird. Schön zu sehen, dass wir hier so viele fröhliche Touristen aus allen Teilen der Welt haben. An diesem wunderbaren Junitag haben wir richtig Glück mit dem Wetter ... 25 Grad und Sonne! Was wünscht man sich mehr?
Jetzt fahren wir an der Aveny vorbei, der schicksten Einkaufsstraße der Stadt. Eine wichtige Information für alle jungen Damen hier im Bus. Auf der rechten Seite sehen Sie die Bronzestatue des Poseidon im Brunnen, die 1931 vom Künstler Carl Milles erschaffen wurde. Diese Statue ist ja zum Symbol unserer Stadt geworden. Hinter der Statue steht das Kunstmuseum aus gelbem Ziegel, das 1923 eingerichtet wurden, und rechts neben dem Brunnen liegt das Konzerthaus. Gegenüber dem Konzerthaus sehen Sie das Stadttheater.
Jetzt fahren wir weiter Richtung Korsväg. Hier kommt etwas Unterhaltsames für alle Kinder im Bus, nämlich Liseberg, der größte Vergnügungspark Skandinaviens. Ich empfehle Ihnen, mit dem Lisebergs-Riesenrad zu fahren, wenn Sie dort sind. Man hat von da aus nämlich eine fantastische Aussicht über die Stadt.
Jetzt bewegen wir uns langsam hinunter zum Hafen, aber davor halten wir noch am Gustav-Adolfs-Platz hier auf der linken Seite. Die Statue, die Sie in der Mitte des Platzes sehen, ist ein Abbild des berühmten Königs Gustav II Adolf. Unsere Stadt wurde etwa 1621 von ihm gegründet. Wie Sie sehen, zeigt der König mit der rechten Hand hinunter auf den Platz, während er nach oben schaut. Das war, als der König gesagt haben soll: „Hier soll die Stadt liegen" und symbolisiert so die Entstehung der Stadt Göteborg. In Erinnerung an den König essen wir immer am 6. November Gustav-Adolfs-Gebäck aus Marzipan oder Schokolade mit seinem Kopf oben darauf. Lecker!
Ja, dann fahren wir weiter Richtung Hafen, wo wir unter anderem das Opernhaus und den "Lippenstift" sehen werden, einen 86 Meter hohen Wolkenkratzer, der 1989 offiziell eingeweiht wurde ...

Guide 2
Hejsan, svejsan. Jag heter Malena Walfridsson och ska guida er genom stan idag. Kul att vi har så många entusiastiska passagerare med oss. Vi kommer idag att åka genom stan och visa er de mest berömda sevärdheterna här på 75 minuter. Om ni har några frågor, önskemål eller problem är det bara att komma fram till mig eller till vår busschaufför som heter Ingvar. Vi är bara glada att få hjälpa till.
Vi kommer alltså att åka förbi många historiska platser som har haft betydelse för stan...
Ja nu kommer vi ut på Kungsholmen och ni ser Stadshuset alldeles här framme. Stadshuset med sitt röda tegel har ju blivit en symbol för vår stadsbild, eftersom Nobelprisfesten hålls här i den så kallade Blå Hallen. Här serveras en middag med flera rätter och den svenska kungafamiljen deltar som hedersgäster. Det har ni säkert sett på TV. Stadshuset byggdes under 15 år och invigdes under midsommaraftonen den 23 juni 1923. Arkitekturen har influerats av italiensk renässans, nordisk gotik och islamsk konst...
Ja, nu kommer vi till stadsdelen Gamla Stan och ni ser här på vänster sida Kungliga slottet eller Stockholms slott. Det är ju här som kungen bor med sin drottning Silvia. Slottet som byggdes av sten och tegel, uppfördes 1697 och går i barockstil. Jag rekommenderar att ni besöker slottet senare och inte minst tittar på den berömda vaktavlösningen som nu under sommaren äger rum varje dag klockan tolv och femton...
Turen går nu vidare till Djurgården där bland annat Skansen ligger. Skansen är ju ett friluftsmuseum med djurpark. På Djurgården ligger även ABBA-museet, för er som är intresserade av popmusik...

Stockholm
Hejsan, svejsan. Ich heiße Malena Walfridsson und werde Sie heute durch die Stadt führen. Toll, dass wir so viele begeisterte Mitreisende dabei haben. Wir werden heute durch die Stadt fahren und Ihnen in 75 Minuten die bekanntesten Sehenswürdigkeiten hier zeigen. Wenn Sie Fragen, Wünsche oder Probleme haben, kommen Sie einfach zu mir nach vorne oder zu unserem Busfahrer, der Ingvar heißt. Wir sind Ihnen gerne behilflich.
Wir werden also an vielen historischen Plätzen vorbeifahren, die für die Stadt von Bedeutung waren ...
Ja, jetzt kommen wir nach Kungsholmen und Sie sehen ganz da vorne das Rathaus. Das Rathaus mit seinen roten Ziegeln ist ja ein Symbol für unser Stadtbild geworden, da hier im sogenannten Blauen Saal das Nobelpreisfest abgehalten wird. Hier wird ein Menü mit mehreren Gängen serviert und die Mitglieder der schwedischen Königsfamilie nehmen als Ehrengäste teil. Das haben Sie sicher schon im Fernsehen gesehen. Das Rathaus wurde 15 Jahre lang erbaut und am 23. Juni 1923 am Mittsommerabend eingeweiht. Die Architektur wurde von der italienischen Renaissance, der nordischen Gotik und islamischer Kunst beeinflusst ...
Ja, jetzt kommen wir in den Stadtteil Gamla Stan, und hier auf der linken Seite sehen Sie das Königsschloss oder Stockholms Schloss. Hier wohnt ja der König mit Königin Silvia. Das Schloss, das aus Stein und Ziegel erbaut ist, wurde 1697 errichtet und ist im Barockstil gehalten. Ich empfehle Ihnen, das Schloss später zu besichtigen und nicht zuletzt die berühmte Wachablösung anzuschauen, die im Sommer jeden Tag um 12:15 Uhr stattfindet.
Die Tour geht jetzt weiter nach Djurgården, wo unter anderem Skansen liegt. Skansen ist ja ein Freiluftmuseum mit Tierpark. Auf Djurgården liegt auch das ABBA-Museum für diejenigen unter Ihnen, die sich für Popmusik interessieren.

Guide 3
Hej och hjärtligt välkomna till den här stadsvandringen i rosornas stad, den vackraste staden i Sverige. Bra att ni har hittat hit till Donners Plats. Jag heter Fredrik Bagge och är äkta gotlänning med stort intresse för historia, arkitektur och arkeologi. Jag hoppas att ni har på er bekväma skor för vandringen kommer att ta drygt två timmar och avslutas vid Stora torget. Jag tänker bland annat berätta för er om vår medeltida stads historia . Som ni kanske redan vet är vår stad en gammal hansestad och är sedan 1995 med på Unescos världsarvslista...
Vi står här vid Visby ringmur en stadsmur som går kring vår stad. Ringmuren är 11 meter hög och har 27 torn.

Muren började byggas på 1100-talet och under 12- och 1300-talet uppfördes de stora tornen. Det äldsta tornet som ni ser här framför er, heter Kruttornet och är ungefär 18 meter högt.
Ja, framför er här ser ni nu Sankta Maria kyrka, vår domkyrka. Den byggdes faktiskt som kyrka för tyska handelsmän. Jag ser att vi har några pigga tyska turister här (skratt)...Den invigdes 1225 av biskop Bengt från Linköping...Men den renoverades utförligt på 1830-talet. Det är faktiskt mycket populärt att gifta sig i den här kyrkan. Låt oss gå in och titta på den!...
Då har vi kommit till Stora torget. Det är roligt att ni har varit med på den här långa vandringen och jag tackar för ert intresse. Jag rekommenderar att ni besöker vår årliga festival "Medeltidsveckan" med medeltida marknad, tornerspel och så vidare, som äger rum i augusti, så kom gärna tillbaka till oss nästa månad...

Stadtwanderung durch Visby
Hallo und herzlich willkommen bei dieser Stadtwanderung durch die Stadt der Rosen, die schönste Stadt Schwedens. Schön, dass Sie hierher zum Donners-Platz gefunden haben. Ich heiße Fredrik Bagge und bin echter Gotländer mit großem Interesse für Geschichte, Architektur und Archäologie. Ich hoffe, Sie haben bequeme Schuhe, denn die Wanderung wird knapp zwei Stunden dauern und am großen Marktplatz enden. Ich habe vor, Ihnen unter anderem etwas über die Geschichte unserer mittelalterlichen Stadt zu erzählen. Wie Sie vielleicht schon wissen, ist unsere Stadt eine alte Hansestadt und steht seit 1995 auf der Liste des Unesco-Weltkulturerbes ...
Wir stehen jetzt an der Ringmauer von Visby, einer Stadtmauer, die um unsere Stadt herum verläuft. Die Ringmauer ist 11 Meter hoch und hat 27 Türme. Die Erbauung der Mauer begann im 12. Jahrhundert und während des 13. und 14. Jahrhunderts wurden die großen Türme errichtet. Der älteste Turm, den Sie hier vor sich sehen, heißt Kruttorn und ist ungefähr 18 Meter hoch.
Ja, vor sich sehen Sie nun die Sankta-Maria-Kirche, unseren Dom. Dieser wurde als Kirche für deutsche Händler errichtet. Ich sehe, wir haben hier auch ein paar aufgeweckte deutsche Touristen dabei ... Er wurde 1225 von Bischof Bengt aus Linköping eingeweiht ... Doch er wurde in den 1830er-Jahren ausgiebig renoviert. Es erfreut sich großer Beliebtheit, in dieser Kirche zu heiraten. Lassen Sie uns hineingehen und sie anschauen!
Jetzt kommen wir zum großen Marktplatz. Toll, dass Sie bei dieser langen Wanderung dabei waren. Ich bedanke mich für Ihr Interesse. Ich empfehle Ihnen den Besuch unseres jährlichen Festivals „Mittelalterwoche" mit mittelalterlichem Markt, Turnier und so weiter, das im August stattfindet, also kommen Sie gern nächsten Monat wieder zu uns ...

Guide 4
Hej och välkomna till den nordligaste staden i Sverige. Jag hoppas att alla från hotellet är med på bussen och att ni har sovit gott i natt trots midnattssolen. Det är ju många av våra turister som har svårt att sova när solen skiner hela natten så här på sommaren.
Planen är att vi idag åker ut mot Icehotel i Jukkasjärvi . Icehotel som från och med nu även har öppet under sommaren är ju ett unikt hotell som många av er säkert ser fram emot att besöka. När vi är framme får ni följa med på en guidad tur runt ishotellet och iskyrkan. Den guidade turen tar cirka 35 minuter. Därefter har ni möjlighet att själva gå runt i Ishotellet och se de olika konstverken i rummen. Efter den turen hämtar vår minibuss er tillbaka till Kiruna. Men innan vi kommer till Ishotellet, tänkte jag berätta lite om vår stad.
Vi är ju ett gruvsamhälle som ni säkert vet. I slutet av 1800-talet började man bryta järnmalm i berget Kiirunavaara och kort därefter grundades staden Kiruna år 1900. Eftersom vi inte har en så lång historia, finns det bara några få kända byggnader hos oss. Den ena är Stadshuset som 1964 fick Sveriges Arkitekters pris som Sveriges vackraste byggnad. Den andra är Kiruna kyrka . Även den har faktiskt belönats som både Sveriges vackraste kyrka och som Sveriges mest omtyckta byggnad. Det är något vi är stolta över. Kyrkan som byggdes 1912 är målad i traditionell svensk rödfärg.
Det som är så fantastiskt är ju att vår stad faktiskt håller på att flyttas! Det finns nämligen risk för farliga sprickor från gruvbrytningen om den ligger kvar. Vårt centrum ska alltså flyttas tre kilometer österut. Vi är nog den första staden i världen som flyttar, tror jag...

Kiruna
Hej und willkommen in der nördlichsten Stadt Schwedens. Ich hoffe, dass alle aus dem Hotel im Bus sitzen und dass Sie heute Nacht trotz der Mitternachtssonne gut geschlafen haben. Viele unserer Touristen haben Schwierigkeiten zu schlafen, wenn die Sonne im Sommer die ganze Nacht scheint.
Der Plan ist, dass wir heute zum Eishotel in Jukkasjärvi hinausfahren. Das Eishotel, das ab jetzt auch im Sommer geöffnet ist, ist ja ein einzigartiges Hotel und viele von Ihnen freuen sich sicher darauf, es zu besuchen. Wenn wir da sind, können Sie an einer geführten Tour um das Hotel und die Eiskirche teilnehmen. Die geführte Tour dauert etwa 35 Minuten. Danach haben Sie die Möglichkeit, selbst durch das Eishotel zu gehen und die unterschiedlichen Kunstwerke in den Zimmern zu sehen. Nach dieser Tour bringt unser Minibus Sie zurück nach Kiruna. Aber ehe wir zum Eishotel kommen, will ich ein wenig über unsere Stadt erzählen.
Wir sind ja eine Bergbaustadt, wie Sie sicher wissen. Ende des 19. Jahrhunderts begann der Abbau von Eisenerz im Berg Kiirunavaara und kurz darauf wurde im Jahr 1900 die Stadt Kiruna gegründet. Da wir keine so lange Geschichte haben, gibt es hier bei uns nur wenige bekannte Bauwerke. Das eine ist das Rathaus, das 1964 den Preis Schwedischer Architekten als Schwedens schönstes Gebäude erhielt. Das andere ist die Kirche von Kiruna. Auch sie wurde ausgezeichnet, sowohl als Schwedens schönste Kirche als auch als Schwedens beliebtestes Gebäude. Darauf sind wir stolz. Die Kirche, die 1912 erbaut wurde, ist mit traditioneller schwedischer roter Farbe gestrichen.
Eine fantastische Sache ist, dass unsere Stadt gerade verlegt wird! Es gibt nämlich das Risiko gefährlicher Risse durch den Bergbau, wenn sie bleibt, wo sie ist. Unser Zentrum wird also drei Kilometer nach Osten verlegt. Wir sind wahrscheinlich die erste Stadt der Welt, die umzieht, glaube ich ...

Übung 8 - Track 7

Arne: Vet du vad? Jag ska åka till Göteborg i juli.
Erik: Nej, vad kul! Vad tänker du göra där?

Arne: Jag tänker åka på en guidad busstur genom stan. Jag har redan köpt biljetten till turen.
Erik: Jaha. Vilka sevärdheter kommer ni att titta på?
Arne: Jag läste på Internet att vi kommer att åka förbi Gustav Adolfs torg.
Erik: Gustav Adolf! Är inte det den där statyn som står på torget?
Arne: Jo, precis. Staden grundades ju av honom 1621, tror jag.
Erik: Wow, tänk att du är så kunnig i historia. Vad kommer ni mer att se?
Arne: Tack! Ja jag är jätteintresserad av historia. Vi kommer också att se Läppstiftet, en skyskrapa som invigdes 1989.

Arne: *Weißt du was? Ich fahre im Juli nach Göteborg.*
Erik: *Nein, wie toll! Was hast du dort vor?*
Arne: *Ich habe vor, bei einer geführten Bustour durch die Stadt mitzufahren. Ich habe schon die Fahrkarte für die Tour gekauft.*
Erik: *Aha. Welche Sehenswürdigkeiten werdet ihr anschauen?*
Arne: *Ich habe im Internet gelesen, dass wir am Gustav-Adolfs-Platz vorbeifahren werden.*
Erik: *Gustav Adolf! Ist das nicht die Statue, die auf dem Platz steht?*
Arne: *Ja, genau. Die Stadt wurde ja 1621 von ihm gegründet, glaube ich.*
Erik: *Wow, was du alles über Geschichte weißt! Was werdet ihr noch sehen?*
Arne: *Danke! Ja, Geschichte interessiert mich wirklich sehr. Wir werden den Lippenstift sehen, einen Wolkenkratzer, der 1989 eingeweiht wurde.*

Übung 9 – Track 8

1. Biljetter köptes av Arne till en guidad busstur.
2. Västkusten måste beskådas när vädret är vackert.
3. Hon har belönats med ett pris.
4. Romantiska böcker läses gärna av många kvinnor.
5. Linbana åks av turister upp på fjället./ Linbana åks upp på fjället av turister.
6. Han besöktes av henne i Stockholm.
7. Hon gavs en resa i present av honom. /Hon gavs en resa av honom i present.
8. Slottet renoverades.

1. *Die Fahrkarten für eine geführte Bustour wurden von Arne gekauft.*
2. *Die Westküste muss man besichtigen, wenn das Wetter schön ist.*
3. *Sie wurde mit einem Preis ausgezeichnet.*
4. *Romantische Bücher werden gern von vielen Frauen gelesen.*
5. *Mit der Seilbahn fahren Touristen auf den Berg.*
6. *Er wurde von ihr in Stockholm besucht.*
7. *Ihr wurde von ihm eine Reise geschenkt.*
8. *Das Schloss wurde renoviert.*

Übung 10 – Track 9

motor	motorer	motorerna
professor	professorer	professorerna
doktor	doktorer	doktorerna
dator	datorer	datorerna
rektor	rektorer	rektorerna
revisor	revisorer	revisorerna
koordinator	koordinatorer	koordinatorerna

LEKTION 8

Übung 2 – Track 10

SAMTAL 1

Lollo: Du, vad har vi för lektion efter rasten?
Bengan: Jag ska kolla på schemat...Vi har matte först och sedan SO. Oh Gud jag har glömt att göra matteläxan! Har du gjort den?
Lollo: Ja, men den var svår. Farsan fick faktiskt hjälpa mig med den. Och du har väl inte glömt att vi har matteprov på fredag?
Bengan: Ja, jädrar. Just det. Jag måste plugga stenhårt ikväll och imorgon. Jag vill ju komma in på naturvetenskapsprogrammet och då måste jag få bra betyg i matte. Annars är det kört.
Lollo: Nej, är det sant? Ska du plugga natur? Ja, själv tänker jag faktiskt söka till samhällsvetenskapsprogrammet eller humanistiska programmet. Jag har nämligen väldigt svårt för ämnen som matte, kemi, fysik och biologi. Däremot gillar jag språk och historia.
Bengan: Ja, Madde tänker väl också söka till humanistiska programmet tror jag. Hon är ju extremt duktig på språk, särskilt franska. Hallå Mange! Hur är läget?
Mange: Jo, det är så där.
Bengan: Vilket program har du tänkt söka till?
Mange: Ja, det beror ju lite på betygen, men jag vill gärna gå teknikprogrammet och kommer jag inte in där så får det väl bli ekonomiprogrammet. Syrran går det och tycker det är jättebra. Men nu måste jag dra. Jag har idrott borta i Berghalla sporthall.

GESPRÄCH 1

Lollo: *Du, welches Fach haben wir nach der Pause?*
Bengan: *Ich schau mal auf dem Stundenplan ... Wir haben erst Mathe und dann Sozialkunde. Oh Gott, ich habe vergessen, die Mathehausaufgabe zu machen! Hast du sie gemacht?*
Lollo: *Ja, aber sie war schwer. Papa musste mir damit helfen. Und du hast ja wohl nicht vergessen, dass wir am Freitag einen Mathetest schreiben?*
Bengan: *Ja, verflixt. Ich muss heute Abend und morgen knallhart büffeln. Ich will ja auf die naturwissenschaftliche Linie [im Gymnasium] kommen, und da muss ich gute Mathenoten haben. Sonst ist es gelaufen.*
Lollo: *Nein, ist das wahr? Du willst auf den naturwissenschaftlichen Zweig? Ich habe vor, mich für die gesellschaftswissenschaftliche oder die geisteswissenschaftliche Linie zu bewerben. Ich tue mich nämlich mit Fächern wie Mathe, Chemie, Physik und Biologie schwer. Dagegen mag ich Sprachen und Geschichte.*
Bengan: *Ja, Madde hat wohl auch vor, sich für die geisteswissenschaftliche Linie zu bewerben, glaube ich.*

Sie ist ja extrem gut in Sprachen, vor allem Französisch. Hallo Mange! Wie ist die Lage?

Mange: *Ja, geht so.*

Bengan: *Auf welche Linie willst du dich bewerben?*

Mange: *Ja, das hängt ein bisschen von den Noten ab, aber ich will gerne auf die technische Linie, und wenn ich da nicht reinkomme, dann wird es wohl die Wirtschaftslinie. Meine Schwester macht das und findet es richtig gut. Aber jetzt muss ich abhauen. Ich habe Sport drüben in der Berghalla-Sporthalle.*

SAMTAL 2

Kerstin: Hej Daniel! Det var längesedan vi sågs. Är det ledigt här?

Daniel: Hej Kerstin! Kul att se dig. Javisst, det är bara att slå sig ner.

Kerstin: Ska se hur det här smakar. Det är rödspätta med hummersås. Mm det var inte dumt.

Daniel: Ja, jag skulle ha tagit den rätten i stället. Kåldolmarna var lagom goda. Men vad gör du nuförtiden? Jag har inte sett dig sedan vi slutade gymnasiet, tror jag?

Kerstin: Jag pluggar biologi. Jag läser sjätte terminen just nu och sedan blir jag förhoppningsvis färdig med min kandidatexamen på 180 högskolepoäng.

Daniel: Oj, jag hade ju aldrig trott att du skulle läsa biologi! Du var ju alltid så bra på engelska och spanska. Ja, själv läser jag ekonomi. Jag håller just nu på och skriver min masteruppsats, vilket är väldigt jobbigt. Jag är helstressad.

Kerstin: Ja, det kan jag tänka mig. Då har du redan kommit långt med dina studier. Åh här kommer min kursare. Hallå Anders, kom och sätt dig här!

Anders: Tjena Kerstin. Jag får äta snabbt idag. Jag måste iväg till föreläsningen som börjar om tio minuter och därefter ska jag träffa min handledare. Hon vill diskutera mitt examensarbete. Hoppas att jag inte behöver ändra på för mycket.

Kerstin: Ja, när du säger det måste jag också ta kontakt med min handledare. Han är alltid så svår att få tag på, jämt upptagen. Förresten det här är min gamla klasskamrat från gymnasiet Daniel...

GESPRÄCH 2

Kerstin: *Hej Daniel! Lange nicht gesehen! Ist hier noch frei?*

Daniel: *Hej Kerstin! Schön, dich zu sehen. Ja klar, setz dich einfach.*

Kerstin: *Mal sehen, wie das hier schmeckt. Es ist Scholle mit Hummersoße. Mmh, gar nicht so schlecht.*

Daniel: *Ja, das Gericht hätte ich auch besser nehmen sollen. Die Kohlrouladen waren ganz in Ordnung. Aber was machst du mittlerweile? Ich habe dich nicht mehr gesehen, seit wir das Gymnasium beendet haben, glaube ich.*

Kerstin: *Ich studiere Biologie. Ich bin jetzt im sechsten Semester und werde danach hoffentlich mit 180 Credit Points meinen Bachelorabschluss machen.*

Daniel: *Oh, ich hätte nie geglaubt, dass du Biologie studieren würdest! Du warst ja immer so gut in Englisch und Spanisch. Ja, also ich studiere Wirtschaft. Jetzt gerade schreibe ich meine Masterarbeit, was echt anstrengend ist. Ich bin total gestresst.*

Kerstin: *Ja, das kann ich mir vorstellen. Dann bist du schon ganz schön weit gekommen in deinem Studium. Ah, da kommt mein Kommilitone. Hallo, Anders, komm und setz dich hierher!*

Anders: *Hi Kerstin. Ich muss heute schnell essen. Ich muss zur Vorlesung, die in zehn Minuten beginnt, und danach treffe ich meine Betreuerin. Sie will meine Abschlussarbeit mit mir besprechen. Hoffentlich muss ich nicht zu viel ändern.*

Kerstin: *Ja, jetzt wo du das sagst – ich muss auch Kontakt mit meinem Betreuer aufnehmen. Er ist immer so schwer zu erreichen, ständig beschäftigt. Übrigens, das hier ist mein ehemaliger Mitschüler aus dem Gymnasium, Daniel ...*

SAMTAL 3

Lärare: Ja, då har ni sidan 175-180 i läroboken i läxa till imorgon. Glöm inte att välja ut en artikel ur en dagstidning som ni sammanfattar med egna ord och berättar om för kurskamraterna i övermorgon. Tack för idag!

Claudia: Ursäkta jag har en fråga. Går det bra om jag sammanfattar artikeln på måndag nästa vecka i stället? Min familj kommer på besök imorgon och jag tänker visa dem några sevärdheter i stan. Dessutom ska jag ju hämta dem på flygplatsen och fixa mat och så... Det blir alltså svårt för mig att hinna med tidningsartikeln.

Lärare: Ja, egentligen så ska ju studierna komma i första hand, men det går bra den här gången. Hur går det annars för dig med allting?

Claudia: Jo, det går relativt bra. Jag försöker att förbättra min svenska genom att titta på såpoperor och nyheter på TV och sedan snackar jag med min granne så ofta jag kan. Men det är svårt därför att svenskar ofta börjar tala engelska med mig när de hör att jag har tysk brytning. På det sättet får man inte så mycket träning i att tala språket

Lärare: Ja, det är ett problem som många utlänningar har i Sverige, särskilt de som pratar engelska. Jag brukar säga att man helt enkelt får insistera på att fortsätta tala svenska i sådana fall. Vad har du egentligen för framtidsplaner i Sverige Claudia? Du har ju berättat att du har jobbat inom sjukvården i Tyskland...

Claudia: Jag tänker absolut stanna i Sverige om jag kan. Jag har alltid gillat naturen här. Jag tror att vi tyskar har en ganska romantisk uppfattning om Sverige och den svenska kulturen och naturen, du vet vi ser "Astrid Lindgren idyllen" framför oss. Men jag måste definitivt förbättra mina färdigheter i svenska, särskilt i läsning och skrivning. Först och främst vill jag klara Sfi-provet på D-nivå och sedan kommer jag att gå en kurs i svenska för utländsk vårdpersonal. Jag är legitimerad sjuksköterska och vill gärna arbeta som det i Sverige. Det finns ett särskilt prov i yrkessvenska med medicinsk inriktning som jag måste klara om jag vill jobba här, har jag hört. Jag har glömt vad det heter...

Lärare: Ja, just det. Det heter PYS och är på C1-nivå. Jag kan ta med några broschyrer om det provet nästa gång, om du vill.

GESPRÄCH 3:

Lehrer: *Ja, dann habt ihr die Seiten 175 bis 180 aus dem Lehrbuch bis morgen als Hausaufgabe. Vergesst nicht, einen Artikel aus einer Tageszeitung auszuwählen, den ihr mit eigenen Worten zusammenfasst und von dem ihr den anderen Kursteilnehmern übermorgen erzählt. Danke für die heutige Stunde!*

Claudia: *Entschuldige, ich habe eine Frage. Ist es in Ordnung, wenn ich den Artikel stattdessen am Montag nächste Woche zusammenfasse? Meine Familie kommt morgen zu Besuch und ich habe vor, ihnen ein paar Sehenswürdigkeiten in der Stadt zu zeigen. Außerdem muss ich sie ja vom Flughafen abholen und Essen machen und so weiter ... Es wird also schwer für mich, das mit dem Zeitungsartikel zeitlich zu schaffen.*

Lehrer: *Ja, eigentlich sollte das Lernen ja immer an erster Stelle kommen, aber für dieses Mal ist es ok. Wie läuft es sonst bei dir mit allem?*

Claudia: *Ja, es läuft ganz gut. Ich versuche, mein Schwedisch zu verbessern, indem ich im Fernsehen Seifenopern und Nachrichten anschaue und so oft wie möglich mit meinem Nachbar rede. Aber es ist schwer, denn die Schweden fangen oft an, Englisch mit mir zu reden, sobald sie hören, dass ich einen deutschen Akzent habe. So bekommt man nicht so viel Übung darin, die Sprache zu sprechen.*

Lehrer: *Ja, das ist ein Problem, das viele Ausländer in Schweden haben, vor allem die, die Englisch sprechen. Ich sage immer, dass man in solchen Fällen einfach darauf bestehen soll, Schwedisch zu reden. Was sind eigentlich deine Zukunftspläne in Schweden, Claudia? Du hast ja erzählt, dass du in Deutschland im Gesundheitswesen gearbeitet hast ...*

Claudia: *Ich habe auf jeden Fall vor, in Schweden zu bleiben, wenn ich kann. Ich mochte schon immer die Natur hier. Ich glaube, dass wir Deutschen eine ziemlich romantische Vorstellung von Schweden und der schwedischen Natur und Kultur haben -wir haben die Astrid-Lindgren-Idylle vor Augen, weißt du? Aber ich muss auf jeden Fall meine Schwedischkenntnisse verbessern, vor allem im Lesen und Schreiben. Zunächst will ich die Sfi-Prüfung auf D-Niveau schaffen und danach werde ich einen Schwedischkurs für ausländisches Pflegepersonal besuchen. Ich bin ausgebildete Krankenschwester und will gerne in Schweden als Krankenschwester arbeiten. Es gibt eine spezielle Prüfung für berufliches Schwedisch mit medizinischer Ausrichtung, die ich bestehen muss, wenn ich hier arbeiten will, habe ich gehört. Ich habe vergessen, wie sie heißt ...*

Lehrer: *Ja, genau. Sie heißt PYS und ist auf C1-Niveau. ich kann nächstes Mal ein paar Broschüren über diese Prüfung mitbringen, wenn du willst ...*

SAMTAL 4

Faster Margareta: Hej Cecilia min gulliga brorsdotter. Vad stor du har blivit! Det är flera år sedan jag såg dig sist. Tänk vad tiden går! Hur gammal är du nu?

Cecilia: Jag är sjutton år.

Faster Margareta: Jaha. Då har du redan gått ut grundskolan. Vad går du för linje?

Cecilia: Det heter program nuförtiden. Jag går på det estetiska programmet.

Faster Margareta: Ja, tänk vad de ändrar på allting i skolan nuförtiden. Namn, betygssystem och läroplan. Man experimenterar och experimenterar med den svenska skolan. Det finns ingen stabilitet längre, tycker jag. Det estetiska programmet sa du. Vad läser man där?

Cecilia: Det kallas det estetiska programmet med inriktning på musik. Det betyder att vi har många lektioner i musik av olika slag. Jag vill ju gärna bli pianist i framtiden.

Faster Margareta: Jamen, är det så klokt? Det är ju väldigt svårt att få jobb inom musikbranschen.

Pappa: Men Margareta. Det är ju viktigt att barnen får läsa något som de tycker om och inte bara tänka på vilket arbete man tjänar mest pengar på i framtiden. Vi tycker att det är viktigt att Cecilia som är så musikalisk kan få utveckla sin talang på det här programmet.

Faster Margareta: Nja, jag är inte helt säker på att det är en så bra idé ändå...

GESPRÄCH 4

Tante Margareta: *Hej Cecilia, meine süße Nichte. Wie groß du geworden bist! Es ist ja schon Jahre her, dass ich dich das letzte Mal gesehen habe. Wie die Zeit vergeht! Wie alt bist du jetzt?*

Cecilia: *Ich bin 17 Jahre alt.*

Tante Margareta: *Aha. Dann bist du schon fertig mit der Grundschule. Auf welchem Zug bist du jetzt?*

Cecilia: *Das heißt jetzt Zweig. Ich bin auf dem ästhetischen Zweig.*

Tante Margareta: *Ja, was sie bei der Schule heutzutage immer alles ändern. Namen, Notensystem und Lehrpläne. Man experimentiert und experimentiert mit der schwedischen Schule. Es gibt keine Stabilität mehr, finde ich. Der ästhetische Zweig, sagt du. Was lernt man denn da?*

Cecilia: *Es heißt ästhetischer Zweig mit musischer Ausrichtung. Das heißt, dass wir viel verschiedenen Musikunterricht haben. Ich will ja gerne später Pianistin werden.*

Tante Margareta: *Aber ist das denn so klug? Es ist ja sehr schwer, in der Musikbranche eine Stelle zu finden.*

Vater: *Aber Margareta. Es ist ja wichtig, dass die Kinder etwas lernen dürfen, was sie gerne mögen und nicht nur daran denken, womit man in Zukunft am meisten Geld verdient. Wir finden es wichtig, dass Cecilia, die so musikalisch ist, auf diesem Zweig ihr Talent entwickeln kann.*

Tante Margareta: *Naja, ich bin trotzdem nicht so sicher, ob das eine gute Idee ist ...*

Übung 10 - Track 11

När jag var sex år började jag i ettan på lågstadiet i Landalaskolan. Där gick jag i tre år och trivdes bra eftersom jag gillade min första lärare. Och sedan fortsatte jag att gå på mellanstadiet, alltså årskurs fyra till sex på en annan skola som hette Guldhedsskolan. Jag flyttade igen till en tredje skola när jag började högstadiet. Jag gillade ämnen som svenska, engelska och fysik men jag tyckte inte om franska, biologi och kemi. Jag valde att gå naturvetenskapsprogrammet på gymnasiet och jag fick särskilt bra betyg i matte och fysik. Efter gymnasiet studerade jag maskinteknik på Chalmers tekniska högskola i Göteborg. Det var ganska svårt men efter att ha pluggat i fem år har jag en civilingenjörexamen och en masterexamen och 300 högskolepoäng. Jag tänker söka jobb som ingenjör på en bilfirma. Men först ska jag åka utomlands ett år.

Als ich sechs war, kam ich in die erste Klasse der Grundstufe in der Landalaschule. Dort war ich drei Jahre lang und es gefiel mir gut, weil ich meinen ersten Lehrer gern mochte. Danach ging ich in einer anderen Schule namens Guldhedsskolan in die Unterstufe, also Klasse vier bis sechs. Ich wechselte auf eine dritte Schule, als ich die Mittelstufe begann. Ich mochte Fächer wie Schwedisch, Englisch und Physik, aber Französisch, Biologie und Chemie mochte ich nicht. Ich entschied, auf dem Gymnasium die naturwissenschaftliche Linie zu besuchen und bekam besonders gute Noten in Mathe und Physik. Nach dem Gymnasium studierte ich Maschinenbau auf der Hochschule für Technik Chalmers in Göteborg. Es war ziemlich schwer, aber nach fünf Jahren Studium habe ich nun einen Ingenieursabschluss und einen Masterabschluss sowie 300 Credit Points. Ich habe vor, mich als Ingenieur bei einer Automobilfirma zu bewerben. Aber zuerst will ich ein Jahr ins Ausland.

Übung 12 - Track 12

schema - matematik - fysik - kemi - biologi - historia - idrott - ekonomi - teknik - betyg - gymnasiet - examen - musik - pianist - Sfi - *läsning* - skrivning - broschyr - nybörjare - uttal - grammatik - konversation - undervisning - ingenjör

Stundenplan - Mathematik - Physik - Chemie - Biologie - Geschichte - Sport - Wirtschaft - Technik - Note - Gymnasium - Examen - Musik - Pianist - Sfi - Lesen - Schreiben - Broschüre - Anfänger - Aussprache - Grammatik - Unterhaltung - Unterricht - Ingenieur

Übung 13 - Track 13

Jag har glömt att göra matteläxan.
Kul att se dig!
Det är bara att slå sig ned.
Han är alltid så svår att få tag på.
Sedan kommer jag att gå en kurs.
Det kommer att snöa imorgon.
Jag valde att gå naturvetenskapsprogrammet.

Ich habe vergessen, die Mathehausaufgabe zu machen.
Schön, dich zu sehen!
Setz dich einfach.
Er ist immer so schwer zu erreichen.
Danach werde ich einen Kurs besuchen.
Morgen wird es schneien.
Ich habe die naturwissenschaftliche Linie gewählt.

LEKTION 9

Übung 3 - Track 14

SAMTAL 1

Nina: Hur länge arbetar du idag?
Patrik: Jag jobbar fram till klockan tjugotvå ikväll. Och du?
Nina: Till klockan tjugo. Jag hade precis en så jobbig kund. Hon la upp massor med varor på bandet och sedan när hon skulle betala hade hon vare sig kontanter eller kort. Dem hade hon glömt hemma. Jag blir så stressad av det här jobbet. Det är alltid sena arbetstider och jag har ständigt ont i ryggen. Dåligt betalt är det ju också. Jag funderar på att byta jobb om jag kan.
Patrik: Jag håller med dig om att lönen inte är bra. Det är synd att skatten tar så mycket av lönen. Vi behöver ett jobb som är mer välbetalt.

GESPRÄCH 1

Nina: *Wie lang arbeitest du heute?*
Patrik: *Ich arbeite bis heute Abend um zehn. Und du?*
Nina: *Bis um acht. Ich hatte gerade eine so anstrengende Kundin. Sie hat eine Menge Waren aufs Band gelegt und dann, als sie bezahlen sollte, hatte sie weder Bargeld noch eine Karte. Die hatte sie zu Hause vergessen. Dieser Job stresst mich so. Es sind immer lange Arbeitszeiten und ich habe ständig Rückenschmerzen. Schlecht bezahlt ist es außerdem. Ich denke darüber nach, den Job zu wechseln, wenn ich kann.*
Patrik: *Ich finde auch, dass der Lohn nicht gut ist. Es ist schade, dass die Steuer so viel vom Lohn wegnimmt. Wir brauchen einen besser bezahlten Job.*

SAMTAL 2

Per: Är artikeln färdigskriven än?
Linnea: Nej, jag har inte haft så mycket tid. Först så måste jag handleda mina fem doktorander och sedan åker jag på en konferens i Chile och måste förbereda en föreläsning som jag ska hålla där. Jag hoppas att jag får artikeln färdigskriven nästa månad.
Per: Ja, det är jätteviktigt att våra resultat blir publicerade så snart som möjligt. Det är av yttersta vikt för vår nya ansökan. Jag tittade på Google Scholar idag och Oskar Josefsson och hans grupp har redan många fler citat än vad vi har. Vi bör försöka att publicera i tidskriften Science den här gången så att vårt arbete blir väl ansett.

GESPRÄCH 2

Per: *Ist der Artikel schon fertiggeschrieben?*
Linnea: *Nein, ich habe nicht so viel Zeit gehabt. Zuerst muss ich meine fünf Doktoranden betreuen und dann fahre ich auf eine Konferenz nach Chile und muss eine Vorlesung vorbereiten, die ich dort halten soll. Ich hoffe, ich bekomme den Artikel nächsten Monat fertiggeschrieben.*
Per: *Ja, es ist sehr wichtig, dass unsere Ergebnisse so bald wie möglich veröffentlicht werden. Das ist von größter Bedeutung für unseren neuen Antrag. Ich habe heute bei Google Scholar geschaut, und*

Oskar Josefsson und sein Team haben schon viel mehr Zitate als wir. Wir sollten versuchen, dieses Mal in der Zeitschrift Science zu veröffentlichen, damit unsere Arbeit ein hohes Ansehen bekommt.

SAMTAL 3

Bo: Är allting förberett inför vigseln?

Berit: Ja, nästan. Alla blombuketter står på altaret och på trappan upp till predikstolen...Ljusen är också framställda...Dessutom är smörgåsarna bredda inför kyrkkaffet senare.

Bo: Har organisten kommit än? Jag måste prata med honom om vilka psalmer som ska spelas. Brudens mamma ringde mig igår kväll och ville ändra på några av dem.

Berit: Ja, han ringde och sa att han tyvärr blir lite försenad och, ja just det, pappan till det lilla flickebarnet som blev döpt förra veckan hörde av sig och ville tala med dig så snart som möjligt.

Bo: Usch, jag har alldeles för mycket att göra. Jag har inte förberett mig tillräckligt för konfirmationsresan nästa månad. Vi har så många konfirmander i år.

GESPRÄCH 3

Bo: *Ist alles für die Trauung vorbereitet?*

Berit: *Ja, fast. Alle Blumengestecke stehen auf dem Altar und auf der Treppe hoch zur Kanzel. Die Kerzen sind auch platziert. Außerdem sind die Brote für den Kaffee nach der Kirche nachher vorbereitet.*

Bo: *Ist der Organist schon gekommen? Ich muss mit ihm darüber sprechen, welche Psalmen gespielt werden sollen. Die Mutter der Braut hat mich gestern angerufen und wollte ein paar davon ändern.*

Berit: *Ja, er hat angerufen und gesagt, dass er sich leider etwas verspätet, und ach ja, der Vater des kleinen Mädchens, das letzte Woche getauft wurde, hat sich gemeldet und wollte so bald wie möglich mit dir sprechen.*

Bo: *Uff, ich habe viel zu viel zu tun. Ich habe mich noch nicht genug auf die Konfirmationsreise nächsten Monat vorbereitet. Wir haben dieses Jahr so viele Konfirmanden.*

SAMTAL 4

Linus: Gustav Antonsson, du vet den där besvärliga kunden, ringde precis igen och frågade när vi kan leverera och montera köket. Han verkar vara väldigt otålig nu.

Andreas: Ja, alla dessa tjatiga kunder som ständigt ringer. Vi är ju just ett finsnickeri och då måste de fatta att det tar tid att ta fram specialanpassade och platsbyggda kök. Det handlar ju faktiskt inte om några vanliga standardiserade IKEA-kök! Att de inte kan förstå det!

GESPRÄCH 4

Linus: *Gustav Antonsson, du weißt schon, dieser anstrengende Kunde hat gerade wieder angerufen und gefragt, wann wir die Küche liefern und aufbauen können. Er scheint jetzt sehr ungeduldig zu sein.*

Andreas: *Ja, die ganzen nörgelnden Kunden, die ständig anrufen. Wir sind eben eine Maßschreinerei, und da müssten sie ja kapieren, dass es dauert, bis maßgeschneiderte und vor Ort aufgebaute Küchen fertig sind. Es geht ja nicht um gewöhnliche Standard-Ikea-Küchen! Dass sie das nicht verstehen!*

SAMTAL 5

Sandra: Jaha, hej, vad kan jag hjälpa er med?

Anita: Jo, det här är Putte, vår lilla söta undulat. Han har inte ätit på flera dagar. Han sitter mest på sin pinne och ser slö ut. Han andas tungt och är väldigt uppburrad. Vi är så oroliga. Vad ska vi göra?

Sandra: Hur gammal är den lille patienten?

Anita: Han är snart åtta år. Tror du att han kan bli frisk och kry igen?

Sandra: Åtta år är en hög ålder för en mindre fågel som er undulat. Men jag ska undersöka honom närmare . Först börjar jag med att titta på hans näbb och sedan känner jag på hans bröst och buk...

GESPRÄCH 5

Sandra: *Hallo, womit kann ich helfen?*

Anita: *Ja, das hier ist Putte, unser kleiner süßer Wellensittich. Er hat seit einigen Tagen nichts gefressen. Er sitzt meistens nur auf seiner Stange und sieht träge aus. Er atmet schwer und ist sehr aufgeplustert. Wir machen uns solche Sorgen. Was sollen wir tun?*

Sandra: *Wie alt ist der kleine Patient?*

Anita: *Er ist bald acht Jahre. Glauben Sie, er kann wieder gesund und fit werden?*

Sandra: *Acht Jahre sind ein hohes Alter für einen kleinen Vogel wie Ihren Wellensittich. Aber ich werde ihn genauer untersuchen. Ich sehe mir zunächst seinen Schnabel an und fühle dann seine Brust und seinen Bauch ...*

SAMTAL 6

Nils: Kan du beskriva ditt nuvarande jobb?

Hedda: Jag arbetar just nu som personlig assistent för en företagsledare, där jag bland annat håller reda på kalendern, administrerar hans sammanträden och resor, bokar in möten och skriver ut brev och affärshandlingar...

Nils: Vilka är dina starka sidor?

Hedda: Jag tror att jag är pålitlig, alltså man kan lita på att jag utför de uppgifter som jag tar mig an i god tid. Dessutom är jag disciplinerad och jag har lätt för att kommunicera med andra människor.

Nils: Vilka är dina svagheter?

Hedda: Jaa, kanske är jag lite för självkritisk ibland och jag tror nog att jag ofta vill göra min omgivning nöjd, vilket ju hör lite till mitt jobb. Även om mina datakunskaper är goda, kan det hända att jag inte är uppdaterad på den senaste programvaran. Men jag brukar lära mig fort!

Nils: Mm, varför vill du jobba hos oss?

Hedda: Jag gillar ert företag eftersom det är så seriöst och välkänt och jag ser det som en utmaning att få arbeta hos er...

3

AUDIOTEXTE

GESPRÄCH 6

Nils: *Können Sie Ihre derzeitige Stelle beschreiben?*
Hedda: *Ich arbeite zur Zeit als persönliche Assistentin eines Firmenchefs, wobei ich mich unter anderem um den Terminkalender kümmere, seine Besprechungen und Reisen koordiniere, Treffen plane und Briefe und geschäftliche Dokumente schreibe ...*
Nils: *Was sind Ihre Stärken?*
Hedda: *Ich denke, dass ich zuverlässig bin, man kann sich also darauf verlassen, dass ich die Aufgaben, die ich annehme, rechtzeitig erledige. Außerdem bin ich diszipliniert und es fällt mir leicht, mit anderen Menschen zu kommunizieren.*
Nils: *Was sind Ihre Schwächen?*
Hedda: *Ja, vielleicht bin ich manchmal ein bisschen zu selbstkritisch, und ich glaube, dass ich oft mein Umfeld zufriedenstellen möchte, was ja ein bisschen zu meinem Job gehört. Auch wenn meine Computerkenntnisse gut sind, kann es passieren, dass ich bei der neusten Software nicht auf dem aktuellen Stand bin. Aber ich lerne für gewöhnlich schnell!*
Nils: *Mhm, warum wollen Sie bei uns arbeiten?*
Hedda: *Ich mag Ihr Unternehmen, weil es so seriös und bekannt ist, und ich sehe es als Herausforderung, bei Ihnen arbeiten zu dürfen ...*

Übung 10 - Track 15

1. Den nya datorn är redan installerad på kontoret och det nya programmet blir också installerat. Vad bra att både datorn och programmet är installerade fram till imorgon.
2. Jag hoppas att intervjuarens intresse är fångat och att jag blir anställd snarast möjligt. Jag måste bli bättre betald. Det jobb som jag har nu är inte särskilt väl betalt.
3. Han önskar så att han blir uppsökt av en headhunter via sin LinkedIn-profil på Internet. Många människor blir uppsökta där har han hört.
4. Kriminella blir sällan trodda i domstolen trots att deras advokater försvarar dem. Som präst blir man ofta trodd av församlingen eftersom många tycker att man har ett seriöst yrke.
5. Mitt cv är redan färdigskrivet och skickat. Nu väntar jag bara på ett positivt svar.
6. Jag kommer att bli intervjuad imorgon. Därför är jag jättenervös och superstressad.
7. Hon blev väl emottagen av receptionisten på läkarmottagningen. Sedan blev hon undersökt av en läkare i allmänmedicin. Läkaren är väl ansedd av många patienter.

1. *Der neue Computer im Büro ist schon eingerichtet, und das neue Programm wird auch installiert. Gut, dass bis morgen sowohl Computer als auch Programm eingerichtet sind.*
2. *Ich hoffe, dass das Interesse des Gesprächspartners [im Bewerbungsgespräch] geweckt wurde und dass ich so bald wie möglich angestellt werde. Ich muss besser bezahlt werden. Die Stelle, die ich jetzt habe, ist nicht besonders gut bezahlt.*
3. *Er wünscht sich so, über sein LinkedIn-Profil im Internet von einem Headhunter kontaktiert zu werden. Viele Menschen wurden dort kontaktiert, hat er gehört.*
4. *Kriminellen wird vor Gericht selten Glauben geschenkt, obwohl ihre Anwälte sie verteidigen. Als Priester schenkt einem die Gemeinde oft Glauben, da viele glauben, dass man einen seriösen Beruf hat.*
5. *Mein Lebenslauf ist fertiggeschrieben und verschickt.*
6. *Ich habe morgen ein Bewerbungsgespräch. Darum bin ich total nervös und sehr gestresst.*
7. *Sie wurde von der Sprechstundenhilfe in der Arztpraxis gut empfangen. Danach wurde sie von einem Allgemeinmediziner untersucht. Der Arzt ist bei vielen Patienten angesehen.*

Übung 11 - Track 16

Catherine: Varför vill du arbeta för oss?
Börje: Jag tycker att ert företag är välkänt och seriöst och jag ser det som en utmaning att arbeta hos er.
Catherine: Vilka är dina starka sidor?
Börje: Jag tror att jag är pålitlig och disciplinerad och jag har lätt för att kommunicera med andra människor. Dessutom är jag serviceinriktad och välorganiserad.
Catherine: Vilka är dina svaga sidor?
Börje: Kanske är jag lite för självkritisk ibland och jag tror nog att jag ofta vill göra min omgivning nöjd. Jag är heller inte alltid uppdaterad på den senaste programvaran. Men jag brukar lära mig fort!
Catherine: Var ser du dig själv om fem år?
Börje: Jag vet inte exakt var jag är men jag hoppas att de erfarenheter och kunskaper jag bygger upp kommer att hjälpa företaget att nå sina mål.
Catherine: Hur hanterar du stress?
Börje: Jag försöker att prioritera det som är viktigast att göra och ibland ber jag kollegor om hjälp. Jag lyssnar gärna på musik eller målar tavlor för att stressa av på fritiden.

Catherine: *Warum wollen Sie bei uns arbeiten?*
Börje: *Ich denke, dass Ihr Unternehmen bekannt und seriös ist und sehe es als Herausforderung, bei Ihnen zu arbeiten.*
Catherine: *Was sind Ihre Stärken?*
Börje: *Ich denke, ich bin zuverlässig und diszipliniert und es fällt mir leicht, mit anderen Menschen zu kommunizieren. Außerdem bin ich dienstleistungsorientiert und strukturiert.*
Catherine: *Was sind Ihre Schwächen?*
Börje: *Vielleicht bin ich manchmal zu selbstkritisch und ich glaube, dass ich oft mein Umfeld zufriedenstellen will. Ich bin auch nicht immer ganz auf dem aktuellsten Stand, was die neuste Software angeht. Aber ich lerne normalerweise schnell!*
Catherine: *Wo sehen Sie sich in fünf Jahren?*
Börje: *Ich weiß es nicht genau, aber ich hoffe, dass die Erfahrung und die Kenntnisse, die ich aufbaue, dem Unternehmen dabei helfen können, seine Ziele zu erreichen.*
Catherine: *Wie gehen Sie mit Stress um?*
Börje: *Ich versuche, vorzugsweise das als Erstes zu machen, was am wichtigsten ist, und manchmal bitte ich Kollegen um Hilfe. Ich höre gern Musik*

oder male Bilder, um in meiner Freizeit Stress abzubauen.

Übung 12 - Track 17

jobb - jordbruk - Göteborg - arbetsgivare - djur - ljus - hjälp - gjorde
fysioterapeut - arbetsterapeut

Arbeit - Landwirtschaft - Göteborg - Arbeitgeber - Tier - Licht - Hilfe - machte
Physiotherapeut - Beschäftigungstherapeut

LEKTION 10

Übung 2 - Track 18

Sabine: Du, kan du berätta lite om hur det går till att rösta i Sverige?

Albin: Javisst gärna. Det finns fyra allmäna val nämligen till riksdagen, till landstingsfullmäktige, till kommunfullmäktige och till Europaparlamentet.

Sabine: Hur ofta hålls valen?

Albin: Ordinarie val till riksdagen, landstinget och kommunerna hålls den andra söndagen i september vart fjärde år. Valet till Europaparlamentet hålls vart femte år.

Sabine: Får alla lov att rösta?

Albin: Nja, du måste ha fyllt 18 år senast på valdagen. Man har rösträtt till riksdagen om man är svensk medborgare och eller har varit folkbokförd i Sverige. Till kommun- och landstingfullmäktige har du rösträtt om du är svensk medborgare och är folkbokförd i kommunen eller landstinget. Som medborgare i något av EU:s medlemsländer och om du är folkbokförd i kommunen eller landstinget får du också rösta. Om du är medborgare i något annat land och har varit folkbokförd i Sverige i tre år samt i kommunen eller landstinget går det också bra att rösta.

Sabine: Är det populärt att rösta i Sverige?

Albin: Ja, alltså i det senaste riksdagsvalet så deltog cirka 85 procent av befolkningen, så vitt jag vet.

Sabine: Ja, då är ju valdeltagandet ganska högt kan man säga. Men jag kan ju tyvärr inte själv få rösta i riksdagsvalet då.

Albin: Nej, men vilket parti skulle du rösta på, om du fick välja?

Sabine: Jag vet inte! För det måste jag känna till mer om de olika partiernas valprogram.

Sabine: *Kannst du ein bisschen erzählen, wie man in Schweden wählt?*

Albin: *Ja klar, gerne. Es gibt vier allgemeine Wahlen, nämlich die Wahl des Parlaments, des Provinziallandtags, des Gemeinderats und des Europaparlaments.*

Sabine: *Wie oft werden die Wahlen abgehalten?*

Albin: *Die regulären Wahlen für das Parlament, den Provinziallandtag und die Gemeinden werden alle vier Jahre am zweiten Sonntag im September abgehalten. Die Wahl des Europaparlaments wird alle fünf Jahre abgehalten.*

Sabine: *Dürfen alle wählen?*

Albin: *Naja, man muss spätestens am Wahltag 18 Jahre alt sein. Das Parlament darf man wählen, wenn man die schwedische Staatsbürgerschaft hat oder in Schweden gemeldet ist. Beim Gemeinderat und Provinziallandtag hat man das Stimmrecht, wenn man die schwedische Staatsbürgerschaft hat und in der Gemeinde oder Provinz gemeldet ist. Als Bürger eines EU-Mitgliedslands und wenn man in der Gemeinde oder Provinz gemeldet ist darf man auch wählen. Wenn man Staatsbürger eines anderen Landes ist und seit drei Jahren in Schweden gemeldet und in der Gemeinde oder Provinz gemeldet ist, kann man ebenfalls wählen.*

Sabine: *Ist Wählen in Schweden beliebt?*

Albin: *Ja, also an der letzten Parlamentswahl haben so weit ich weiß etwa 85 Prozent der Bevölkerung teilgenommen.*

Sabine: *Ja, dann ist die Wahlbeteiligung ja ziemlich hoch, kann man sagen. Aber ich kann ja leider bei der Parlamentswahl nicht wählen*

Albin: *Nein, aber für welche Partei würdest du stimmen, wenn du wählen dürftest?*

Sabine: *Ich weiß es nicht! Dafür müsste ich mehr über die Wahlprogramme der Parteien wissen.*

Übung 4 - Track 19

Vilket parti skulle du rösta på i riksdagsvalet om det vore val idag?
På den här frågan har Sifo sammanställt statistik för april som vi presenterar här på nyheterna idag. Vi börjar med vänsterblocket. Socialdemokraterna går upp med en procentenhet jämfört med förra månaden och ligger nu på 28,4 procent. Miljöpartiet ligger kvar på fyra procent, alltså oförändrat, och Vänsterpartiet hamnar på 8,1 procent.
Vi går vidare till det borgerliga blocket där 23 procent av befolkningen skulle rösta på Moderaterna. De har alltså gått ner med tre procentenheter den här månaden. För Liberalerna skulle 4,4 procent rösta och för Kristdemokraterna endast 3,4 procent. De har sjunkit med 0,2 procentenheter sedan förra månaden. Centerpartiet når upp till 10,8 procent alltså en ökning med två procentenheter och slutligen utanför de bägge blocken kommer vi till Sverigedemokraterna som ligger på 14,8 procent.
Vi ser alltså här en blockskillnad på 0,0 procentenheter där Alliansen får 40,5 procent av rösterna och de rödgröna likaså 40,5 procent, vilket är relativt ovanligt men det kan fortfarande ändra sig fram till valet i september. Vi fortsätter att hålla er informerade med opinionsmätningar inför riksdagsvalet månad för månad Och nu till vädret... Vad blir det för väder imorgon Anita?...

Welche Partei würden Sie bei der Parlamentswahl wählen, wenn heute Wahl wäre?
Zu dieser Frage hat Sifo eine Statistik für den April zusammengestellt, die wir heute in den Nachrichten präsentieren. Wir fangen mit dem linken Block an. Die Sozialdemokraten verbessern sich im Vergleich zum Vormonat um einen Prozentpunkt und liegen jetzt bei 28,4 Prozent. Die Umweltpartei liegt immer noch bei vier Prozent, also unverändert, und die Linkspartei landet bei 8,1 Prozent.
Gehen wir zum bürgerlichen Block, wo 23 Prozent der Bevölkerung die Moderaten wählen würden. Sie sind in diesem

Monat also um drei Prozentpunkte gesunken. Für die Liberalen würden 4,4 Prozent stimmen und für die Christdemokraten nur 3,4 Prozent. Sie haben also seit dem letzten Monat 0,2 Prozentpunkte verloren. Die Zentrumspartei erreicht 10,8 Prozent, also eine Steigerung um zwei Prozentpunkte, und zum Schluss kommen wir außerhalb der beiden Blöcke zu den Schwedendemokraten, die bei 14,8 Prozent liegen. Wir haben also zwischen den Blöcken einen Unterschied von 0,0 Prozentpunkten, da die Allianz 40,5 Prozent der Stimmen erhält und die Rotgrünen ebenso 40,5 Prozent, was recht ungewöhnlich ist, sich aber bis zur Wahl im September noch ändern kann. Wir werden Sie weiterhin Monat für Monat mit Meinungsumfragen auf dem Laufenden halten. Und nun zum Wetter. Wie wird das Wetter morgen, Anita?

Übung 10 - Track 20

Om Lina hade gjort sina läxor, skulle hon ha fått bra betyg.

1. Om statsministern hade lyssnat på folket, skulle han ha blivit vald igen.
2. Om partiet hade fått 4 % av rösterna, skulle det ha kommit in i riksdagen.
3. Om han hade behandlat sin fru väl, skulle hon ha stannat kvar.
4. Om hon hade varit frisk, skulle hon ha hälsat på sin pappa.
5. Om jag hade haft pengar på den tiden, skulle jag ha rest till USA.
6. Om det hade funnits internetuppkoppling, skulle jag ha skrivit ett mejl.
7. Om hon hade haft en mobiltelefon, skulle hon ha ringt honom.
8. Om han hade haft svenskt medborgarskap, skulle han ha röstat i riksdagsvalet.
9. Om hon hade fyllt 18 år på valdagen, skulle hon ha kunnat rösta.

Wenn Lina ihre Hausaufgaben gemacht hätte, hätte sie bessere Noten bekommen.

1. *Wenn der Ministerpräsident auf die Bevölkerung gehört hätte, wäre er wiedergewählt worden.*
2. *Wenn die Partei vier Prozent der Stimmen bekommen hätte, wäre sie ins Parlament gekommen.*
3. *Wenn er seine Frau gut behandelt hätte, wäre sie geblieben.*
4. *Wenn sie gesund gewesen wäre, hätte sie ihren Vater besucht.*
5. *Wenn ich zu der Zeit Geld gehabt hätte, wäre ich in die USA gereist.*
6. *Wenn es eine Internetverbindung gegeben hätte, hätte ich eine E-Mail geschrieben.*
7. *Wenn sie ein Handy gehabt hätte, hätte sie ihn angerufen.*
8. *Wenn er die schwedische Staatsbürgerschaft gehabt hätte, hätte er bei der Parlamentswahl gewählt.*
9. *Wenn sie am Wahltag 18 Jahre alt gewesen wäre, hätte sie wählen können.*

Übung 11 - Track 21

1. Vänsterpartiet är emot EU och EMU.
2. Kan du berätta för mig hur valet i Sverige går till?
3. Regeringen styr landet genom att lägga fram propositioner till riksdagen.
4. Riksdagen bestämmer om propositionerna ska gå igenom.
5. Känner du till partiernas valprogram?
6. Partiets röster har gått upp från 28 % till 29 %.
7. Valdeltagandet har gått ner från 85 % till 80 %.
8. Temperaturen är oförändrad och ligger kvar på 25 grader.
9. Kan du hjälpa mig eftersom du är längre än jag? Jag når inte upp till den översta hyllan.

1. *Die Linkspartei ist gegen die EU und die Währungsunion.*
2. *Kannst du mir erzählen, wie die Wahl in Schweden abläuft?*
3. *Die Regierung führt das Land, indem sie im Parlament Regierungsvorschläge einbringt.*
4. *Das Parlament bestimmt, ob die Regierungsvorschläge angenommen werden.*
5. *Kennst du das Wahlprogramm der Parteien?*
6. *Die Stimmen für die Partei sind von 28 Prozent auf 29 Prozent gestiegen.*
7. *Die Wahlbeteiligung ist von 85 Prozent auf 80 Prozent gefallen.*
8. *Die Temperatur ist unverändert und liegt immer noch bei 25 Grad.*
9. *Kannst du mir helfen, weil du größer bist als ich? Ich komme nicht an das oberste Regal.*

Übung 12 - Track 22

1. Datorn fungerar inte. Jag måste starta om den.
2. Jag skrattade till när jag hörde komikerns lustiga kommentarer.
3. Vi måste måla om huset i blått.
4. Hon hostade till så att man skulle märka att hon hade kommit.
5. Texten blev inte så bra! Vi måste skriva om den.
6. Hon skrek till när hon såg hur han slog till sin rival.

1. *Der Computer funktioniert nicht. Ich muss ihn neu starten.*
2. *Ich lachte los, als ich die lustigen Bemerkungen des Komikers hörte.*
3. *Wir müssen das Haus wieder blau streichen.*
4. *Sie hustete auf, damit man bemerkte, dass sie gekommen war.*
5. *Der Text ist nicht so gut geworden! Wir müssen ihn neu schreiben.*
6. *Sie schrie auf, als sie sah, wie er seinem Rivalen einen Schlag verpasste.*

Ange ordens ordning med siffror.	*Nummerieren Sie die Reihenfolge der Wörter.*
Använd fraserna nedan som hjälp.	*Benutzen Sie die untenstehenden Sätze als Unterstützung.*
Besvara frågorna.	*Beantworten Sie die Fragen.*
Bocka för.	*Haken Sie ab.*
Böj verben i rätt form.	*Bringen Sie Verben in die richtige Form.*
Börja med orden i fet stil.	*Beginnen Sie mit den fettgedruckten Wörtern.*
Dra ett streck.	*Ziehen Sie eine Linie.*
Försök att gissa.	*Versuchen Sie zu raten.*
Fundera.	*Überlegen Sie.*
Fyll i bestämd form plural av orden i parentesen.	*Setzen Sie die bestimmte Form Plural der Wörter in Klammern ein.*
Fyll i de ord som passar.	*Setzen Sie die richtigen Wörter ein.*
Fyll i den riktiga verbform.	*Setzen Sie die richtige Verbform ein.*
Fyll i korsordet.	*Füllen Sie das Kreuzworträtsel aus.*
Fyll i luckorna.	*Füllen Sie die Lücken.*
Fyll i orden du hör som saknas i luckorna.	*Schreiben Sie fehlenden Wörter, die Sie hören, in die Lücken.*
Gå tillbaka till texten.	*Blättern Sie zurück zum Text.*
I ordflätan gömmer sig tio ord.	*Im Wortgitter verstecken sich zehn Wörter.*
I ordkedjan gömmer sig 12 ord.	*In der Wortkette sind zwölf Wörter versteckt.*
Kontrollera i facit.	*Kontrollen Sie Ihre Antworten im Lösungsteil.*
Kontrollera om du hade rätt.	*Kontrollieren Sie, ob Sie richtig lagen.*
Kryssa för.	*Kreuzen Sie an.*
Läs dialogerna högt.	*Lesen Sie die Dialoge laut.*
Läs högt.	*Lesen Sie laut vor.*
Läs igenom texten.	*Lesen Sie den Text durch.*
Lyssna och säg efter.	*Hören Sie zu und sprechen Sie nach.*
Lyssna på CDn.	*Hören Sie die CD an.*
Lyssna på hörsörståelsen.	*Hören Sie die Hörverstehensübung.*
Markera var betoningen ligger.	*Markieren Sie, wo die Betonung liegt.*
Matcha.	*Verbinden Sie.*
Numrera meningarna så att dialogen blir meningsfull.	*Nummerieren Sie die Sätze so, dass der Dialog in sinnvoller Reihenfolge steht.*
Ringa in.	*Kreisen Sie ein.*
Skriv om nedanstående meningar.	*Schreiben Sie die untenstehenden Sätze um.*
Skriv på separat papper.	*Schreiben Sie auf ein separates Blatt Papier.*
Skriv verben i rätt form.	*Schreiben Sie die Verben in der richtigen Form.*
Sortera satserna.	*Bringen Sie die Sätze in die richtige Reihenfolge.*
Stryk under.	*Unterstreichen Sie.*
Svara muntligt.	*Antworten Sie mündlich.*
Titta på bildernas.	*Sehen Sie sich die Bilder an.*
Välj bland orden i rutan.	*Wählen Sie aus den Wörtern im Kasten aus.*
Vilka rubriker passar var?	*Welche Überschrift passt wohin?*
Vilken text passar till vilken bild?	*Welcher Text passt zu welchem Bild?*

 1 **DAS SUBSTANTIV**

1.1 Übersicht über die Formen des Substantivs

Deklination	Singular unbestimmt	Singular bestimmt	Plural unbestimmt	Plural bestimmt
1	en blomma	blomma**n**	blomm***or***	blomm**orna**
2	en kopp	kopp**en**	kopp***ar***	kopp**arna**
	en pojke	pojke**n**	pojk***ar***	pojk**arna**
	en syster	syster**n**	systr***ar***	systr**arna**
3	en tomat	tomat**en**	tomat***er***	tomat**erna**
	en sko	sko**n**	sko***r***	sko**rna**
	en hand	hand**en**	händ***er***	händ**erna**
	en fot	fot**en**	fött***er***	fött**erna**
	ett kafé	kafé**et**	kafé***er***	kafé**erna**
4	ett äpple	äpple**t**	äpple***n***	äppl**ena**
	ett knä	knä**et**/knä**t**	knä***n***	knä**na**
5	ett glas	glas**et**	glas	glas**en**
	en lärare	lärare**n**	lärare	lärar**na**
Unregelmäßig	en man	mann**en**	män	männ**en**
	ett öga	öga**t**	ögon	ögon**en**
	ett öra	öra**t**	öron	öron**en**

1.2 Das Geschlecht

Schwedische Substantive haben zwei Geschlechter, *Utrum* (oder en-Wörter) und *Neutrum* (oder ett-Wörter). Das Geschlecht erkennt man an den Artikeln im Singular, die auf **-n** (Utrum) oder auf **-t** (Neutrum) enden. Diese Endungen wiederholen sich bei Adjektiven und Pronomen. Etwa 80 % aller Substantive sind Utrum oder en-Wörter.
Die meisten Substantive, die Personen, Berufe und Tiere bezeichnen, sind en-Wörter. Ausnahmen sind **ett barn** und **ett djur**.

1.3 Der unbestimmte Artikel

en-Wörter	ett-Wörter
en vän	**ett** hus
en färja	**ett** frimärke

In Fragen verwendet man oft **någon** in der Funktion des unbestimmten Artikels.
Finns det **någon** fiskaffär här?
Finns det **något** kafé här?

1.4 Der bestimmte Artikel

Der bestimmte Artikel wird mit Hilfe von Endungen gebildet.

Singular

en-Wörter		ett-Wörter	
bil + **en**	bilen	tåg + **et**	tåget
flicka + **n**	flickan	äpple + **t**	äpplet
cykel + **n**	cykeln	exempel + **et**	exem**pl**et
vän + **en**	vä**nn**en	teveprogram + **et**	teveprogra**mm**et

Die Endungen sind im Singular
-en oder **-et**, wenn das Substantiv auf einen Konsonanten endet,
-n, wenn ein en-Wort auf einen Vokal oder auf einen unbetonten Vokal + **l** oder **r** endet,
-t, wenn ein ett-Wort auf einen unbetonten Vokal endet.

Wenn ein ett-Wort auf unbetontes **-el, -en, -er** endet, fällt das *e* des Stammes weg (exem**pl**et). Wörter auf **-eum** und **-ium** verlieren in der bestimmten Form die Endung **-um** (mus**eet**).

Die Konsonanten **m** und **n** werden am Ende eines Substantivs häufig einfach geschrieben, auch wenn sie lang sind. Wenn **m** oder **n** zwischen zwei Vokalen steht, wird es doppelt geschrieben.

Plural

(en blomma)	(en tidning)	(en affär	ett kafé)	(ett frimärke)	(ett vykort,	en lärare)
blomm**or**	tidning**ar**	affär**er**	kafé**er**	frimärk**en**	vykort	lärare
blomm**orna**	tidning**arna**	affär**erna**	kafé**erna**	frimärk**ena**	vykor**ten**	lärar**na**

Die Endungen sind im Plural
-na bei allen en-Wörtern,
-a bei ett-Wörtern, die die Pluralendung *-n* haben,
-en bei ett-Wörtern, die keine Pluralendung haben.

Wenn ein Wort auf unbetontes **-el, -en, -er** endet, fällt das *e* des Stammes vor der Pluralendung weg (exem**pl**en).

1.5 Der Gebrauch der Artikel

Den unbestimmten Artikel verwendet man, wenn das, was das Substantiv bezeichnet, zum ersten Mal erwähnt wird.
Jag bor i en trerumslägenhet på Klostergatan.

4 GRAMMATIK

Den bestimmten Artikel verwendet man, wenn das, was das Substantiv bezeichnet, bekannt ist oder schon erwähnt wurde.

Vädret är bra.

Lägenheten är helt modern.

Substantive werden in folgenden Fällen ohne Artikel gebraucht:

Christian är lärare.	Bei Berufsbezeichnungen, aber: **Christian är en bra lärare.**
Han är norrman.	Bei Nationlitätsbezeichnungen
Kör du bil?	Bei Angabe von Verkehrsmitteln
De ska köpa hus./ Vi ska fira jul i Värmland.	Feste Ausdrücke
Det är pojkarnas mamma.	Nach Genitiv

Der Plural

Dekli-nation	En-dung		Beispiele
1.	**-or**	En-Wörter auf **-a**, das vor der Pluralendung wegfällt.	flicka, skola, fralla
2.	**-ar**	Viele einsilbige en-Wörter. Viele mehrsilbige Wörter auf unbetontem **-e, -el, -er,** deren *e* vor der Pluralendung wegfällt. Oft Betonung auf der ersten Silbe. Viele Wörter auf -ing.	buss, stol pojke, cykel, syster en tidning/tidningar
3.	**-er, -r**	Oft en-Wörter. Darunter mehrsilbige Wörter, die oft nicht auf der ersten Silbe betont sind. Viele Wörter mit Umlaut im Plural. Internationale Wörter. Mehrsilbige ett-Wörter auf **-eum** und **-ium**	 tomat, balkong land/länder, natt/nätter, stad/städer, son/söner kafé/kaféer museum/museer
4.	**-n**	Ett-Wörter auf Vokal.	äpple, yrke
5.	**--**	Ett-Wörter auf Konsonant. En-Wörter auf **-are**	bord, ägg, hus lärare Außerdem: man/män.

Einige Substantive sind nicht zählbar und werden ohne unbestimmten Artikel und nicht im Plural verwendet. Bestimmungen wie *lite, mycket* können davor stehen.
Vi måste köpa mjölk.
Kan jag få lite mjölk?
Vi äter mycket potatis.

Einige Substantive können sowohl nicht zählbar als auch zählbar sein wie *potatis* oder *lök*. Nicht zählbar bezeichnen sie das Material oder den Stoff.
Jag köpte ett kilo potatis. (aber: **Jag köpte ett kilo äpplen.**)
Jag tycker om lök. (aber: **Jag tycker om tomater.**)

Wenn es um einzelne Exemplare geht, sind sie zählbar.
Ge mig en potatis till.
Jag har planterat tre lökar.

Einige Substantive kommen nur im Plural vor:
pengar/glasögon/kläder/jeans/shorts/byxor (ett par byxor)

Der Genitiv

Maria**s** föräldrar kommer från Italien.
Grönt är naturen**s** färg.

4

GRAMMATIK

 2 DAS ADJEKTIV

2.1 Übersicht über die Formen des Adjektivs

Singular en-Wörter	Singular ett-Wörter		Plural + Bestimmte Form	
stor	stor + **t**	stor**t**	stor + **a**	stor**a**
mönstrad	mönstrad + **t**	mönstra**t**	mönstrad + **e**	mönstra**de**

Adjektive auf **-ad** werden dekliniert wie **mönstrad**. (Beachten Sie: Die Endung **-dt** existiert im Schwedischen nicht.)

Unregelmäßige Adjektive

Adjektive, die auf Konsonant **+** *t* enden, bleiben bei en- und ett-Wörtern gleich.

intressant	intressan**t**	intressanta

Einige Adjektive haben nur eine Form.

bra	bra	bra
rosa	rosa	rosa

Adjektive auf langen, betonten Vokal bekommen in der ett-Form Kurzvokal + **tt**.

blå	blå**tt**	blåa
ny	ny**tt**	nya

Einsilbige Adjektive auf langen Vokal + *t* bekommen in der ett-Form Kurzvokal + **tt**.

vit	vi**tt**	vita

Adjektive auf langen Vokal + *d* bekommen in der ett-Form Kurzvokal + **tt**.

röd	rö**tt**	röda
god	go**tt**	goda

Adjektive auf unbetontes *-el* und *-er* verlieren vor der Pluralendung das *-e-*.

enk**el**	enkel**t**	enk**la**
vack**er**	vacker**t**	vack**ra**

Die Adjektive **gammal** und **liten** haben besondere Formen.

gamma**l**	gamma**lt**		gam**la**
lite**n**	lite**t**	**små** (Plural)	**lilla** (Bestimmte Form Sing.)

2.2 Die unbestimmte Form

In der unbestimmten Form richtet sich das Adjektiv in Geschlecht und Zahl nach dem dazugehörigen Substantiv.

Singular		**Plural**	
En-Wörter	En stor stad. Staden är stor.	En-Wörter	Stor**a** städer. Städerna är stor**a**.
Ett-Wörter	Ett stor**t** samhälle. Samhället är stor**t**.	Ett-Wörter	Stor**a** samhällen. Samhällena är stor**a**.

Avenyn är en fin gata med stora och små affärer, mysiga kaféer och bra restauranger med god mat.
Göteborg har ett stort utbud av kultur.
Gott Nytt År!

Beachten Sie:
Nach dem Verb *vara* wird das Adjektiv dekliniert.
Cykeln är gul.
Det är billigt att flyga ibland.
Städerna är stora.

2.3 Die bestimmte Form des Adjektivs

In der bestimmten Form steht das Adjektiv u.a. nach **den, det, de** und **den här, det här, de här.**

Singular		Plural	
En-Wörter	**den** randig**a** blus**en** **den** mönstrad**e** blus**en** **den** gaml**a** kapp**an** **den lilla** krag**en**	En-Wörter	**de** svart**a** byxo**rna** **de** mönstrad**e** blusa**rna** **de** gaml**a** kappo**rna** **de små** sko**rna**
Ett-Wörter	**det** gul**a** skärp**et** **det** mönstrad**e** tyg**et** **det** gaml**a** hus**et** **det lilla** bord**et**	Ett-Wörter	**de** gul**a** skärp**en** **de** mönstrad**e** tyg**en** **de** gaml**a** hus**en** **de små** barn**en**

Die bestimmte Form des Adjektivs wird wie die Pluralform gebildet.
Sie steht direkt vor dem Substantiv, das ebenfalls in der bestimmten Form steht:
Får jag prova **den** blå**a** kappa**n**?
Nach Possessivpronomen und nach Genitiv steht das Adjektiv in der bestimmten Form, während das Substantiv in der unbestimmten Form auftritt.
min stora lägenhet – *meine große Wohnung*
mitt dyra kök – *meine teure Küche*
mina trevliga grannar – *meine netten Nachbarn*
Kalles stora lägenhet – *Kalles große Wohnung* (**Kalles** ist Genitiv)

2.4 Die Komparation (Steigerung) der Adjektive

Regelmäßige Steigerung

Die meisten Adjektive werden mit den Endungen -**are** und -**ast** gesteigert.
Adjektive auf **-el, -en, -er** verlieren das **-e-** vor den Endungen.

Grundform	Komparativ	Superlativ	Superlativ Bestimmte Form
billig	billig**are**	billig**ast**	den, det, de billig**aste**
vacker	vackr**are**	vackr**ast**	den, det, de vackr**aste**

Besondere Formen

Einige gebräuchliche Adjektive haben unregelmäßige Steigerungsformen auf -**re** und -**st**, oft mit Umlaut.

stor	stör**re**	stör**st**	den, det, de stör**sta**
ung	yng**re**	yng**st**	den, det, de yng**sta**
tung	tyng**re**	tyng**st**	den, det, de tyng**sta**
låg	läg**re**	läg**st**	den, det, de läg**sta**
lång	läng**re**	läng**st**	den, det, de läng**sta**
liten	mind**re**	min**st**	den, det, de min**sta**

4 GRAMMATIK

hög	hög**re**	hög**st**	den, det, de högst**a**
bra	bätt**re**	bä**st**	den, det, de bäst**a**
dålig	säm**re**	säm**st**	den, det, de sämst**a**
gammal	äld**re**	äld**st**	den, det, de äldst**a**
liten	mind**re**	min**st**	den, det, de minst**a**
många	fler/flera	fle**st**	den, det, de flest**a**
mycket	mer/mera	me**st**	det mest**a**

Steigerung mit *mer, mest*

Adjektive mit bestimmten Endungen wie **-isk**, **-ad** und **-ande** werden mit **mer** und **mest** gesteigert.

typisk	**mer** typisk	**mest** typisk	den, det, de mest typisk**a**
spännande	**mer** spännande	**mest** spännande	den, det, de mest spännande
intresserad	**mer** intresserad	**mest** intresserad	den, det, de mest intresserad**e**

City Hotell är billigare än Grand Hotell, men Grand Hotell är större och modernare.
Liza Marklunds deckare är ännu mer spännande.
Mammas köttbullar är mycket godare.
Äldst i släkten är morbror Anders och yngst är Hugo.
Den billigaste och snabbaste maten får du på ett gatukök.
Det största hotellet är Plaza.
Det bästa jag vet är att dricka en kopp te på morgonen.

3 DAS ADVERB

Adverbien dienen dazu, ein Verb, ein Adjektiv, ein anderes Adverb oder einen ganzen Satz näher zu bestimmen.

3.1 Die Formen

Adjektiv + -t		Eigene Form
långsam + **t**	långsam**t**	fort
vacker + **t**	vacker**t**	verkligen
		mycket
		alltid

Tala långsamt!
Stockholm ligger vackert.

Tala inte så fort!
Filmen är verkligen bra.
Vi har cyklat mycket långt.
Jag har alltid semester i augusti.

Beachten Sie:
Die Form des Adverbs entspricht dem Neutrum Singular des Adjektivs.

Huset ligger vackert. **Ett vackert hus./Huset är vackert.**

3.2 Die Bedeutung

Frageadverbien

var *wo*, **när** *wann*, **varför** *warum*, **vart** *wohin*, **varifrån** *woher*, **hur** *wie*

Var bor du?
När kommer du?
Varför det?
Hur långt är det?
Hur många ska du ha?

Adverbien des Ortes

här *hier*, **där** *dort*, **hemma** *zu Hause*

Här bor jag.
Jag ska vara hemma i kväll.

Bei den Ortsadverbien gibt es verschiedene Formen, je nachdem, ob die Richtung (wohin? woher?) oder die Befindlichkeit ausgedrückt wird.

fram	*nach vorne*	**framme**	*vorn*	**ner**	*hinunter*	**nere**	*unten*
hem	*nach Hause*	**hemma**	*zu Hause*	**upp**	*hinauf*	**uppe**	*oben*
in	*hinein*	**inne**	*drinnen*	**ut**	*hinaus*	**ute**	*draußen*

Bei vielen dieser Adverbien kann man außerdem „-ifrån" ergänzen: **härifrån** *von hier*, **därifrån** *von dort*, **hemifrån** *von zu Hause*, **uppifrån** *von oben*, **inifrån** *von innen* etc.

Adverbien der Richtung

hit *hierher*, **härifrån** *von hier*, **dit** *dorthin*, **därifrån** *von dort*, **hem** *nach Hause*, **hemifrån** *von zu Hause*

Jag åker hemifrån klockan åtta.
Jag kom hit i går.

Adverbien der Zeit

nu *jetzt*, **alltid** *immer*, **i morse** *heute früh*, **snart** *bald*

Jag åker alltid bil till Sverige.
Det var kallt i morse.

Adverbien des Grades

mycket *sehr*, **ganska** *ziemlich*

Skorna är mycket dyra.

Verneinung

inte *nicht*

Jag gillar kaffe men inte mjölk.

Zustimmung nach Verneinung drückt man aus mit **inte ... heller** *(auch nicht)*.

– Jag tycker inte att vädret är bra.
+ Det tycker inte jag heller.

Die Steigerung der Adverbien entspricht der Steigerung der Adjektive.

4 DIE PRONOMEN

4.1 Personalpronomen

	Die Subjektform	Die Objektform	Die reflexive Form
Singular			
1. Person	jag	mig	mig
2. Person	du	dig	dig
3. Person	han	honom	sig
	hon	henne	sig
	den	den	sig
	det	det	sig
Plural			
1. Person	vi	oss	oss
2. Person	ni	er	er
3. Person	de	dem	sig

Die Subjektform

Die Anrede

Die Anrede ist **du**. **Du** bedeutet also *du* und *Sie*. Die alte Höflichkeitsform **ni** (*ihr, Sie*) wird praktisch nicht mehr verwendet.

Formen der dritten Person im Singular

Vad äter Oskar? — **Han** äter en skinksmörgås.
Och Stina? — **Hon** äter en ostfralla.
Vad kostar smörgåsen? — **Den** kostar 30 kr.
Vad kostar kaffet? — **Det** kostar 15 kr.

Die Objektform

Vänta på **mig**!
Jag ska köpa en flaska parfym till **henne**.
Är filmen bra? Jag har inte sett **den**.
Kul att träffa **er**.

Die reflexive Form

Die Reflexivpronomen stehen nach reflexiven Verben.
Jag måste skynda **mig**.
Hon går och lägger **sig** klockan elva.
Vi sätter **oss** här en stund.
De gifter **sig** i kyrkan.

4.2 Possessivpronomen

	en-Wörter	ett-Wörter	Plural	Reflexive Possessivpronomen		
jag	min bror	mitt hus	mina barn	min	mitt	mina
du	din bror	ditt hus	dina barn	din	ditt	dina
han	hans bror	hans hus	hans barn	sin	sitt	sina
hon	hennes bror	hennes hus	hennes barn	sin	sitt	sina
vi	vår bror	vårt hus	våra barn	vår	vårt	våra
ni	er bror	ert hus	era barn	er	ert	era
de	deras bror	deras hus	deras barn	sin	sitt	sina

Die Possessivpronomen werden wie die Adjektive dekliniert und richten sich nach dem dazugehörigen Substantiv.
Det är min bror.
Jag träffade er syster i går.
Mitt hus är gult.
Det gula huset är mitt.

Die reflexiven Possessivpronomen

In der dritten Person gibt es zwei unterschiedliche Formen der Possessivpronomen: **hans, hennes, deras** und die reflexiven Possessivpronomen **sin, sitt, sina.**
Sin, sitt, sina verwendet man nur,

- zusammen mit dem Objekt eines Satzes
- und wenn das Subjekt im selben Satz Besitzer ist.

In allen anderen Fällen verwendet man **hans, hennes, deras.**

Beachten Sie: **sin, sitt, sina** verwendet man nie, um das Subjekt zu bestimmen!

Subjekt		Subjekt	
Olle	glömde **hans** födelsedag. (Kalles)	Olle	glömde **sin** födelsedag. (Olles)
Olle hat seinen Geburtstag vergessen. (den von Kalle)		*Olle hat seinen (eigenen) Geburtstag vergessen.*	
Karin	målade **deras** hus. (föräldrarnas)	Karin och Per	målade **sitt** hus. (Karins und Pers)
Karin hat ihr Haus gestrichen. (das der Eltern)		*Karin und Per haben ihr (eigenes) Haus gestrichen.*	
Deras hus	är vitt. (föräldrarnas)	**Hennes** hus	är rött. (Karins)
Ihr Haus ist weiß. (das der Eltern)		*Ihr Haus ist rot. (das von Karin)*	

4 GRAMMATIK

4.3 Demonstrativpronomen

En-Wörter	**Den här** tröjan har jag fått i present. *(Diesen Pullover ...)*
Ett-Wörter	**Det här** skärpet vill jag gärna byta. *(Diesen Gürtel ...)*
Plural	**De här** handdukarna köpte jag igår. *(Diese Handtücher ...)*

4.4 Relativpronomen

Das Relativpronomen **som** ist unveränderlich und bezieht sich sowohl auf Personen als auf Sachen. **Som** kann Subjekt oder Objekt im Satz sein.
Jag har en kusin **som** är polis.
Får jag prova de blåa byxorna **som** hänger i fönstret.
Peter är en bra lärare **som** alla gillar.
Får jag byta byxorna **som** jag köpte igår.
Det är jag **som** bor där borta.

Där ist ein Relativadverb.
Jag söker ett kafé **där** jag kan äta frukost.

4.5 Indefinitpronomen

Här får **man** inte parkera.
Vi dricker kaffe **varje** dag (varje = *jeden*).
Båten går **varannan** timme/var**t**annat år (varannan = *jede(r/n/s) zweite(r/s)*).
Vi träffas **var tredje** vecka/var**t** tredje år (var tredje = *jede dritte*).

En-Wörter	Ett-Wörter	Plural
någon	något	några
ingen	inget	inga
annan	annat	andra

Finns det **någon** fotoaffär i närheten?
Jag ska stanna här i **några** dagar.
Jag har **inget** att läsa.
De här handdukarna är inte bra. Jag tar **andra** handdukar i stället.

Inte någon und **ingen**
Als Objekt kann **ingen** nur in Hauptsätzen mit einfacher Zeit stehen. **Inte någon** kann in allen Positionen stehen.
Inte någon/ingen *(niemand)* har sett mig.
Jag har **inte någon/ingen** *(keine)* tvättmaskin.
Vi har **inte något/inget** kaffe.
Vi har **inte några/inga** regnkläder.

Jag vet att du **inte** har **någon** *(keine)* tvättmaskin.
Jag vill **inte** ha **något** kaffe.
Vi har **inte** köpt **några** regnkläder.

4.6 Interrogativpronomen

Vem är det?
Vad heter du?
Vad har du **för** telefonnummer?
Vilken blus/**vilket** skärp/**vilka** skor ska jag ta?

5 DIE ZAHLEN

5.1 Die Grundzahlen

0	noll	16	sexton	101	(ett)hundraen, -ett		
1	en, ett	17	sjutton	200	tvåhundra		
2	två	18	arton	1000	(ett)tusen		
3	tre	19	nitton	1001	ettusenen, -ett		
4	fyra	20	tjugo	2000	tvåtusen		
5	fem	21	tjugoen, -ett	1 000 000	en miljon		
6	sex	22	tjugotvå	2 000 000	två miljoner		
7	sju	30	trettio	1 000 000 000	en miljard		
8	åtta	40	fyrtio	2 000 000 000	två miljarder		
9	nio	50	femtio				
10	tio	60	sextio				
11	elva	70	sjuttio				
12	tolv	80	åttio				
13	tretton	90	nittio				
14	fjorton	100	(ett)hundra				
15	femton						

Besonderheiten der Aussprache
nio [ni:ə], tio [ti:ə], tjugo ['ɕʉ:gu], tjugoen [ɕʉ'ɛn:], trettio ['trɛt:ɪ], fyrtio ['fœʈ:ɪ]

en etta — *eine Einzimmerwohnung*
en tvåa — *eine Zweizimmerwohnung*

Bei den Zahlen zwischen 1100 und 1999 sagt man
1100 — elvahundra oder ettusenetthundra.

Bei Jahreszahlen sagt man aber
1896 — artonhundranittiosex,
1942 — nittonhundrafyrtiotvå,
2006 — tjugohundrasex.

Vi lever på tjugohundratalet. — *Wir leben im 21. Jahrhundert*

hundratals öar — *Hunderte von Inseln*
tusentals öar — *Tausende von Inseln*

4 GRAMMATIK

5.2 Die Ordnungszahlen

(1: a)	första	(11: e)	elfte	(21: e)	tjugoförsta
(2: a)	andra	(12: e)	tolfte	(22: e)	tjugoandra
(3: e)	tredje	(13: e)	trettonde	(30: e)	trettionde
(4: e)	fjärde	(14: e)	fjortonde	(31: e)	trettioförsta
(5: e)	femte	(15: e)	femtonde	(100: e)	hundrade
(6: e)	sjätte	(16: e)	sextonde	(1000: e)	tusende
(7: e)	sjunde	(17: e)	sjuttonde		
(8: e)	åttonde	(18: e)	artonde		
(9: e)	nionde	(19: e)	nittonde		
(10: e)	tionde	(20: e)	tjugonde		

Stockholm **den tjugoförsta april** 2006. — *Stockholm, den einundzwanzigsten April 2006.*
Julia är född **den åttonde februari** 1990. — *Julia ist am 8. Februar 1990 geboren.*

Vi bor på **tredje våningen.** — *Wir wohnen im dritten Stock.*

 6 **DAS VERB**

6.1 Die Formen

Die Verben haben in allen Personen die gleiche Form:
Jag/du/han/hon/vi/ni/de **läser/läste/har läst.**

Gruppe oder Konjugation	Stamm/ Imperativ	Infinitiv	Präsens	Präteritum	Supinum
1	bada	bada	bada**r**	bada**de**	bada**t**
2 a	ring	ringa	ring**er**	ring**de**	ring**t**
b	läs	läsa	läs**er**	läs**te**	läs**t**
c	kör	köra	kör	kör**de**	kör**t**
3	bo	bo	bo**r**	bo**dde**	bo**tt**
4 Unregel-mäßige Verben	drick	dricka	drick**er**	dr**a**ck	dr**u**ck**it**
	var	vara	**är**	var	var**it**
	ät	äta	ät**er**	**å**t	ät**it**
	gå	gå	gå**r**	g**ick**	gå**tt**
	gör	göra	gör	gjor**de**	gjor**t**

Konjugationen

In den ersten drei Konjugationen sind die Verben regelmäßig oder schwach, das heißt, sie bilden das Präteritum (Vergangenheit) mit einer Endung.

1. Der Stamm endet auf *-a*, jede Verbform enthält ein *a*. Die Präteritumendung ist **-de**.

2a. Wenn der Stamm auf einen stimmhaften Konsonanten endet, ist die Präteritumendung **-de**.

2b. Wenn der Stamm auf einen stimmlosen Konsonanten (*f, k, p, s, t*) endet, ist die Präteritumendung **-te**.

2c. Wenn der Stamm auf *r* oder *l* endet, fehlt die Präsensendung -**er**.

3. In diese Gruppe gehören Verben, deren Stamm auf langen Vokal enden. Die Präteritumendung ist -**dde.** Der Stammvokal wird im Präteritum kurz: *b**o*** – *bo**dd**e*.

4. Die Verben der vierten Gruppe sind unregelmäßig. Einige Verben bilden das Präteritum mit Wechsel des Stammvokals: dr**i**cka/dr**a**ck, f**i**nnas/det f**a**nns, **ä**ta/**å**t, g**å**/g**i**ck. Für jedes Verb müssen die Formen gelernt werden. Wichtige Verben sind auf Seite 159, 160 aufgelistet.
Die Präsensendung ist -*er*. Verben, deren Stamm auf langen Vokal endet, haben die Präsensendung -**r**.

Imperativ

Der Imperativ ist die Befehlsform. Seine Form entspricht dem Stamm des Verbs.
Titta *här!/**Stäng av** motorn!/**Gå** på andra sidan!*

Für den deutschen Begriff *bitte!* gibt es keine direkte Entsprechung. Stattdessen gibt es mehrere andere Möglichkeiten, eine Bitte oder Aufforderung freundlich klingen zu lassen.

Infinitiv

Jag börjar **jobba** i morgon.
Jag är bra på **att stryka**.

6.2 Tempus

Präsens

Es bezeichnet Gegenwart und Gewohnheit.
Jag **bor** i Lund nu.
Jag **äter** alltid frukost klockan åtta.

Perfekt

Es wird mit dem Präsens vom Verb *ha* + Supinum gebildet und bezeichnet eine unbestimmte Zeit (keine Zeitangabe), ein Geschehen der Vergangenheit, das aber in der Gegenwart andauert oder relevant ist.

Hur **har** vädret **varit**?	*Wie ist das Wetter gewesen?*
Jag **har bott** här i tre år.	*Ich wohne seit drei Jahren hier.*

Präteritum

Es bezeichnet ein abgeschlossenes Geschehen der Vergangenheit. Im Präteritum wird über Ereignisse und Verhältnisse in der Vergangenheit berichtet.
Bei Zeitangaben der Vergangenheit steht im allgemeinen das Präteritum.

Vi **kom** igår.	*Wir sind gestern angekommen.*
Vi **var** här för tre år sedan.	*Wir waren vor drei Jahren hier.*
När min far var här **målade** vi huset.	*Als mein Vater hier war, haben wir das Haus gestrichen.*
När **slutade** det regna?	*Wann hat es aufgehört zu regnen?*

Das Präteritum steht auch in spontanen Äußerungen, die ein Werturteil bedeuten.
Im Deutschen steht hier das Präsens.

Det **var** synd.	*Es ist schade.*
Det **var** tråkigt att höra.	*Es tut mir leid es zu hören.*

Zukunft

Präsens	Jag **kommer** i morgon.
ska + Infinitiv (deutet an, dass eine Absicht vorhanden ist)	**Ska** vi gå på bio i morgon?
tänka + Infinitiv (die Absicht ist deutlich)	Jag **tänker** börja läsa engelska i höst.
komma att + Infinitiv (Vorhersagen)	Det **kommer att** regna imorgon.

Konditional I und II

Der Konditional ist die Möglichkeitsform.
Der Konditional I wird verwendet, um Handlungen zu beschreiben, die unter gewissen Bedingungen eintreten könnten.
Der Konditional I wird durch **skulle** + Infinitiv gebildet. Der Bedingungssatz ist nach folgendem Schema aufgebaut:
om ... + Präteritum, skulle + Infinitiv
Om jag **hade** tid, **skulle** jag gå på promenad.

Der Konditional II wird durch **skulle** + **ha** + Perfekt Partizip gebildet. Er wird verwendet, um Ereignisse zu beschreiben, die in der Vergangenheit unter gewissen Bedingungen hätten eintreten können. Der irreale Bedingungssatz ist nach folgendem Schema aufgebaut:
om ... + hade + Supinum, skulle + ha + Supinum
Om jag **hade varit** hemma, **skulle** jag ha öppnat dörren.

4 GRAMMATIK

6.3 Das Passiv (Leideform)

Im Schwedischen gibt es ein einfaches und ein zusammengesetztes Passiv. Das einfache Passiv oder s-Passiv wird nach folgendem Schema durch Anhängen von **-s** an die Aktivformen der Verben gebildet.

1.	**Dörren** *Die Tür* **Fönstret** *Das Fenster* **Dörrarna** *Die Türen*	**målas.** *wird/werden angestrichen.*	**målades.** *wurde/n angestrichen.*	**har målats.** *ist/sind angestrichen worden.*
2. a)	**Dörren** *Die Tür* **Fönstret** *Das Fenster* **Dörrarna** *Die Türen*	**stängs.** *wird/werden geschlossen.*	**stängdes.** *wurde/n geschlossen.*	**har stängts.** *ist/sind geschlossen worden.*

2. b)	**Mjölken** *Die Milch* **Brödet** *Das Brot* **Böckerna** *Die Bücher*	**köps.** *wird/werden gekauft.*	**köptes.** *wurde/n gekauft.*	**har köpts.** *ist/sind gekauft worden.*
3.	**Klänningen** *Das Kleid* **Förklädet** *Die Schürze* **Klänningarna** *Die Kleider*	**sys.** *wird/werden genäht.*	**syddes.** *wurde/n genäht.*	**har sytts.** *ist/sind genäht worden.*
4.	**Boken** *Das Buch* **Brevet** *Der Brief* **Böckerna** *Die Bücher*	**skrivs.** *wird/werden geschrieben.*	**skrevs.** *wurde/n geschrieben.*	**har skrivits.** *ist/sind geschrieben worden.*

Entsprechend werden auch Plusquamperfekt und Futur gebildet.

Dörren skall målas. *Die Tür wird angestrichen werden.*
Boken hade skrivits. *Das Buch war geschrieben worden.*
usw.

Das zusammengesetzte Passiv wird mit den Formen von **bli(va)** *(werden)* oder **vara** *(sein)* + dem adjektivischen Partizip Perfekt gebildet. Das Passiv mit **bli** hebt die Handlung als solche hervor (Vorgangspassiv), das Passiv mit **vara** hebt den durch die Handlung erreichten Zustand oder das Ergebnis hervor (Zustandspassiv).

Bilen blev stulen. *Das Auto wurde gestohlen.*
Bilen var stulen. *Das Auto war gestohlen.*

Zur Verwendung des s-Passivs:

a) Das s-Passiv wird als echtes Passiv verwendet, wenn unbekannt oder unwesentlich ist, wer die Handlung ausführt.

Det påstås att ... *Es wird behauptet, dass ...*

Das schwedische Passiv entspricht häufig aktivischen Sätzen mit *man*.

Hörs trafiken mycket här på natten? *Hört man den Verkehr hier nachts sehr?*

Der Urheber einer Handlung im Passiv wird durch **av** angegeben.

Tavlan målades av en kvinna. *Das Bild wurde von einer Frau gemalt.*

b) Verben auf -s können auch reziproke (rückbezügliche) Bedeutung haben.

Det var trevligt att träffas. *Es war nett, sich (einander) zu treffen.*
Vi ses sällan numera. *Wir sehen uns derzeit selten.*

c) Einige Verben sind sogenannte Deponentien, d. h. sie haben passivische Form, aber aktivische Bedeutung. Diese Verben kann man nicht ins Passiv setzen, man muss dann andere Verben verwenden. Deponentien flektieren wie aktive Verben im s-Passiv.

andas	*atmen*	**låtsas**	*tun als ob*
finnas	*existieren*	**minnas**	*sich erinnern*
hoppas	*hoffen*	**trivas**	*sich wohlfühlen*
lyckas	*gelingen*	**åldras**	*alt werden, altern*

Jag hoppas att du kommer igen. *Ich hoffe, dass du wiederkommst.*
När man inandas ... *Wenn man einatmet ...*

6.4 Das Partizip Perfekt (Mittelwort der Vergangenheit)

Um das Partizip Perfekt zu bilden, hängt man die Endung **-d** oder **-t** an den Stamm der schwachen Verben, deren Stamm auf unbetontes **-a** oder Konsonant endet (1. und 2. Konjugation). Dabei haben Verben, die im Präteritum **-de** haben, die Endung **-d**; die Verben, die **-te** haben, bekommen die Endung **-t**. Bei Verben, deren Stamm auf betonten Vokal endet (3. Konjugation), hängt man die Endung **-dd** an. Bei den starken Verben (4. Konjugation) hängt man die Endung **-en** an den Stamm, dabei sind Vokalveränderungen möglich. Die unregelmäßigen Verben haben **-d**.

Die so gebildeten Formen sind die Utrum-Formen des adjektivischen Partizip Perfekt.

Übersicht über die Formen des Partizip Perfekt

	Utrum	Neutrum	Plural = best. Form	
1.	målad	målat	målade	gemalt, -e, -er, -es
2. a)	stängd	stängt	stängda	geschlossen usw.
2. b)	köpt	köpt	köpta	gekauft usw.
3.	sydd	sytt	sydda	genäht usw.
4.	skriven	skrivet	skrivna	geschrieben usw.
	gjord	gjort	gjorda	gemacht usw.
unregelmäßig	vald	valt	valda	gewählt usw.

Zur Bildung des Perfekts wird die unveränderliche Supinum-Form verwendet, die häufig identisch ist mit der neutralen Form des Partizip Perfekt.

Stolen är målad. *Der Stuhl ist gestrichen.*
Huset är målat. *Das Haus ist gestrichen.*
Stolarna/husen är målade. *Die Stühle/Häuser sind gestrichen.*

Aber
Jag har målat stolen/huset/ stolarna/husen. *Ich habe den Stuhl/das Haus/ die Stühle/die Häuser gestrichen.*

Dörren är stängd. *Die Tür ist geschlossen.*

4 GRAMMATIK

Fönstret är stängt.	*Das Fenster ist geschlossen.*
Dörrarna/Fönstren är stängda.	*Die Türen/Fenster sind geschlossen.*
Aber	
Jag har stängt dörren/fönstret/ dörrarna/fönstren.	*Ich habe die Tür/das Fenster/ die Türen/die Fenster geschlossen.*
Bilen är köpt.	*Das Auto ist gekauft.*
Huset är köpt.	*Das Haus ist gekauft.*
Bilarna/Husen är köpta.	*Die Autos/Häuser sind gekauft.*
Aber	
Jag har köpt bilen/huset/ bilarna/husen.	*Ich habe das Auto/das Haus/ die Autos/die Häuser gekauft.*
Klänningen är sydd.	*Das Kleid ist genäht.*
Förklädet är sytt.	*Die Schürze ist genäht.*
Klänningarna/Förklädena är sydda.	*Die Kleider/Schürzen sind genäht.*
Aber	
Jag har sytt klänningen/förklädet/ klänningarna/förklädena.	*Ich habe das Kleid/die Schürze/ die Kleider/die Schürzen genäht.*
Boken är skriven.	*Das Buch ist geschrieben.*
Brevet är skrivet.	*Der Brief ist geschrieben.*
Böckerna/Breven är skrivna.	*Die Bücher/Briefe sind geschrieben.*
Aber	
Jag har skrivit boken/brevet/ böckerna/breven.	*Ich habe das Buch/den Brief/ die Bücher/die Briefe geschrieben.*
Läxan är gjord.	*Die Hausaufgabe ist gemacht.*
Arbetet är gjort.	*Die Arbeit ist gemacht.*
Läxorna/Arbetena är gjorda.	*Die Hausaufgaben/Arbeiten sind gemacht.*
Aber	
Jag har gjort läxan/arbetet/ läxorna/arbetena	*Ich habe die Aufgabe/die Arbeit/ die Aufgaben/die Arbeiten gemacht.*

Auch wenn das Partizip als Apposition, d. h. als Beifügung, nachgestellt wird, stimmt es in Geschlecht und Zahl mit dem Bezugswort überein.

På gatan vimlade det av människor, klädda i färgstarka folkdräkter.	*Auf der Straße wimmelte es von Menschen, gekleidet in farbenfrohe Trachten.*

Anmerkung:

Die bestimmte Form des Partizips steht wie das schwache Adjektiv bei der bestimmten Form des Substantivs, also:

en målad stol	*ein gestrichener Stuhl*
den målade stolen	*der gestrichene Stuhl*

6.5 Temporale und modale Hilfsverben

ha, har, hade, haft	Jag **har** målat huset.
skola, ska, skulle	Vad **ska** vi dricka?
kunna, kan, kunde, kunnat	**Kan** du simma?
måste, måste	Vi **måste** köpa vykort.
vilja, vill, ville, velat	Jag **vill** ha en kopp kaffe.
få, får, fick, fått	**Får** man röka här?
behöva, behöver, behövde, behövt	I det här yrket **behöver** man kunna språk.
bruka, brukar, brukade, brukat	Anna **brukar** gå upp klockan sju.

Zwei Verben in einem Satz

Wenn zwei Verben in einem Satz stehen, steht (außer nach **har** und **hade**) das zweite Verb in der Infinitivform ohne oder mit **att**. Nach den Hilfsverben folgt nie **att**.

Vi **måste gå** nu.	Jag **gillar att köra** bil.
Jag **tänker jobba** i England.	Jag **tycker om att** dansa.
Jag **har läst** brevet.	

Kurzantworten

In einer Kurzantwort nach einem Hilfsverb wird das Hilfsverb wiederholt.

+ Kan du simma?	= Ja, det **kan** jag./Nej, det **kan** jag inte.
+ Ska vi äta nu?	= Ja, det **ska** vi./Nej, det **ska** vi inte.
+ Har du läst brevet?	= Ja, det **har** jag./Nej, det **har** jag inte.
+ Är du svensk?	= Ja, det **är** jag./Nej, det **är** jag inte.

In einer Kurzantwort nach einem Vollverb wird das Verb mit Formen von *göra* ersetzt.

+ Talar du svenska?	= Ja, det **gör** jag./Nej, det **gör** jag inte.
+ Åt du middag här i går?	= Ja, det **gjorde** jag./Nej, det **gjorde** jag inte.

6.6 Reflexive Verben

Bei den reflexiven Verben ist dieselbe Person Subjekt und Objekt.
Stig **rakade sig** framför spegeln.
Jag ska **skynda mig** så fort jag kan.

6.7 Verb mit Partikel

Wenn Verben mit einer Partikel eine Verbindung bilden, trägt die Partikel die Betonung.
tycka om = *mögen*, **koppla av** = *abschalten*, **skriva upp** = *aufschreiben*
Jag **tycker om** att köra bil.
Jag **tycker** inte **om** glass.
Tycker du **om** att dansa?

6.8 Intransitive/transitive Verben

Intransitive Verben (ohne Objekt)
Jag **vaknar** alltid tidigt.
Soffan **står** i vardagsrummet.
När vädret är fint **sitter** jag i trädgården och fikar.
Mattan **ligger** under bordet.
Kjolen **hänger** i garderoben.

Transitive Verben (mit Objekt)
Först **väcker** jag hela familjen.
Du kan **ställa** cyklarna bakom huset.
Kan jag **sätta** mig här?
Var kan jag **lägga** mobilen?
Du kan **hänga** blusen där också.

 7 **PRÄPOSITIONEN**

7.1 Zeit

efter	**Efter** kursen fikar vi.	*nach*
från ... till	Banken har öppet **från** klockan tio **till** klockan fem.	*von ... bis*
för ... sedan	Jag läste i Umeå **för** två år **sedan**.	*vor*
före	Stiger du upp **före** klockan sju?	*vor*

i	**i** morse	*heute früh*
	i fredags	*letzten Freitag*
	i morgon	*morgen*
	Vi ska stanna **i** två veckor.	*(Zeitdauer)*
om	Jag kommer **om** tio minuter.	*in*
mellan	Jag äter lunch **mellan** klockan ett och två.	*zwischen*
på	**På** onsdag äter jag falukorv med potatissallad.	*am (kommenden) Mittwoch*
	Jag läser tidningen **på** morgonen.	*am Morgen*
till	Jag har lunchrast **till** klockan två.	*bis*

7.2 Frequenz

i	Jag joggar en gång **i** veckan.	*in der Woche*
om	Vi fikar två gånger **om** dagen.	*am Tag*

7.3 Mittel, Material

av	Väskan är **av** läder.	*aus, von*
för	Det blir 25 kronor **för** korten.	*für*
i	Jag har fått den här skjortan **i** present.	*als*
med	Köttbullar **med** lingon.	*mit*
på	Vad heter det **på** svenska?	*auf*

4 GRAMMATIK

7.4 Ursache, Zweck

av	25 % **av** männen städar.	*von*
	Jag läser en bok **av** Jan Guillou.	
om	Det är en bok **om** Gustav Vasa.	*über*
på	Daniel bjuder gästerna **på** ett glas vin.	*zu*
till	Var kan man köpa filmer **till** kameran?	*für*
	Vi måste köpa en present **till** Annika.	
	Hugo är son **till** min kusin.	*von*

7.5 Ort

bakom	Trädgården ligger **bakom** huset.	*hinter*
bredvid	Jag sitter **bredvid** Sven.	*neben*
från	Jag kommer **från** Lund.	*von, aus*
hos	Det var kul att vara **hos** er.	*bei*
i	Vi har vänner **i** Sverige.	*in*
	Jag köper mjölk **i** mataffären.	
	Jag har ont **i** ryggen.	

i närheten av/nära	Alvesta ligger **i närheten av/nära** Växjö.	*in der Nähe von*
inom	Du måste parkera **inom** markerat område.	*innerhalb*
mellan	Falkenberg ligger **mellan** Varberg och Halmstad.	*zwischen*
mittemot	Kiosken ligger **mittemot** stationen.	*gegenüber*
på	Vad är det **på** bild 3?	*auf, an, in*
	Vi äter lunch **på** ett kafé.	
	Lena bor **på** Lilla Brogatan.	
	Det är bekvämt att handla **på** ett varuhus.	
till	Det finns många vägar **till** Sverige.	*nach, zu*
utanför	Kyrkan ligger **utanför** centrum.	*außerhalb*
vid	Läraren står **vid** tavlan.	*bei, an*

4

GRAMMATIK

§ 8 KONJUNKTIONEN

8.1 Nebenordnende Konjuktionen

Vereinend	och	*und*	Astrid **och** Hans gillar Lund.
Ausschließend	eller	*oder*	Många affärer ligger vid torget **eller** i närheten.
Gegensatz	men	*aber*	Peter tycker om att cykla **men** han tycker inte om ...
Erklärend	för	*denn*	Vi köpte regenkläder **för** vi hade inga med oss.
Folge	så	*also*	Det är fint väder **så** jag ska måla huset.

8.2 Unterordnende Konjunktionen

Allgemein einleitend	att	dass	Jag hoppas **att** vi ses snart.
Indirekte Fragesätze einleitend	om	*ob*	Vi ska se **om** väskan finns kvar.
Vergleich	som	*wie*	Hotell Linné är lika bra **som** hotell Flora.
	än	*als*	Men hotell Flora är större **än** hotell Linné.
Grund	därför att	*weil*	Jag åkte tåg **därför att** det var billigt.
	eftersom	*weil*	Jag tar det gula skärpet **eftersom** färgen är så fin.
Folge	så att	*so dass*	Vädret var dåligt men vi köpte regnkläder **så att** vi kunde gå ut.
Zeit	när	wenn	**När** vädret är fint sitter vi i trädgården.
	medan	während	Kan du vänta på mig här **medan** jag hämtar böckerna?
	innan	bevor	**Innan** jag äter frukost väcker jag hela familjen.
Bedingung	om	wenn, falls	**Om** ni fryser kan ni sätta på elementet.

4

GRAMMATIK

9 DER SATZ

9.1 Hauptsatz

Aussagesatz

Jag läser en bok.
Jag bor i Säffle.
Jag gillar inte mjölk.
Märta har läst franska på en kurs i Stockholm.

Im Aussagesatz steht das finite Verb an der zweiten Stelle. Wenn ein anderer Satzteil als das Subjekt an der ersten Stelle steht, folgt das Subjekt, wie im Deutschen, nach dem finiten Verb: Es ist die sogenannte umgekehrte Wortfolge (Inversion).
Förra året **läste** hon franska på en kurs i Stockholm.
När vädret är fint **sitter** vi ute på balkongen.
Det är bra, **tycker** jag.

Fragesatz

Ja-/Nein-Fragen

Går den här bussen till stationen?
Ska vi gå till djurparken?

Fragen, die mit einem Fragewort (z. B. vem?, vad?, varför?, var?, varifrån?, hur?, när?) beginnen

När fyller du år?
Hur stavar man det?

Ausruf/Kommentar
Vad fin du är!
Vilken snygg tröja du har!

Aufforderung
Ta till höger vid ljussignalen!

Die Wortstellung im Hauptsatz

Einleitendes Element	Finites Verb	Subjekt	Adverb	Infinites Verb	Partikel	Objekt	Adverbiale Bestimmung
Jag	tycker		inte		om	mjölk	
Märta	har			läst		franska	på en kurs i Stockholm
I morgon	ska	vi	inte	följa	med		på utflykten
När vädret är fint	sitter	vi	alltid				ute på balkongen
	Ska	vi		gå			till djurparken?
Hur	stavar	man				det?	

9.2 Nebensatz

Allgemeiner Nebensatz
Jag tyckte att det var roligt på utflykten.
Jag lyssnar på musik medan jag lagar mat.

Indirekte Rede
Märta berättar att hon ska börja studera i höst.
Hon säger att hon har hittat en bra lägenhet.

Indirekter Fragesatz
Vi ska se **om** väskan finns kvar. (Finns väskan kvar?)
Vet du **hur** man gör? (Hur gör man?)
Vet du **när** tåget till Alvesta går? (När går tåget till Alvesta?)
Jag vet inte **vem som** kommer i kväll. (Vem kommer i kväll?)
Jag vet inte **vem** du har träffat. (Vem har du träffat?)

Wenn ein Fragepronomen, z. B. *vem* oder *vad* im indirekten Fragesatz Subjekt ist, muss man ein **som** hinzufügen. Wenn das Fragepronomen im indirekten Fragesatz Objekt ist, folgt kein **som**.

9.3 Stellung der Adverbien im Haupt- und Nebensatz

Einige Adverbien wie **inte, alltid, aldrig, bara, gärna, kanske** stehen an unterschiedlichen Stellen im Hauptsatz und im Nebensatz. Im Hauptsatz stehen sie **nach** dem ersten Verb, im Nebensatz **vor** dem ersten Verb.

Jag åkte tåg. Det **var inte** dyrt.	Hauptsatz
Jag åkte tåg därför att det **inte var** dyrt.	Nebensatz
Jag **har aldrig** druckit mjölk.	Hauptsatz
Du vet att jag **aldrig har** druckit mjölk.	Nebensatz

Die Wortstellung im Nebensatz

Einleitendes Element	Subjekt	Adverb	Finites Verb	Infinites Verb	Partikel	Rest des Satzes
att	det		var			roligt
att	jag	aldrig	har	druckit		mjölk
hur	man		gör			
där	man		kan	sitta		ute och äta
vem som		inte	har	varit		här

§ 10 LISTE DER UNREGELMÄSSIGEN VERBEN

Infinitiv	Präsens	Präteritum	Supinum	Partizip Perfekt
anfalla	anfaller	anföll	anfallit	anfallen
ange	anger	angav	angivit	angiven
anknyta	anknyter	anknöt	anknutit	anknuten
ansluta	ansluter	anslöt	anslutit	ansluten
be	ber	bad	bett	-bedd
bedriva	bedriver	bedrev	bedrivit	bedriven
befinna sig	befinner sig	befann sig	befunnit sig	--
beskriva	beskriver	beskrev	beskrivit	beskriven
bestå	består	bestod	bestått	--
bita	biter	bet	bitit	biten
bjuda	bjuder	bjöd	bjudit	bjuden
bli	blir	blev	blivit	bliven
bryta	bryter	bröt	brutit	bruten
bära	bär	bar	burit	buren
dammsuga	dammsuger	dammsög	dammsugit	dammsugen
delge	delger	delgav	delgivit	delgiven
delta	deltar	deltog	deltagit	deltagen
dra	drar	drog	dragit	dragen
dricka	dricker	drack	druckit	-drucken
dö	dör	dog	dött	--

Infinitiv	Präsens	Präteritum	Supinum	Partizip Perfekt
erbjuda	erbjuder	erbjöd	erbjudit	erbjuden
finna	finner	fann	funnit	funnen
finnas	finns	fanns	funnits	--
flyga	flyger	flög	flugit	-flugen
frysa	fryser	frös	frusit	frusen
få	får	fick	fått	--
ge	ger	gav	givit	given
genomgå	genomgår	genomgick	genomgått	genomgången
gå	går	gick	gått	gången
göra	gör	gjorde	gjort	gjord
ha	har	hade	haft	-havd
heta	heter	hette	hetat	--
hinna	hinner	hann	hunnit	hunnen
hålla	håller	höll	hållit	hållen
ingå	ingår	ingick	ingått	--
innehålla	innehåller	innehöll	innehållit	innehållen
komma	kommer	kom	kommit	kommen
kunna	kan	kunde	kunnat	--
ligga	ligger	låg	legat	-legad
låta	låter	lät	låtit	-låten
lägga	lägger	la(de)	lagt	lagd
	måste	måste	(måst)*	--
njuta	njuter	njöt	njutit	-njuten
rida	rider	red	ridit	riden
rinna	rinner	rann	runnit	runnen
se	ser	såg	sett	sedd
sitta	sitter	satt	suttit	-sutten
sjunga	sjunger	sjöng	sjungit	sjungen
sjunka	sjunker	sjönk	sjunkit	sjunken
skilja	skiljer	skilde	skilt	skild
skina	skiner	sken	skinit	--
skjuta	skjuter	sköt	skjutit	skjuten
skola	ska	skulle	skolat	--
skriva	skriver	skrev	skrivit	skriven
slå	slår	slog	slagit	slagen
sova	sover	sov	sovit	--
spricka	spricker	sprack	spruckit	sprucken
sprida	sprider	spred	spridit	spridd/spriden
springa	springer	sprang	sprungit	sprungen
stiga	stiger	steg	stigit	-stigen
stryka	stryker	strök	strukit	struken
stå	står	stod	stått	-stådd
säga	säger	sa(de)	sagt	sagd
sälja	säljer	sålde	sålt	såld
sätta	sätter	satte	satt	satt

Infinitiv	Präsens	Präteritum	Supinum	Partizip Perfekt
ta	tar	tog	tagit	tagen
tillåta	tillåter	tillät	tillåtit	tillåten
umgås	umgås	umgicks	umgåtts	--
uppge	uppger	uppgav	uppgivit	uppgiven
uppstå	uppstår	uppstod	uppstått	uppstådd
utbryta	utbryter	utbröt	utbrutit	utbruten
utse	utser	utsåg	utsett	utsedd
vara	är	var	varit	--
veta	vet	visste	vetat	--
vilja	vill	ville	velat	--
vinna	vinner	vann	vunnit	vunnen
välja	väljer	valde	valt	vald
äta	äter	åt	ätit	-äten

* Die Supinum-Form "måst" wird nie verwendet. Stattdessen sagt man "varit tvungen".

§ 11 GRAMMATISCHE TERMINOLOGIE

Deutsche Begriffe	Erklärungen	Beispiele	Schwedische Begriffe
Adjektiv	Eigenschaftswort	en **trevlig** person Cyklarna är **smutsiga**.	adjektiv
Adverb	Umstandswort. Adverbien beschreiben wann, wo, wie etwas geschieht.	Jag kom **i går**. Vi äter lunch **hemma**. Kör **långsamt** här.	adverb
Artikel	Geschlechtswort	en, ett, -en, -et, -na, -a -en **den** gröna blus**en**	artikel
Demonstrativpronomen	Hinweisende Fürwörter	den här	demonstrativa pronomen
Finite Verbformen	Konjugierte Verbformen, die allein stehen können	jag måla**r**, jag måla**de**	finit verbform
Genitiv	Wessenfall	Peter**s** föräldrar pojkarna**s** mamma	genitiv
Imperativ	Befehlsform	**Titta!** **Kom** in!	imperativ
Indefinitpronomen	Unbestimmte Fürwörter	man, varje, någon, ingen, sådan	indefinita pronomen

Deutsche Begriffe	Erklärungen	Beispiele	Schwedische Begriffe
Infinite Verbformen	Nicht konjugierte Verbformen (Infinitiv und Supinum).	måla, målat	infinit verbform
Infinitiv	Grundform des Zeitwortes	Kan du **hjälpa** mig? Jag gillar att **köra** bil.	infinitiv
Interrogativpronomen	Fragende Fürwörter	vem, vad, vilken	interrogativa pronomen
Konjunktion	Bindewort	och, eller, men, att, om, när, innan	konjunktion
Konsonant	Mitlaut	b, d, f, g, h ...	konsonant
Temporales und modales Hilfsverb	Werden mit anderen Verbformen kombiniert.	Olle **har** köpt en tidning. Lisa **kan** simma.	temporalt hjälpverb modalt hjälpverb
Objekt	Ergänzung zum Verb	Jag städar **köket**.	objekt
Perfekt	Vollendete Gegenwart	Hur **har** resan **gått**?	perfekt
Personalpronomen	Persönliche Fürwörter	jag, du, han, mig, dig, honom	personliga pronomen
Plural	Mehrzahl	flickor, pojkar, affärer, frimärken, vykort	plural
Possessivpronomen	Besitzanzeigende Fürwörter	min, din, hans, sin	possessiva pronomen
Präposition	Verhältniswort	i, på, mellan, mittemot	preposition
Präsens	Gegenwart	Monika **läser** en bok.	presens
Präteritum	Vergangenheit	Jag **läste** tidningen i morse.	preteritum
Reflexive Verben	Rückbezügliche Verben	skynda sig, raka sig	reflexiva verb
Relativpronomen, -adverbien	Bezügliche Fürwörter	som, där	relativa pronomen och adverb
Singular	Einzahl	flicka, pojke, affär, frimärke, vykort	singular
Subjekt	Satzgegenstand	**Jag** går och handlar. **Moster Karin** fyller år. **Solen** skiner.	subjekt
Substantiv	Hauptwort	flicka, regn, ögonblick	substantiv
Supinum	Wird zur Tempusbildung verwendet.	Det har **regnat**.	supinum
Verb	Zeitwort, Tätigkeitswort	Jag **äter** frukost. Vi **har målat** huset.	verb
Vokal	Selbstlaut	a, e, i, o, u, y, å, ä, ö	vokal

Alphabetische Wortliste Schwedisch - Deutsch

	1100-talet	*das 12. Jahrhundert*	7
	A		
en	**advokat -en -er**	*Anwalt, Anwältin*	5
en	**affärshandling -en -ar**	*geschäftliches Dokument*	9
en	**affärsresa -n -or**	*Geschäftsreise*	2
	allmän -t -a	*allgemein*	8
(en)	**allmänmedicin -en**	*Allgemeinmedizin*	9
	allvarlig -t -a	*ernsthaft*	6
en	**altan -en -er**	*Terrasse*	1
ett	**altare -t --**	*Altar*	9
	altruistisk -t -a	*selbstlos*	6
en	**analys -en -er**	*Analyse*	2
	andas andas andades andats	*atmen*	6
	anfalla -er anföll anfallit	*angreifen*	2
	ange -r angav angivit	*angeben*	5
	angående	*wegen*	1
en	**anhörig -en anhöriga**	*Angehöriger*	6
	anlita -r -de -t	*verwenden*	5
	anmäla sig -er -de -t	*sich anmelden*	3
	anpassa -r -de -t	*anpassen*	9
	anpassad -t -e	*angepasst*	2
	ansedd -tt -a	*angesehen*	9
	ansluta ansluter anslöt anslutit	*anschließen*	9
	ansluten -t anslutna	*angeschlossen*	9
en	**ansökan -- ansökningar**	*Bewerbung*	9
en	**ansökning -en -ar**	*Bewerbung*	3
	anställa -er -de -t	*anstellen*	9
	anställd -t -a	*angestellt*	9
en	**anställningsintervju -n -er**	*Vorstellungsgespräch*	5
	ansträngande	*anstrengend*	3
ett	**ansvar -et --**	*Verantwortung*	10
	ansvara -r -de -t för	*für etwas verantwortlich sein*	3
	ansvarsfull -t -a	*verantwortungsvoll*	10
ett	**antal -et --**	*Anzahl*	4
	använd använt -a	*benutzt*	2
	apropå	*apropos*	5
en	**arbetsförmedling -en -ar**	*Arbeitsvermittlung*	9
en	**arbetsgivare -n --**	*Arbeitgeber*	5
ett	**arbetsliv -et --**	*Berufsleben*	9
	arbetslös -t -a	*arbeitslos*	10
en	**arbetsmarknadsåtgärd -en -er**	*Arbeitsmarktmaßnahme*	10
ett	**arbetsrum -met --**	*Arbeitszimmer*	1
en	**arbetsterapeut -en -er**	*Beschäftigungstherapeut*	9
en	**arbetstid -en -er**	*Arbeitszeit*	9
en	**arbetsuppgift -en -er**	*Arbeitsaufgabe*	9
	arg -t -a	*wütend*	6
en	**armhävning -en -ar**	*Liegestütz*	4
	arrendera -r -de -t	*pachten*	9
en	**art -en -er**	*Art*	7
	av yttersta vikt	*äußerst wichtig*	9
	avancerad -t -de	*Kurs für Fortgeschrittene*	8
en	**avbild -en -er**	*Abbild*	7
	avgaser Pl	*Abgase*	RB2
	avsätta -er avsatte avsatt	*des Amtes entheben*	10
ett	**avstånd -et --**	*Abstand*	7
en	**axelpress -en -ar**	*Schulterpresse*	4
	B		
en	**backe -n -ar**	*Abhang*	4
ett	**badkar -et --**	*Badewanne*	1
en	**badklippa -n -or**	*Badefelsen*	7
ett	**badrum -met --**	*Badezimmer*	1
en	**bakelse -n -r**	*Gebäck*	7
en	**bakgrund -en -er**	*Hintergrund*	3
	bakom	*hinter*	1
en	**baksida -n -or**	*Kehrseite*	5
en	**balkong -en -er**	*Balkon*	1
en	**barndomsvän -nen -ner**	*Freund aus Kindertagen*	6
(en)	**barnomsorg -en**	*Kinderbetreuung*	10
	barnvänlig -t -a	*kinderfreundlich*	1
en	**bas -en -er**	*Basis*	10
(en)	**basket -en**	*Basketball*	4
en	**bebyggelse -n -r**	*Bebauung*	7
	bedriva -er -drev -drivit forskning	*forschen*	9
	befinna sig -er befann befunnit	*sich befinden*	4
en	**befolkning -en -ar**	*Bevölkerung*	1
en	**begravning -en -ar**	*Beerdigung*	9
	behandla -r -de -t	*behandeln*	9
	bekväm -t -a	*bequem*	1
	belöna -r -de -t	*belohnen*	7
en	**benämning -en -ar**	*Benennung*	8
	bero -r -dde -tt på	*von etwas abhängen*	1
	beskåda -r -de -t	*ansehen*	7
	beskriva -er beskrev beskrivit	*beschreiben*	1
ett	**besök -et --**	*Besuch*	7
	bestå -r bestod bestått av	*aus etw. bestehen*	4
	bestå består bestod bestått	*bleiben*	6
	bestå -r bestod bestått av	*bestehen aus*	5
	bestämma -er bestämde bestämt	*festlegen*	1
	bestämma sig -er -bestämde bestämt	*sich entscheiden*	3
	besvärlig -t -a	*schwierig*	9
en	**betoning -en -ar**	*Betonung*	10
	betydligt	*erheblich*	4
ett	**betyg -et --**	*Note*	8
	beundra -r -de -t	*bewundern*	6
	bevarad -t -e	*behütet*	7
ett	**bidrag -et --**	*Geldleistung*	2
	bilda -r -de -t	*bilden*	4
en	**bilfärd -en -er**	*Autofahrt*	2
en	**bilfirma -n -or**	*Automobilfirma*	8
	billig -t -a	*günstig*	1
en	**biroll -en -er**	*Nebenrolle*	6
en	**biskop -en -ar**	*Bischof*	7
	bita -er bet bitit	*beißen*	2
en	**björn -en -ar**	*Bär*	2
	blå -tt -a	*blau*	3
	blåvitrandig -t -a	*blau-weiß gestreift*	1
	bli blir blev blivit till	*entstehen*	7

	blivande	*zukünftig*	4
ett	**block -et --**	*Block*	10
en	**blombukett -en -er**	*Blumengesteck*	9
	blommig -t -a	*geblümt*	3
en	**blus -en -ar**	*Bluse*	3
	bocka -r -de -t för	*abhaken*	6
	boka -r -de -t tid	*einen Termin machen*	5
en	**bokhylla -n -or**	*Bücherregal*	1
en	**bonde -n bönder**	*Bauer*	10
	borgerlig -t -a	*bürgerlich*	10
	bort	*weg*	2
	bortifrån	*von weither*	2
en	**bostad -en bostäder**	*Wohnung, Haus*	1
en	**bostadsrätt -en -er**	*Eigentumswohnung*	1
en	**brand -en -bränder**	*Brand*	2
en	**bredd -en -er**	*Breite*	3
	bredd -tt -a	*geschmiert*	9
	bredvid	*nebenan*	1
(ett)	**brons -et**	*Bronze*	2
en	**brorsa -n -or**	*Bruder (fam.)*	8
en	**broschyr -en -er**	*Broschüre*	8
en	**brottsplats -en -er**	*Tatort*	2
en	**brud -en -ar**	*Braut*	9
en	**bruksanvisning -en -ar**	*Gebrauchsanweisung*	5
	bry -r -dde -tt sig om	*sich um jmd./etw. kümmern*	3
	brygga -er -de -t	*(Kaffee) kochen*	9
en	**brygga -n -or**	*Bootssteg*	7
	bryta -er bröt brutit	*abbauen*	7
en	**brytning -en -ar**	*Akzent*	8
en	**buk -en -ar**	*Bauch*	9
en	**bundeskansler -n -kanslar**	*Bundeskanzler, Bundeskanzlerin*	2
en	**bybo -n -r**	*Dorfbewohner*	2
	bygga -er -de -t	*bauen*	7
ett	**byggprojekt -et --**	*Bauprojekt*	9
(en)	**bytesrätt -en**	*Umtauschrecht*	3
ett	**bågskytte -t -n**	*Bogenschießen*	4
en	**bänk -en -ar**	*Bank*	RB1
	bära bär bar burit	*tragen*	3
	bärga -r -de -t	*bergen*	7
	bättre	*besser*	1

C

ett	**centrum -et centra**	*Stadtmitte*	1
ett	**citat -et --**	*Zitat*	9
en	**civilingenjörexamen -- examina**	*Ingenieursabschluss*	8
ett	**cv -t -n**	*Lebenslauf*	9
(en)	**cykling -en**	*Radfahren*	4

D

	d.v.s. (det vill säga)	*d.h.*	1
en	**dag -en -ar**	*Tag*	1
ett	**daghem -met --**	*Kita*	8
en	**dagstidning -en -ar**	*Tageszeitung*	2
en	**dans -en -er**	*Tanz*	4
en	**datavetare -n --**	*Informatiker*	9
	dela -r -de -t upp	*einteilen*	8
	delge delger delgav delgivit	*preisgeben*	5
	delta -r deltog deltagit	*teilnehmen*	2
en	**deltagare -n --**	*Teilnehmer*	3
en	**deltid -en -er**	*Teilzeit*	9
	delvis	*teilweise*	6
en	**demokrati -n -er**	*Demokratie*	10
ett	**departement -et --**	*Ministerium*	10
	dessvärre	*leider*	5
	diagnostisera -r -de -t	*diagnostizieren*	9
en	**diskmaskin -en -er**	*Spülmaschine*	1
	dit	*dorthin*	2
	dock	*jedoch*	10
en	**docka -n -or**	*Puppe*	3
	dominerande	*dominant*	6
en	**domkyrka -n -or**	*Dom*	7
en	**domstol -en -ar**	*Gericht*	9
ett	**dop -et --**	*Taufe*	9
	drabbas drabbas drabbades drabbats	*erleiden*	6
	drygt	*etwa*	7
	duktig -t -a	*geschickt*	8
en	**dusch -en -ar**	*Dusche*	1
	då och då	*hin und wieder*	2
	där	*dort*	2
	däremot	*dagegen*	1
	därifrån	*von dort*	2
	därmed	*somit*	7
	därtill	*dazu*	4
	döpa -er -te -t	*taufen*	9
	döpt -- -a	*getauft*	9

E

en	**egenskap -en -er**	*Eigenschaft*	6
	egentligen	*eigentlich*	2
(en)	**ekonomi -n**	*Wirtschaft*	2
ett	**ekonomiprogram -met --**	*Wirtschaftslinie*	8
	elak -t -a	*gemein*	6
en	**eld -en -ar**	*Feuer*	2
ett	**e-mejl -et --**	*E-Mail*	5
	emottagen -t -emottagna	*empfangen*	9
	en och annan	*der ein oder andere*	2
	engagerad -t -e	*engagiert*	8
en	**enhet -en -er**	*Einheit*	10
	enskild -t -a	*einzeln*	10
	erbjuda -er erbjöd erbjudit	*anbieten*	8
en	**erfarenhet -en -er**	*Erfahrung*	8
	etablera -r -de -t	*gründen*	7
ett	**examensarbete -t -n**	*Abschlussarbeit*	8
en	**expedit -en -er**	*Verkäufer, Verkäuferin*	9

F

ett	**familjeliv -et --**	*Familienleben*	5
en	**farsa -n -or**	*Papa (fam.)*	8
	fast	*obwohl*	1
	fast anställd	*fest angestellt*	9
	fastställa -er -de -t	*festlegen*	10
	fatta -r -de -t	*kapieren*	9
	femman	*fünfte Klasse*	8
	figurnära	*figurbetont*	3
	fin -t -a	*schön*	1
en	**finanskris -en -er**	*Finanzkrise*	2
en	**finansminister -n -ministrar**	*Finanzminister*	10

5

SCHWEDISCH - DEUTSCH

en	**fiskebåt -en -ar**	*Fischerboot*	7
ett	**fiskesamhälle -t -n**	*Fischerdorf*	7
	fixa -r -de -t mat	*Essen machen*	8
	fler	*mehr*	6
ett	**flerfamiljshus -et --**	*Mehrfamilienhaus*	1
	flest	*am meisten*	1
ett	**flickebarn -et --**	*Mädchen*	9
	fly -r -dde -tt	*flüchten*	2
en	**flykting -en -ar**	*Flüchtling*	2
	flytta -r -de -t ut	*ausziehen*	1
	flytta -r -de -t in	*einziehen*	1
	folkbokförd -t -a	*(amtlich) gemeldet*	10
en	**folkomröstning -en -ar**	*Volksabstimmung*	2
en	**folkrörelse -n -r**	*Volksbewegung*	4
en	**fontän -en -er**	*Brunnen*	7
en	**forskare -n --**	*Forscher*	9
	fram	*nach vorne*	2
	framför	*vor*	1
en	**framgång -en -ar**	*Erfolg*	8
	framifrån	*von vorne*	2
	framställd -t -a	*hingestellt*	9
(en)	**framtid -en**	*Zukunft*	8
en	**fras -en -er**	*Phrase*	6
(en)	**frihet -en**	*Freiheit*	10
	frilansa -r -de -t	*freiberuflich tätig sein*	5
	frivillig -t -a	*freiwillig*	8
	främmande	*fremd*	8
	främst	*vorwiegend*	5
	fullmäktige Pl	*Gemeinderat*	10
	fundera -r -de -t	*überlegen*	6
en	**funktionshindrad den funktionshindrade -e**	*Mensch mit Behinderung*	10
en	**fyra -n -or**	*Vierzimmerwohnung*	1
	fyran	*vierte Klasse*	8
en	**fysioterepeut -en -er**	*Physiotherapeut*	9
	fysiskt	*physisch*	6
	få en uppfattning	*sich ein Bild machen*	5
	få får fick fått lov	*tun dürfen*	10
ett	**fågelliv -et --**	*Vogelwelt*	7
	fånga läsarens intresse	*das Interesse des Lesers wecken*	9
en	**fåtölj -en -er**	*Sessel*	1
en	**färdighet -en -er**	*Fertigkeit*	8
	färdigskriven -t skrivna	*fertig geschrieben*	9
	färgglad -glatt -a	*bunt*	1
	färre	*weniger*	6
	följande	*folgende*	6
ett	**fönster fönstret --**	*Fenster*	1
	för närvarande	*zur Zeit*	9
	föra för förde fört	*bringen*	2
ett	**föräldrahem -met --**	*Elternhaus*	1
(en)	**föranmälan --**	*Voranmeldung*	7
en	**förare -n --**	*Fahrer*	2
	förbättra -r -de -t	*verbessern*	8
en	**förbättring -en -ar**	*Verbesserung*	10
	förbereda sig -er -de -tt	*sich vorbereiten*	3
en	**fördel -en -ar**	*Vorteil*	5
	fördjupa -r -de -t	*vertiefen*	8
	förebyggande	*vorbeugend*	6
en	**föreläsning -en -ar**	*Vorlesung*	8
en	**företagschef -en -er**	*Unternehmenschef*	5

en	**företagsfest -en -er**	*Betriebsfeier*	3
en	**företagsledare -n --**	*Betriebsleiter*	9
(ett)	**förfogande -t**	*Verfügung*	5
en	**förfrågan -- förfrågningar**	*Anfrage*	5
ett	**förhållande -t -n**	*Beziehung*	RB2
en	**förhandling -en -ar**	*Verhandlung*	2
	förlora -r -de -t	*verlieren*	2
en	**förort -en -er**	*Vorort*	1
en	**förövare -n --**	*Täter*	2
ett	**förråd -et --**	*Abstellraum*	1
en	**försäkring -en -ar**	*Versicherung*	5
ett	**försäkringsbolag -et --**	*Versicherungsfirma*	5
en	**församling -en -ar**	*Gemeinde*	9
ett	**församlingsarbete -t -n**	*Gemeindearbeit*	9
	förskräcklig -t -a	*schrecklich*	2
ett	**förslag -et --**	*Vorschlag*	10
	försova sig -er försov försovit	*verschlafen*	3
	försvara -r -de -t	*verteidigen*	9
	förutom	*außer*	7
en	**förutsättning -en -ar**	*Voraussetzung*	3
(en)	**förvaltning -en**	*Verwaltung*	9
en	**förvandlingseffekt -en -er**	*Verwandlungseffekt*	3

G

ett	**garage -t --**	*Garage*	1
en	**gardin -en -er**	*Gardine*	1
	gemensam -t -ma	*gemeinsam*	10
	genant -- -a	*peinlich*	5
ett	**genombrott -et --**	*Durchbruch*	4
	genomföra genomför genomförde genomfört	*durchführen*	4
	genomgå -r genomgick genomgått	*sich unterziehen*	3
	gifta -er -e -t om sig	*wieder heiraten*	2
	glad glatt glada	*fröhlich*	6
(en)	**golf -en**	*Golf*	4
ett	**golv -et --**	*Fußboden*	1
en	**gotlänning -en -ar**	*Bewohner Gotlands*	7
en	**granne -n -ar**	*Nachbar, Nachbarin*	1
ett	**grannland -et --**	*Nachbarland*	4
	granska -r -de -t	*prüfen*	9
	gripa -er grep gripit	*ergreifen*	2
	grunda -r -de -t	*gründen*	7
en	**grundskola -n -or**	*Grundschule*	8
en	**gruva -n -or**	*Mine*	7
ett	**gruvsamhälle -t -n**	*Bergbaustadt*	7
	grå -tt -a	*grau*	3
en	**gräsmatta -n -or**	*Rasenfläche*	1
	grön -t -a	*grün*	3
	Gud	*Gott*	2
en	**gudstjänst -en -er**	*Gottesdienst*	9
	guida -r -de -t	*führen*	7
en	**guide -n -er**	*Fremdenführer*	7
	gul -t -a	*gelb*	3
(ett)	**guld -et**	*Gold*	2
en	**guldram -en -ar**	*Goldrahmen*	1
	gullig -t -a	*niedlich, süß*	8

Alphabetische Wortliste Schwedisch - Deutsch

ett	**gymnasium gymnasiet gymnasier**	*Gymnasium*	5
(en)	**gymnastik -en**	*Gymnastik*	4
en	**gympa -n -or**	*Turnen, Gymnastik*	4
	gå -r gick gått upp	*steigen*	2
	gå bort	*sterben*	2
	gå i ettan	*in die erste Klasse gehen*	8
	gå i första klass	*in die erste Klasse gehen*	8
	gå igenom	*durchkommen*	10
	gå ner i vikt	*abnehmen*	4
	gå till	*ablaufen*	10
	gå under	*untergehen*	RB1
	gå vilse	*sich verirren*	4
	gärna hellre helst	*gern lieber am liebsten*	5
	göra om sig	*sich neu erfinden*	3
	göra slut	*Schluss machen*	6

H

	ha har hade haft på sig	*tragen*	3
	ha råd med	*sich etwas leisten können*	1
en	**hall -en -ar**	*Flur*	1
	hamna -r -de -t på	*landen bei*	10
(en)	**handboll -en**	*Handball*	4
en	**handelsman -nen handelsmän**	*Kaufmann*	7
	handla -r -de -t om	*sich handeln um*	5
	handleda -er -dde -tt	*betreuen*	9
en	**handledare -n --**	*Betreuer*	8
en	**hansestad -en hansestäder**	*Hansestadt*	7
(en)	**hantering -en**	*Handhabung*	10
en	**hatt -en -ar**	*Hut*	3
en	**hedersgäst -en -er**	*Ehrengast*	7
en	**heltid -en -er**	*Vollzeit*	9
	hemifrån	*von zu Hause*	2
	hen	*er oder sie (geschlechtsneutral)*	2
	hinna hinner hann hunnit med	*etwas (zeitlich) schaffen*	8
en	**hiss -en -ar**	*Fahrstuhl*	1
	hit	*hierher*	2
	hittad -t -e	*gefunden*	2
	hota -r -de -t	*drohen*	2
(en)	**humor -n**	*Humor*	6
ett	**husdjur -et --**	*Haustier*	1
en	**husläkare -n --**	*Hausarzt ,-ärztin*	2
(en)	**hy -n**	*Haut*	2
en	**hylla -n -or**	*Regal*	10
en	**hyra -n -or**	*Miete*	1
en	**hyresgäst -en -er**	*Mieter*	1
en	**hyresrätt -en -er**	*Mietwohnung*	1
	hålla -er höll hållit med	*zustimmen*	6
	hård hårt hårda	*hart*	3
ett	**hälsoperspektiv -et --**	*gesundheitliche Perspektive*	4
en	**hälft -en -er**	*Hälfte*	1
	hänga -er -de -t	*hängen*	1
	härlig -t -a	*herrlich*	1
	häromdagen	*neulich*	6
	hög -t -a	*hoch*	1
ett	**höghus -et --**	*Hochhaus*	1
en	**högskola -n -or**	*Hochschule*	8
ett	**högskolepoäng -et --**	*Credit Point*	8
ett	**högstadium högstadiet högstadier**	*Oberstufe der schwedischen Grundschule*	8
	höja -er -de -t	*erhöhen*	10
	höjd -t -a	*erhöht*	10
ett	**höjdhopp -et --**	*Hochsprung*	4
	höra av sig	*sich melden*	5
	höra till	*dazu gehören*	9
en	**hörselnedsättning -en -ar**	*Hörschwäche*	8
ett	**höskolespår -et --**	*Hochschullinie*	8

I

	i fjol	*im Vorjahr*	2
	i nuläget	*derzeit*	2
	i punktform	*in Stichpunkten*	9
	i slutet av	*am Ende von*	4
	i västerläge	*mit Westausrichtung*	1
	icke	*nicht*	5
en	**idrottsgren -en -ar**	*Sportart*	4
	ihop	*zusammen*	1
	ilsken -t ilskna	*wütend*	2
	in	*hinein*	2
ett	**inbrott -et --**	*Einbruch*	5
en	**inbrottstjuv -en -ar**	*Einbrecher*	5
	indelad -t -e	*eingeteilt*	8
en	**inflation -en -er**	*Inflation*	2
	influera -r -de -t	*beeinflussen*	7
	ingå ingår ingick ingått	*zu etw. gehören*	10
	ingå -r gick gått	*inklusive*	1
	inifrån	*aus ... heraus*	2
ett	**inlägg -et --**	*Beitrag*	6
ett	**inlärningshinder -hindret --**	*Lernschwierigkeiten*	8
	inleda -er -de -tt	*anfangen*	9
en	**inledning -en -ar**	*Anfang*	9
	innan	*bevor*	RB1
	innan dess	*bis dahin*	5
	inne	*innen, drinnen*	2
en	**inneboende -den inneboende --**	*Untermieter*	1
	innehålla -er innehöll innehållit	*beinhalten*	2
	innovativ -t -a	*innovativ*	8
en	**inredning -en -ar**	*Einrichtung*	2
	inrikes	*Inland-, national*	2
en	**inriktning -en -ar**	*Ausrichtung*	8
ett	**inslag -et --**	*Sendung*	3
	installera -r -de -t	*einbauen*	1
en	**inställning -en -ar**	*Einstellung*	8
	intervjua -r -de -t	*interviewen; ein Bewerbungsgespräch führen*	9
en	**invandrare -n --**	*Einwanderer*	8
en	**invandring -en -ar**	*Einwanderung*	10
(en)	**inverkan --**	*Einfluss*	3
	inviga -er -de -t	*einweihen*	7
	inåtvänd -t -a	*in sich gekehrt*	6
	isolera sig -r -de -t	*sich isolieren*	6

J

	jobbig -t -a	*mühsam, anstrengend*	9
(en)	**joggning -en**	*Jogging*	4
ett	**jordbuk -et --**	*Landwirtschaft*	9
en	**jungfrufärd -en -er**	*Jungfernfahrt*	7
(en)	**juridik -en**	*Jura*	5

	jädrar	*verflixt*	8
(en)	**jämlikhet -en**	*Gleichberechtigung*	10
	jämt	*ständig*	6
(en)	**järnmalm -en**	*Eisenerz*	7

K

	kallas kallas kallades kallats	*genannt werden*	4
	kamma sig -r -de -t	*sich kämmen*	3
en	**kammare -n --**	*Kammer*	10
(en)	**kampsport -en**	*Kampfsport*	4
en	**kandidatexamen -- kandidatexamina**	*Abschlussprüfung*	8
ett	**kaos -et --**	*Chaos*	6
en	**kappa -n -or**	*Mantel für Frauen*	3
ett	**karaktärsdrag -et --**	*Charakterzug*	6
en	**karriärist -en -er**	*Karrierist*	6
en	**kasse -n -ar**	*Tüte*	3
en	**kavaj -en -er**	*Jackett*	3
(en)	**kemi -n**	*Chemie*	8
en	**kjol -en -ar**	*Rock*	3
en	**klass -en -er**	*Klasse*	8
en	**klasskamrat -en -er**	*Klassenkamerad, Klassenkameradin*	5
en	**klimatförändring -en -ar**	*Klimaveränderung*	2
	klippa sig -er -te -t	*sich die Haare schneiden lassen*	3
	klä -r -dde -tt av sig	*ausziehen*	3
	klä -r -dde -tt ut	*verkleiden*	3
ett	**klädesplagg -et --**	*Kleidungsstück*	3
en	**klänning -en -ar**	*Kleid*	3
	knivmördad -t -e	*erstochen*	2
	kolla -r -de -t	*prüfen*	4
en	**kollega -n -or**	*Kollege*	9
ett	**kollektiv -et --**	*Wohngemeinschaft*	1
en	**komiker -n --**	*Komiker*	10
	komma fram	*ankommen*	2
	komma in på	*angenommen werden*	8
en	**kommun -en -er**	*Gemeinde*	10
ett	**kommunalråd -et --**	*Kommunalrat*	2
en	**kompass -en -er**	*Kompass*	4
	komplettera -r -de -t	*komplettieren*	9
	konkurrensinriktad -t -e	*auf Wettbewerb bedacht*	6
	konservativ -t -a	*konservativ*	10
(en)	**konståkning -en**	*Eiskunstlauf*	4
	konstig -t -a	*komisch*	2
ett	**konstverk -et --**	*Kunstwerk*	7
en	**konversation -en -er**	*Unterhaltung*	8
en	**koordinator -n -er**	*Koordinator, Koordinatorin*	7
(en)	**koppar -n**	*Kupfer*	7
en	**korg -en -ar**	*Korb*	1
en	**kostym -en -er**	*Anzug, Kostüm*	3
	kraftigt	*kräftig*	4
en	**kram -en -ar**	*Umarmung*	5
	kräva -er -de -t	*verlangen*	7
en	**kristallkrona -n -or**	*Kronleuchter*	1
en	**krukväxt -en -er**	*Topfpflanze*	1
	kry -tt -a	*gesund*	9
	krönas kröns kröntes krönts	*gekrönt werden*	4
en	**kudde -n -ar**	*Kissen*	1
en	**kungafamilj -en -er**	*Königsfamilie*	2
	kungsblå -tt -a	*königsblau*	3
	kunnig -t -a	*kenntnisvoll*	7
en	**kunskap -en -er**	*Kenntnis*	8
en	**kursare -n --**	*Kommilitone (fam.)*	8
en	**kurskamrat -en -er**	*Kommilitone*	8
en	**kvalifikation -en -er**	*Qualifikation*	9
en	**kvällstidning -en -ar**	*Abendzeitung*	2
	kvinnofridslinjen	*Hilfetelefon bei Gewalt gegen Frauen*	6
ett	**kvitto -t -n**	*Beleg*	3
ett	**kylskåp -et --**	*Kühlschrank*	1
en	**källare -n --**	*Keller*	1
en	**kändis -en -ar**	*Promi*	2
	känna känner kände känt	*fühlen*	1
en	**känsla -n -or**	*Gefühl*	6
	kär -t -a	*verliebt*	RB2
ett	**kök -et --**	*Küche*	1
ett	**kön -et --**	*Geschlecht*	3

L

ett	**lagförslag -et --**	*Gesetzesvorschlag*	10
en	**landsbygd -en -er**	*ländliches Gebiet*	10
ett	**landshövdingehus -et --**	*in Göteborg typisches dreistöckiges Wohngebäude*	1
ett	**landsting -et --**	*Provinziallandtag*	10
en	**lantbrukare -n --**	*Landwirt, Landwirtin*	9
	lata sig -r -de -t	*faulenzen*	3
en	**ledamot -en ledamöter**	*Abgeordnete(r)*	10
	ledig -t -a	*frei*	5
en	**ledighet -en -er**	*arbeitsfreie Zeit*	2
	ledsen -t ledsna	*traurig*	6
	legitimerad -t -e	*anerkannt*	8
en	**lekplats -en -er**	*Spielplatz*	1
	leverera -r -de -t	*liefern*	9
	ligga kvar på	*unverändert liegen bei*	10
en	**linbana -n -or**	*Seilbahn*	7
ett	**linne -t -n**	*Top*	3
	lita -r -de -t på	*trauen*	2
	lite till	*ein bisschen mehr*	7
ett	**livsstilsmagasin -et --**	*Lifestylemagazin*	2
	ljuga -er ljög ljugit	*lügen*	6
	ljuvlig -t -a	*herrlich*	7
en	**logoped -en -er**	*Logopäde*	9
	lojal -t -a	*loyal*	6
en	**lokal -en -er**	*Raum*	9
(en)	**lokaltrafik -en**	*Nahverkehr*	10
en	**lucka -n -or**	*Lücke*	6
	lustig -t -a	*lustig*	10
	lyckas lyckas lyckades lyckats	*gelingen*	6
	lyckas lyckas lyckades lyckats med	*jmd. gelingt etwas*	9
	lyxigt nog!	*Welch ein Luxus!*	1
	låg -t -a	*niedrig*	1
	lång -t -a	*lang*	1
ett	**lågstadium lågstadiet lågstadier**	*Unterstufe der schwedischen Grundschule*	8
	långsamt	*langsam*	4
	långt	*lang*	4
	Låt oss...	*Lass uns ...*	5
	låtsas låtsas låtsades låtsats	*so tun als ob*	6

en	**lägenhet -en -er**	*Wohnung*	1
	lägga -er la lagt ut	*posten*	5
	lägga fram	*einbringen*	10
	lägga märke till	*bemerken*	10
	lägga ut (pengar)	*ausgeben (Geld)*	3
	lägre	*niedriger*	1
ett	**läkarhus -et --**	*Ärztezentrum*	9
en	**läkarmottagning -en -ar**	*Arztpraxis*	9
	lämna -r -de -t in	*einreichen*	5
(en)	**lämplighet -en**	*Eignung*	9
	längta -r -de -t	*Sehnsucht haben*	4
en	**längd -en -er**	*Bahn*	4
(en)	**längdåkning -en**	*Langlauf*	4
ett	**läppstift -et --**	*Lippenstift*	7
	lära lär lärde lärt kän-na	*kennen lernen*	8
	lära sig lär lärde lärt	*lernen*	3
en	**läroplan -en -er**	*Lehrplan*	8
	lärorik -t -a	*lehrreich*	2
(en)	**läsning -en**	*Lesen*	8
en	**läxa -n -or**	*Hausaufgabe*	2
en	**lön -en -er**	*Gehalt*	3
en	**löneförhöjning -en -ar**	*Gehaltserhöhung*	3
	lös -t -a	*locker*	3

M

	m.m. (med mera)	*u.a. (unter anderem)*	9
en	**magövning -en -ar**	*Bauchübung*	4
en	**majoritet -en -er**	*Mehrheit*	6
	mambo	*bei den Eltern lebend*	1
en	**mambo -n -r**	*eine Person, die bei den Eltern wohnt*	1
en	**mandatperiod -en -er**	*Legislaturperiode*	10
(en)	**maskinteknik -en**	*Maschinenbau*	8
en	**masteruppsats -en -er**	*Masterarbeit*	8
ett	**matbord -et --**	*Esstisch*	1
en	**match -en -er**	*Spiel*	4
en	**matta -n -or**	*Teppich*	1
ett	**matteprov -et --**	*Mathetest*	8
en	**matvaruaffär -en -er**	*Lebensmittelgeschäft*	9
	med hjälp av	*mit Hilfe von*	3
	med sikte på	*mit dem Ziel*	8
en	**medalj -en -er**	*Medaille*	2
	medan	*während*	1
en	**medborgare -n --**	*Bürger*	10
ett	**medborgarskap -et --**	*Staatsangehörigkeit*	10
	medeltida	*mittelalterlich*	7
	medföra medför med-förde medfört	*verursachen*	10
en	**medlem -men -mar**	*Mitglied*	4
	medveten -t -medvet-na	*bewusst*	2
ett	**mellanstadium mellanstadiet mellanstadier**	*Mittelstufe der schwedi-schen Grundschule*	8
en	**mening -en -ar**	*Satz*	6
	meningsfull -t -a	*sinnvoll*	7
	mestadels	*meist*	2
en	**metall -en -er**	*Metall*	1
en	**michelingubbe -n -gubbar**	*Michelinmännchen*	3
(en)	**midnattssol -en**	*Mitternachtssonne*	7
en	**midsommarafton -en midsommaraftnar**	*Mittsommerabend*	7
en	**miljö -n -er**	*Umwelt*	10
	mindre	*kleiner*	1
	minnas minns mindes mints	*sich erinnern*	5
	minska -r -de -t	*vermindern*	6
en	**minskning -en -ar**	*Senkung*	10
(en)	**misshandel -n**	*Misshandlung*	6
	misshandla -r -de -t	*misshandeln*	6
	misstänka -er -te -t	*verdächtigen*	6
	mitt emot	*gegenüber*	1
ett	**mode -t -n**	*Mode*	2
en	**momang -en -er**	*Moment*	5
en	**monark -en -er**	*Monarch*	4
	montera -r -de -t	*zusammenbauen*	9
en	**morsa -n -or**	*Mama (fam.)*	8
en	**mössa -n -or**	*Mütze*	3
	mot	*gegen*	4
(en)	**motion -en**	*Bewegung*	4
en	**motionsidrott -en -er**	*Gesundheitssport, Brei-tensport*	4
en	**motor -n -er**	*Motor*	7
en	**motsats -en -er**	*Gegenteil*	6
en	**motståndare -n --**	*Gegner*	2
en	**mottagning -en -ar**	*Praxis*	9
	Mums!	*Lecker!*	7
ett	**mål -et --**	*Tor*	4
	mån (månad)	*Monat (Abk.)*	1
	märka -er -te -t	*bemerken*	10
en	**mästarinna -n -or**	*Meisterin*	2
	mönstrad -t -e	*gemustert*	3
en	**möjlighet -en -er**	*Möglichkeit*	8
	mördad -t -e	*ermordet*	2

N

en	**nackdel -en -ar**	*Nachteil*	5
	nationalistisk -t -a	*nationalistisch*	10
en	**nationalpark -en -er**	*Nationalpark*	7
ett	**naturvetenskapspro-gram -met --**	*naturwissenschaftlicher Zweig*	5
	nedanstående	*untenstehend*	6
	ner	*nach unten*	2
	nere	*unten*	2
	nerifrån	*von unten*	2
	nian	*neunte Klasse*	8
en	**nivå -n -er**	*Niveau*	8
	njuta njuter njöt njutit	*genießen*	7
	nog	*wohl*	5
(ett)	**norrsken -et**	*Polarlicht*	7
	nuförtiden	*heutzutage*	5
	ny -tt -a	*neu*	1
en	**nybörjare -n --**	*Anfänger*	8
en	**nyhetssändning -en -ar**	*Nachrichtensendung*	10
	nymålad -t -e	*frisch gestrichen*	1
	nyrenoverad -t -e	*frisch renoviert*	1
	nå -r -dde -tt	*erreichen*	3
	nå upp till	*erreichen*	10
en	**näbb -en -ar**	*Schnabel*	9
	nöjd -t -a	*zufrieden*	9
en	**nöjespark -en -er**	*Vernügungspark*	7

O

en	**oas -en -er**	*Oase*	7
	obehörig -t -a	*unbefugt*	5
	obligatorisk -t -a	*obligatorisch*	8

	odla -r -de -t	*züchten, anbauen*	1
(en)	**offentlig sektor den offentliga sektorn -er**	*öffentlichen Dienst*	10
	offentliggöra gör gjorde gjort	*veröffentlichen*	5
ett	**offer offret --**	*Opfer*	2
	oförändrat	*unverändert*	10
	ohövlig -t -a	*unhöflich*	6
	om	*wenn*	5
	omfatta -r -de -t	*umfassen*	10
(en)	**omgivning -en**	*Umfeld*	9
	omgående	*umgehend*	5
en	**omgörning -en -ar**	*(Stil-)Veränderung*	3
ett	**område -t -n**	*Gegend*	1
	omtyckt -- -a	*beliebt*	7
en	**opinionsmätning -en -ar**	*Meinungsumfrage*	10
	opålitlig -t -a	*unzuverlässig*	6
	oproblematiskt	*unproblematisch*	4
ett	**ord -et --**	*Wort*	2
	ordentlig -t -a	*ordentlich*	6
	ordna -r -de -t	*arrangieren*	4
(en)	**orientering -en**	*Orienterungslauf*	4
	orka -r -de -t	*schaffen*	4
	oroa sig -r -de -t	*sich sorgen*	3
	orolig -t -a	*besorgt*	6
	OS = Olympiska spelen	*Olympische Spiele*	2
	osäker -t -osäkra	*unsicher*	2
	oseriös -t -a	*unseriös*	2
	otrogen -t -otrogna	*untreu*	2
	otroligt	*unglaublich*	3
	otålig -t -a	*ungeduldig*	9
	ovanför	*oberhalb*	1
	oärlig -t -a	*unehrlich*	6
	ovänlig -t -a	*unfreundlich*	6

P

ett	**par byxor**	*Hose*	3
ett	**par handskar**	*ein Paar Handschuhe*	3
ett	**par kalsonger**	*Unterhose für Männer*	3
ett	**par skor -na**	*ein Paar Schuhe*	3
ett	**par strumpor**	*ein Paar Strümpfe*	3
ett	**par trosor**	*Unterhose für Frauen*	3
ett	**par vantar**	*ein Paar Fäustlinge*	3
ett	**parhus -et --**	*Doppelhaus*	1
ett	**parti -et -er**	*Partei*	10
en	**patient -en -er**	*Patient*	9
en	**pedagogik -en -er**	*Pädagogik*	8
	peka -r -de -t på	*auf etw. zeigen*	7
	peka -r -de -t ut	*identifizieren*	3
en	**pensionär -en -er**	*Rentner, Rentnerin*	4
ett	**personligt brev**	*Anschreiben*	9
en	**pianist -en -er**	*Pianist*	8
	pigg -t -a	*lebhaft*	7
en	**pinne -n -ar**	*Stange*	9
	pinsam -t -ma	*peinlich*	5
	pittoresk -t -a	*malerisch*	7
	plantera -r -de -t	*pflanzen*	9
	plastikoperera sig -r -de -t	*eine Schönheits-OP durchführen lassen*	2
en	**platsannons -en -er**	*Stellenanzeige*	9
en	**platt -TV -n**	*Flachbildfernseher*	1
en	**plugghäst -en -ar**	*Streber*	6
	polisanmäla -er -de -t	*bei der Polizei anzeigen*	6
	popsångare -n --	*Popsänger, Popsängerin*	2
en	**populärvetenskaplig tidskrift den populärvetenskapliga tidskriften -er**	*populärwissenschaftliche Zeitschrift*	2
(en)	**posthantering -en**	*Postbearbeitung*	9
	praktfull -t -a	*prachtvoll*	7
	praktisk -t -a	*praktisch*	1
en	**präst -en -er**	*Pfarrer, Pfarrerin*	9
en	**predikstol -en -ar**	*Kanzel*	9
	prenumerera -r -de -t	*abonnieren*	2
en	**president -en -er**	*Präsident*	2
en	**presskonferens -en -er**	*Pressekonferenz*	2
	prickig -t -a	*gepunktet*	1
(en)	**primärvård -en**	*medizinische Erstversorgung*	9
en	**procentenhet -en -er**	*Prozentpunkt*	10
en	**professor -n -er**	*Professor*	6
ett	**program -met --**	*Linie im Gymnasium*	8
en	**programledare -n --**	*Moderator, Moderatorin*	2
en	**programvara -n -or**	*Software*	9
en	**proposition -en -er**	*Regierungsvorlage*	10
ett	**prov -et --**	*Test*	2
en	**provanställning -en -ar**	*Probezeit*	9
ett	**provrum -met --**	*Umkleidekabine*	3
en	**psalm**	*Kirchenlied, Psalm*	9
	psykiskt	*psychisch*	6
	publicerad -t -e	*veröffentlicht*	9
	pytteliten pyttelitet pyttesmå	*winzig*	1
	på landet	*auf dem Land*	1
	påbörja -r -de -t	*beginnen*	7
en	**påfrestning -en -ar**	*Belastung*	10
	pålitlig -t -a	*zuverlässig*	6
ett	**påstående -t -n**	*Behauptung*	7
	påverka -r -de -t	*auswirken*	5

R

en	**rabatt -en -er**	*Blumenbeet*	1
ett	**radhus -et --**	*Reihenhaus*	1
	randig -t -a	*gestreift*	3
	rasande	*rasend*	6
en	**rea -n -or**	*Ausverkauf*	3
en	**receptionist -en -er**	*Rezeptionist*	9
	redigera -r -de -t	*redigieren*	9
en	**redovisning -en -ar**	*Rechenschaftsbericht*	9
ett	**regalskepp -et --**	*Regalschiff*	7
en	**regering -en -ar**	*Regierung*	2
en	**region -en -er**	*Region*	10
en	**regnskur -en -ar**	*Regenschauer*	2
(en)	**reinkarnation -en**	*Wiedergeburt*	4
en	**rektor -n -er**	*Rektor*	7
en	**relation -en -er**	*Beziehung*	6
(en)	**renässans -en**	*Renaissance*	7
	renovera -r -de -t	*renovieren*	3
	representerad -t -e	*vertreter*	10
	resa sig -er -te -t	*aufstehen*	2
	restaurera -r -de -t	*restaurieren*	7
en	**revisor -n -er**	*Wirtschaftsprüfer*	7
(en)	**ridning -en**	*Reiten*	4
(en)	**riksdag -en**	*Reichstag*	10
en	**ringmur -en -ar**	*Ringmauer*	7

en	**rock -en -ar**	*Mantel*	3
en	**rodd -en -er**	*Rudern*	4
	rok (rum och kök)	*Zimmer mit Küche (Abk.)*	1
	romantisk -t -a	*romantisch*	7
en	**rubrik -en -er**	*Überschrift*	9
	rutig -t -a	*kariert*	3
	råda -er -dde -tt	*herrschen*	3
(en)	**rådgivning -en**	*Beratung*	9
	räcka -er- te -t	*reichen*	1
	rädd -- rädda	*ängstlich*	2
en	**räddningstjänst -en -er**	*Rettungsdienst*	10
	röd rött röda	*rot*	3
en	**rödspätta -n -or**	*Scholle*	8
	rökfri -tt -a	*Nichtraucher*	1
	röra sig rör rörde rört	*sich bewegen*	1
	rösta -r -de -t	*wählen*	10

S

en	**samarbetsförmåga -n -or**	*Teamfähigkeit*	9
	samarbetsvillig -t -a	*teamfähig*	9
	sambo	*zusammenlebend (Paar)*	1
en	**sambo -n -r**	*Lebensgefährte, Lebensgefährtin*	1
en	**samhällsgrupp -en -er**	*soziale Gruppe*	4
(en)	**samhällskunskap -en**	*Sozialkunde*	8
ett	**samhällsvetenskapsprogram -met --**	*gesellschaftswissenschaftliche Linie*	8
	sammanfatta -r -de -t	*zusammenfassen*	8
ett	**sammanhang -et --**	*Zusammenhang*	3
	sammanställa -er -de -t	*zusammenstellen*	10
ett	**sammanträde -t -n**	*Sitzung*	9
ett	**schema -t -n**	*Stundenplan*	8
	se fram emot	*sich freuen*	5
	se till	*Acht geben*	9
ett	**sekel seklet sekel**	*Jahrhundert*	7
en	**sekreterare -n --**	*Sekretär, Sekretärin*	9
en	**semester -n semestrar**	*Urlaub*	5
	senast	*spätestens*	9
	senaste	*neuestes*	2
	sensationell -t -a	*sensationell*	2
en	**serietidning -en -ar**	*Comic*	2
	seriös -t -a	*seriös*	2
(en)	**serviceanda -n**	*Dienstleistungsgedanke*	9
	serviceinriktad -t -e	*dienstleistungsorientiert, kundenfreundlich*	9
	ses ses sågs setts	*einander sehen*	5
	sexan	*sechste Klasse*	8
ett	**sexvåningshus -et --**	*sechsstöckiges Haus*	1
	sfi (svenska för invandrare)	*Schwedischunterricht für Einwanderer*	8
(ett)	**silver silvret**	*Silber*	2
ett	**simhopp -et --**	*Kunstspringen*	4
en	**simning -en -ar**	*Schwimmen*	2
ett	**singelhushåll -et --**	*Singelhaushalt*	1
	sjuan	*siebte Klasse*	8
	sjunka -er sjönk sjunkit	*sinken*	10
(en)	**själavård -en**	*Seelsorge*	9
	självisk -t -a	*selbstsüchtig*	6
en	**självkänsla -n -or**	*Selbstwertgefühl*	6
	självkritisk -t -a	*selbstkritisch*	9
(en)	**självständighet -en**	*Selbstständigkeit*	1
	självstyrande	*selbstverwaltend*	10
ett	**självstyre -t -n**	*Sebstverwaltung*	10
en	**sjöbod -en -ar**	*Geräteschuppen am Strand*	7
	skada -r -de -t	*verletzen*	2
	skadad -t -e	*verletzt*	2
ett	**skaldjur -et --**	*Schalentier*	7
	skall vara oss tillhanda	*sollen uns vorliegen*	9
	skapa -r -de -t	*erschaffen*	7
en	**skatt -en -er**	*Steuer*	9
ett	**skidlopp -et --**	*Skilauf*	4
	skilja sig -er skilde skilt	*sich scheiden*	3
en	**skivstång -en skivstänger**	*Langhantel*	4
en	**skjorta -n -or**	*Hemd*	3
	skjuta -er sköt skjutit	*schießen*	2
en	**skolbänk -en -ar**	*Schulbank*	6
en	**skribent -en -er**	*Verfasser, Verfasserin*	3
(en)	**skridskoåkning -en**	*Schlittschuhlaufen*	4
ett	**skrik -et --**	*Schrei*	2
ett	**skrivbord -et --**	*Schreibtisch*	1
(en)	**skrivning -en**	*Schreiben*	8
en	**skuld -en -er**	*Schuld*	2
(ett)	**skvaller skvallret**	*Klatsch*	2
en	**skvallertidning -en -ar**	*Klatschzeitung*	2
	skynda sig -r -de -t	*sich beeilen*	3
en	**skyskrapa -n -or**	*Wolkenkratzer*	7
en	**skådespelerska -n -or**	*Schauspielerin*	2
ett	**skåp -et --**	*Schrank*	1
ett	**skägg -et --**	*Bart*	3
	skämmas skäms skämdes skämts	*sich schämen*	6
	skämta -r -de -t	*scherzen*	6
	skär -t -a	*rosa*	3
ett	**skärp -et --**	*Gürtel*	3
	sköta -er skötte skött om	*pflegen*	9
en	**slalomport -en -ar**	*Slalomstange*	4
	slarvig -t -a	*schlampig*	6
en	**slips -en -ar**	*Krawatte*	3
	sliten -t slitna	*abgenutzt*	3
	sluta -r -de -t	*aufhören, kündigen*	2
	slående	*auffallend*	3
	slät -t -a	*glatt*	2
	slö -tt -a	*träge*	9
ett	**smink -et --**	*Schminke*	3
	smutsa -r -de -t ner	*verschmutzen*	RB2
ett	**småföretag -et --**	*Kleinunternehmen*	10
	snabbt	*schnell*	4
	snacka -r -de -t	*reden (fam.)*	8
	snarast möjligt	*möglichst bald*	9
en	**snickare -n --**	*Tischler*	9
ett	**snickeri -et -er**	*Tischlerei*	9
ett	**snideri -et -er**	*Schnitzerei*	9
	snygg -t -a	*hübsch*	3
	snäll -t -a	*nett, lieb*	6
	SO (samhällsorienterande ämnen)	*sozialkundliche Fächer*	8
(en)	**socialpsykologi -n**	*Sozialpsychologie*	6

en	**socialtjänst -en -er**	*Sozialhilfe*	10
en	**soffa -n -or**	*Sofa*	1
ett	**soffbord -et --**	*Couchtisch*	1
ett	**sommarsolstånd -et --**	*Sommersonnwende*	7
ett	**sovrum -met --**	*Schlafzimmer*	1
	spara -r -de -t	*sparen*	3
(en)	**specialistsjukvård -en**	*Facharztbetreuung*	9
en	**spegel -n speglar**	*Spiegel*	1
	spela en viktig roll	*eine wichtige Rolle spielen*	4
	spendera -r -de -t	*ausgeben*	3
en	**spis -en -ar**	*Herd*	1
	spräcka -er -te -t	*sprengen*	2
en	**spricka -n -or**	*Spalt*	7
	sprida sig -er spred spridit	*sich verbreiten*	4
	spruta -r -de -t	*spritzen*	RB2
	spåra -r -de -t ur	*entgleisen*	2
en	**stadsteater -n -teatrar**	*Stadttheater*	7
en	**stadsvandring -en -ar**	*Stadtwanderung*	7
	starkare	*stärker*	2
en	**statsbudget -en -ar**	*Haushalt*	10
en	**statsminister -n -ministrar**	*Ministerpräsident*	10
en	**staty -n -er**	*Statue*	7
en	**stav -en -ar**	*Stock*	4
(en)	**stavgång -en**	*Nordic Walking*	4
en	**sten -en -ar**	*Stein*	7
	stenhårt	*knallhart*	8
ett	**stenhus -et --**	*Steinhaus*	1
	stiga -er steg stigit	*steigen*	2
	stjäla stjäl stal stulit	*stehlen*	5
en	**stjärna -n -or**	*Star*	6
en	**stol -en -ar**	*Stuhl*	1
	stolt -- -a	*stolz*	7
en	**stomme -n -ar**	*Grundlage*	10
	stor vikt läggs vid	*großer Wert wird gelegt auf*	9
en	**storlek -en -ar**	*Größe*	3
	storma -r -de -t in	*hineinstürmen*	2
en	**straffspark -en -ar**	*Strafstoß*	4
	stressa -r -de -t	*im Stress stehen*	9
	stressa -r -de -t av	*Stress abbauen*	9
	stressad -t -de	*gestresst*	9
	stressig -t -a	*stressig*	1
	stryka -er strök strukit under	*unterstreichen*	6
ett	**studentrum -met --**	*Studentenzimmer*	1
(en)	**studietakt -en**	*Geschwindigkeit des Studiums*	8
en	**stund -en -er**	*Weile*	5
	styra styr styrde styrt	*führen*	10
(en)	**styrketräning -en**	*Krafttraining*	4
ett	**ställe -t -n**	*Platz, Ort*	7
ett	**stöd -et --**	*Unterstützung*	6
	stödja stödjer stödde stött	*unterstützen*	6
en	**stöld -en -er**	*Diebstahl*	5
	större	*größer*	1
en	**svaghet -en -er**	*Schwäche*	9
	svart -- -a	*schwarz*	1
	svartsjuk -t -a	*eifersuchtig*	6
(en)	**svartsjuka -n**	*Eifersucht*	6
	svettas svettas svettades svettats	*schwitzen*	4

	sydd -tt -a	*genäht*	9
	synlig	*sichtbar*	1
en	**syrra -n -or**	*Schwester (fam.)*	8
	så att	*damit*	5
en	**såpopera -n -or**	*Seifenoper*	8
	säga -er sa sagt upp	*kündigen*	6
en	**säng -en -ar**	*Bett*	1
	sänka -er -te -t	*herabsetzen*	10
	sänkt -- -a	*gesenkt*	10
	särbo	*getrennt lebend*	1
en	**särbo -n -r**	*Paar, das nicht gemeinsam lebt*	1
ett	**sätt -et --**	*Art und Weise*	9
	sätta -er satte satt på sig	*anziehen*	3
	sätta värde på	*Wert legen auf*	9
en	**sökande den sökande --**	*Bewerber*	9
	sökläsa -er -te -t	*einen Text auf bestimmte Informationen durchsehen*	8
en	**sökmotor -n -er**	*Suchmaschine*	2
en	**sökning -en -ar**	*Suche*	2
	söt -t -a	*niedlich*	5

T

	ta bort	*entfernen*	5
	ta emot	*empfangen*	9
	ta hand om	*sich kümmern um*	5
	ta på sig	*annehmen*	5
	ta reda på	*herausfinden*	2
	ta skada	*Schaden nehmen*	6
	ta studenten	*das Abitur machen*	5
	ta tar tog tagit hem	*holen (Medaille, Sieg)*	4
	ta upp kontakten	*die Verbindung aufnehmen*	6
	ta ut en skilsmässa	*die Scheidung einreichen*	2
	Tack på förhand	*Danke im Voraus*	5
	tack vare	*dank*	7
	Tacka vet jag...	*Da lobe ich mir ...*	2
	tajt -- -a	*hauteng*	3
ett	**tak -et --**	*Decke*	1
(en)	**tandvård -en**	*Zahnarztwesen; Zahnpflege*	10
	tappa -r -de -t	*verlieren*	2
	tecknad -t -e	*gezeichnet*	2
ett	**tegel teglet --**	*Backstein*	7
	tejpa -r -de -t	*mit Klebeband kleben*	3
(en)	**teknik -en**	*Technik*	8
en	**temperatur -en -er**	*Temperatur*	10
(en)	**tennis -en**	*Tennis*	4
en	**termin -en -er**	*Semester*	5
	till höger om	*rechts von*	1
	till vänster	*links*	1
	till vänster om	*links von*	1
	tillämpa -r -de -t	*anwenden*	9
	tillåten -t -tillåtna	*erlaubt*	1
(en)	**tillgång -en**	*Zugang*	5
	tillsätta -er tillsatte tillsatt	*einsetzen*	10
ett	**tillstånd -et --**	*Zustand*	2
en	**tillsvidareanställning -en -ar**	*unbefristete Anstellung*	9
	tilltala -r -de -t	*ansprechen*	9

Alphabetische Wortliste Schwedisch - Deutsch

T - Ö

ett	**tillträde -t -n**	*Eintritt*	9
ett	**tips -et --**	*Tipp*	9
en	**tittare -n --**	*Zuschauer*	3
	tjatig -t -a	*nörgelig*	9
	tjusig -t -a	*entzückend*	3
en	**tjuv -en -ar**	*Dieb*	5
en	**tjänst -en -er**	*Dienstleistung; Stelle*	5
en	**tomt -en -er**	*Grundstück*	1
ett	**toppmöte -t -n**	*Spitzentreffen*	2
ett	**tornerspel -et --**	*Turnier*	4
ett	**torp -et --**	*Häuschen*	1
en	**trea -n -or**	*Dreizimmerwohnung*	1
	trean	*dritte Klasse*	8
en	**trerumslägenhet -en -er**	*Dreizimmerwohnung*	1
	trevlig -t -a	*nett*	1
en	**trimning -en -ar**	*Trimmen*	3
	trivas trivs trivdes trivts	*sich wohl fühlen*	6
	trivsam -t -ma	*gemütlich*	1
	troligen	*wahrscheinlich*	5
	trots att	*obwohl*	5
	trycka -er -te -t	*drucken*	2
	tråkig -t -a	*langweilig*	6
	trång -t -a	*eng*	3
ett	**träd -et --**	*Baum*	1
en	**trädgård -en -ar**	*Garten*	1
en	**trädgårdsmästare -n --**	*Gärtner, Gärtnerin*	9
ett	**trähus -et --**	*Holzhaus*	1
en	**träningsvärk -en -ar**	*Muskelkater*	4
en	**turist -en -er**	*Tourist*	7
en	**TV-bänk -en -ar**	*TV-Möbel*	1
	tvinga -r -de -t	*zwingen*	2
en	**tvåa -n -or**	*Zweizimmerwohnung*	1
	tvåan	*zweite Klasse*	8
en	**tvårumslägenhet -en -er**	*Zweizimmerwohnung*	1
	tvätta sig -r -de -t	*sich waschen*	3
en	**tvättbräda -n -or**	*Waschbrett*	4
en	**tvättstuga -n -or**	*Waschküche*	1
	tydligen	*scheinbar*	2
(en)	**tyngdlyftning -en**	*Gewichtheben*	4
	tänka sig -er -te -t	*sich denken*	1
en	**tätbebyggelse -n -r**	*Ballungsraum*	10
	tätt	*dicht*	1

U

	umgås umgås umgicks umgåtts	*Kontakt haben*	6
	under	*unter*	1
	under mellankrigstiden	*zwischen den Weltkriegen*	4
	underbar -t -a	*wunderbar*	1
	underhållande	*unterhaltsam*	7
en	**undersökning -en -ar**	*Untersuchung*	2
	understruken -t understrukna	*unterstrichen*	RB2
ett	**underverk -et --**	*Wunder*	7
(en)	**undervisning -en**	*Unterricht*	8
	undra -r -de -t	*sich fragen*	2
en	**undulat -en -er**	*Wellensittich*	9
en	**ungdom -en -ar**	*Jugendlicher, Jugendliche*	2
	ungefär	*ungefähr*	1
ett	**universitet -et --**	*Universität*	8
	upp	*nach oben*	2
	uppburrad -t -e	*aufgeplustert*	9
	uppdaterad -t -e	*auf dem neuesten Stand sein*	9
ett	**uppdrag -et --**	*Auftrag*	5
	uppdrucken -t -uppdruckna	*ausgetrunken*	9
	uppe	*oben*	2
(en)	**uppfostran --**	*Erziehung*	4
	uppföra uppför uppförde uppfört	*errichten*	7
	uppge -r uppgav uppgivit	*angeben*	5
	uppifrån	*von oben*	2
ett	**upplägg -et --**	*Gestaltung*	8
	uppleva -er -de -t	*erleben*	6
	upprepa sig -r -de -t	*sich wiederholen*	9
	uppskatta -r -de -t	*schätzen*	6
	uppstå uppstår uppstod uppstått	*entstehen*	6
	ursprungligen	*ursprünglich*	10
	ut	*hinaus, heraus*	2
	utannonserad -t -e	*ausgeschrieben*	9
	utåtriktad -t -e	*nach außen gerichtet*	6
	utbilda sig -r -de -t	*eine Ausbildung machen*	8
en	**utbildning -en -ar**	*Ausbildung*	8
en	**utbildningsminister -n -ministrar**	*Bildungsminister*	10
	utbryta -er utbröt utbrutit	*ausbrechen*	2
en	**utbytestermin -en -er**	*Austauschsemester*	8
	ute	*draußen; out, außer Mode*	2
en	**utflykt -en -er**	*Ausflug*	8
	utförligt	*ausführlich*	7
(en)	**utförsåkning -en**	*Skifahren (alpin)*	4
	utforska -r -de -t	*erforschen*	7
en	**utgångspunkt -en -er**	*Ausgangspunkt*	10
	uthyres	*wird vermietet*	1
	utifrån	*von außen*	2
en	**utlänning -en -ar**	*Ausländer, Ausländerin*	8
	utlösa -er -te -t	*auslösen*	2
en	**utmaning -en -ar**	*Herausforderung*	9
	utomstående	*Außenstehende*	5
	utrikes	*Auslands-, international*	2
en	**utrikesminister -n -ministrar**	*Außenminister*	10
	utse utser utsåg utsett	*auswählen*	7
ett	**utseende -t -n**	*Aussehen*	3
en	**utsikt -en -er**	*Blick*	1
en	**utskrift -en -er**	*gedruckter Text*	8
	utspela sig -r -de -t	*sich abspielen*	9
ett	**uttal -et --**	*Aussprache*	8
	uttrycka sig -er -te -t	*sich ausdrücken*	RB2
en	**utveckling -en -ar**	*Entwicklung*	6
	utökad -t -e	*erweitert*	10
	utöva -r -de -t	*betreiben*	4

V

en	**vaktavlösning -en -ar**	*Wachablösung*	7
ett	**val -et --**	*Wahl*	2
	vald -t -a	*gewählt*	10

ett	**valdeltagande -t -n**	*Wahlbeteiligung*	10
ett	**valprogram -met --**	*Wahlprogramm*	10
en	**vandringsled -en -er**	*Wanderweg*	7
	var tredje	*jeder dritte*	1
	vara emot	*dagegen sein*	10
	vara framme	*da sein, angekommen sein*	2
	vara tvungen att	*müssen*	8
en	**varaktighet -en -er**	*Dauer*	9
	varandra	*einander*	1
ett	**vardagsrum -met --**	*Wohnzimmer*	1
	vart	*wohin*	2
en	**vas -en -er**	*Vase*	1
en	**verksamhet -en -er**	*Betrieb*	9
	vetenskaplig -t -a	*wissenschaftlich*	2
(en)	**vetenskapshistoria -n**	*Wissenschaftsgeschichte*	7
en	**veterinär -en -er**	*Tierarzt, Tierärztin*	9
	vid	*neben*	1
en	**vigsel -n vigslar**	*Trauung*	9
(en)	**vikingatid -en**	*Wikingerzeit*	4
en	**villa -n -or**	*Einfamilienhaus*	1
	villig -t -a	*bereit*	5
en	**vind -en -er**	*Dachboden*	1
	vinna -er vann vunnit	*gewinnen*	2
en	**visning -en -ar**	*Besichtigung*	1
	visst	*wohl, sicher*	2
	vit -t -a	*weiß*	1
	vore	*wäre*	2
	vuxen -t vuxna	*erwachsen*	6
en	**vy -n -er**	*Blick*	1
	våldsam -t -ma	*gewalttätig*	6
en	**våning -en -ar**	*Etage*	1
(en)	**vårdpersonal -en**	*Pflegepersonal*	8
en	**vägg -en -ar**	*Wand*	1
en	**väljare -n --**	*Wähler*	2
	välkänd -t -a	*wohlbekannt*	9
	välorganiserad -t -e	*strukturiert*	9
	välplanerad -t -e	*gut geplant*	1
(en)	**vänförfrågan -- vänförfrågningar**	*Freundschaftsanfrage*	5
	vänlig -t -a	*freundlich*	1
en	**vänskap -en -er**	*Freundschaft*	6
en	**världsarvslista -n -or**	*Weltkulturerbeliste*	7
ett	**världskrig -et --**	*Weltkrieg*	4
(en)	**värme -n**	*Wärme*	2
en	**värdering -en -ar**	*Grundwert*	10
	väsentlig	*wesentlich*	4
en	**växt -en -er**	*Pflanze*	7
(en)	**yoga -n**	*Yoga*	4
ett	**yrkesliv -et --**	*Berufsleben*	9
	ytterligare	*des Weiteren*	5

Å

en	**åklagare -n --**	*Staatsanwalt*	5
en	**ålder -n åldrar**	*Alter*	2
(en)	**åldringsvård -en**	*Seniorenbetreuung*	10
	året om	*das ganze Jahr über*	7
ett	**århundrade -t -n**	*Jahrhundert*	4
en	**årskurs -en -er**	*Klassenstufe*	8
	åt alla håll	*in alle Richtungen*	2
	återspegla -r -de -t	*widerspiegeln*	6
	åtminstone	*wenigstens*	5
	åttan	*achte Klasse*	8

Ä

	äga -er -de -t	*besitzen*	1
	äga -er -de -t rum	*statt finden*	7
(ett)	**ägande -t**	*Besitz*	10
	ägna sig -r -de -t åt	*sich befassen mit*	5
ett	**ämne -t -n**	*Fach*	8
	än idag	*noch heute*	4
	ändra -r -de -t	*ändern*	3
	ängslig -t -a	*ängstlich*	RB2
	ännu inte	*noch nicht*	2
(en)	**ärlighet -en**	*Ehrlichkeit*	6

Ö

ett	**ögonvittne -t -n**	*Augenzeuge*	2
	ödmjuk -t -a	*demütig*	6
	öka -r -de -t	*steigern*	4
en	**ökning -en -ar**	*Erhöhung*	10
	önska -r -de -t	*wünschen*	1
	önskvärt	*wünschenswert*	9
(ett)	**öppet köp**	*Kauf mit Rückgaberecht*	3
	öva -r -de -t	*üben*	8
en	**översättare -n --**	*Übersetzer, Übersetzerin*	5
	översättas översätts översattes översatts	*übersetzt werden*	5
en	**översättningsbyrå -n -er**	*Übersetzungsbüro*	5
	övertygad -t -e	*überzeugt*	9

Alphabetische Wortliste Deutsch - Schwedisch

A

abbauen		**bryta -er bröt brutit**	7
Abbild	en	**avbild -en -er**	7
Abendzeitung	en	**kvällstidning -en -ar**	2
Abgase		**avgaser Pl**	RB2
abgenutzt		**sliten -t slitna**	3
Abgeordnete(r)	en	**ledamot -en ledamöter**	10
abhaken		**bocka -r -de -t för**	6
Abhang	en	**backe -n -ar**	4
ablaufen		**gå till**	10
abnehmen		**gå ner i vikt**	4
abonnieren		**prenumerera -r -de -t**	2
Abschlussarbeit	ett	**examensarbete -t -n**	8
Abschlussprüfung	en	**kandidatexamen -- kandidatexamina**	8
Abstand	ett	**avstånd -et --**	7
Abstellraum	ett	**förråd -et --**	1
Acht geben		**se till**	9
achte Klasse		**åttan**	8
Akzent	en	**brytning -en -ar**	8
allgemein		**allmän -t -a**	8
Allgemeinmedizin	(en)	**allmänmedicin -en**	9
Altar	ett	**altare -t --**	9
Alter	en	**ålder -n åldrar**	2
am Ende von		**i slutet av**	4
am meisten		**flest**	1
amtlich gemeldet		**folkbokförd -t -a**	10
Analyse	en	**analys -en -er**	2
anbauen		**odla -r -de -t**	1
anbieten		**erbjuda -er erbjöd erbjudit**	8
ändern		**ändra -r -de -t**	3
anerkannt		**legitimerad -t -e**	8
Anfang	en	**inledning -en -ar**	9
anfangen		**inleda -er -de -tt**	9
Anfänger	en	**nybörjare -n --**	8
Anfrage	en	**förfrågan -- förfrågningar**	5
angeben		**ange -r angav angivit; uppge -r uppgav uppgivit**	5
Angehöriger	en	**anhörig -en anhöriga**	6
angekommen sein		**vara framme**	2
angenommen werden		**komma in på**	8
angepasst		**anpassad -t -e**	2
angeschlossen		**ansluten -t anslutna**	9
angesehen		**ansedd -tt -a**	9
angestellt		**anställd -t -a**	9
angreifen		**anfalla -er anföll anfallit**	2
ängstlich		**rädd -- rädda; ängslig -t -a**	2
ankommen		**komma fram**	2
annehmen		**ta på sig**	5
anpassen		**anpassa -r -de -t**	9
anschließen		**ansluta ansluter anslöt anslutit**	9
Anschreiben	ett	**personligt brev**	9
ansehen		**beskåda -r -de -t**	7
ansprechen		**tilltala -r -de -t**	9
anstellen		**anställa -er -de -t**	9
anstrengend		**ansträngande**	3
Anwalt, Anwältin	en	**advokat -en -er**	5
anwenden		**tillämpa -r -de -t**	9
Anzahl	ett	**antal -et --**	4
anziehen		**sätta -er satte satt på sig**	3
Anzug	en	**kostym -en -er**	3
apropos		**apropå**	5
Arbeitgeber	en	**arbetsgivare -n --**	5
Arbeitsaufgabe	en	**arbetsuppgift -en -er**	9
arbeitsfreie Zeit	en	**ledighet -en -er**	2
arbeitslos		**arbetslös -t -a**	10
Arbeitsmarktmaßnahme	en	**arbetsmarknadsåtgärd -en -er**	10
Arbeitsvermittlung	en	**arbetsförmedling -en -ar**	9
Arbeitszeit	en	**arbetstid -en -er**	9
Arbeitszimmer	ett	**arbetsrum -met --**	1
arrangieren		**ordna -r -de -t**	4
Art	en	**art -en -er**	7
Art und Weise	ett	**sätt -et --**	9
Ärztezentrum	ett	**läkarhus -et --**	9
Arztpraxis	en	**läkarmottagning -en -ar**	9
atmen		**andas andas andades andats**	6
auf dem Land		**på landet**	1
auf dem neuesten Stand sein		**uppdaterad -t -e**	9
auf etw. zeigen		**peka -r -de -t på**	7
auf Wettbewerb bedacht		**konkurrensinriktad -t -e**	6
auffallend		**slående**	3
aufgeplustert		**uppburrad -t -e**	9
aufhören		**sluta -r -de -t**	2
aufstehen		**resa sig -er -te -t**	2
Auftrag	ett	**uppdrag -et --**	5
Augenzeuge	ett	**ögonvittne -t -n**	2
aus ... heraus		**inifrån**	2
aus etw. bestehen		**bestå -r bestod bestått av**	4
Ausbildung	en	**utbildning -en -ar**	8
ausbrechen		**utbryta -er utbröt utbrutit**	2
Ausflug	en	**utflykt -en -er**	8
ausführlich		**utförligt**	7
Ausgangspunkt	en	**utgångspunkt -en -er**	10
ausgeben		**spendera -r -de -t**	3
ausgeben (Geld)		**lägga ut (pengar)**	3
ausgeschrieben		**utannonserad -t -e**	9
ausgetrunken		**uppdrucken -t -uppdruckna**	9
Ausländer, Ausländerin	en	**utlänning -en -ar**	8
Auslands-, international		**utrikes**	2
auslösen		**utlösa -er -te -t**	2
Ausrichtung	en	**inriktning -en -ar**	8
Aussehen	ett	**utseende -t -n**	3

Deutsch		Schwedisch	Kap.
Außenminister	en	**utrikesminister -n -ministrar**	10
Außenstehende		**utomstående**	5
außer		**förutom**	7
äußerst wichtig		**av yttersta vikt**	9
Aussprache	ett	**uttal -et --**	8
Austauschsemester	en	**utbytestermin -en -er**	8
Ausverkauf	en	**rea -n -or**	3
auswählen		**utse utser utsåg utsett**	7
auswirken		**påverka -r -de -t**	5
ausziehen (Kleidung)		**klä -r -dde -tt av sig**	3
ausziehen (Wohnung)		**flytta -r -de -t ut**	1
Autofahrt	en	**bilfärd -en -er**	2
Automobilfirma	en	**bilfirma -n -or**	8

B

Deutsch		Schwedisch	Kap.
Backstein	ett	**tegel teglet --**	7
Badefelsen	en	**badklippa -n -or**	7
Badewanne	ett	**badkar -et --**	1
Badezimmer	ett	**badrum -met --**	1
Bahn	en	**längd -en -er**	4
Balkon	en	**balkong -en -er**	1
Ballungsraum	en	**tätbebyggelse -n -r**	10
Bank	en	**bänk -en -ar**	RB1
Bär	en	**björn -en -ar**	2
Bart	ett	**skägg -et --**	3
Basis	en	**bas -en -er**	10
Basketball	(en)	**basket -en**	4
Bauch	en	**buk -en -ar**	9
Bauchübung	en	**magövning -en -ar**	4
bauen		**bygga -er -de -t**	7
Bauer	en	**bonde -n bönder**	10
Baum	ett	**träd -et --**	1
Bauprojekt	ett	**byggprojekt -et --**	9
Bebauung	en	**bebyggelse -n -r**	7
beeinflussen		**influera -r -de -t**	7
Beerdigung	en	**begravning -en -ar**	9
beginnen		**påbörja -r -de -t**	7
behandeln		**behandla -r -de -t**	9
Behauptung	ett	**påstående -t -n**	7
behütet		**bevarad -t -e**	7
bei den Eltern lebend		**mambo**	1
bei der Polizei anzeigen		**polisanmäla -er -de -t**	6
beinhalten		**innehålla -er innehöll innehållit**	2
beißen		**bita -er bet bitit**	2
Beitrag	ett	**inlägg -et --**	6
Belastung	en	**påfrestning -en -ar**	10
Beleg	ett	**kvitto -t -n**	3
beliebt		**omtyckt -- -a**	7
belohnen		**belöna -r -de -t**	7
bemerken		**lägga märke till; märka -er -te -t**	10
Benennung	en	**benämning -en -ar**	8
benutzt		**använd använt -a**	2
bequem		**bekväm -t -a**	1
Beratung	(en)	**rådgivning -en**	9
bereit		**villig -t -a**	5
Bergbaustadt	ett	**gruvsamhälle -t -n**	7
bergen		**bärga -r -de -t**	7
Berufsleben	ett	**arbetsliv -et --; yrkesliv -et --**	9
Beschäftigungstherapeut	en	**arbetsterapeut -en -er**	9
beschreiben		**beskriva -er beskrev beskrivit**	1
Besichtigung	en	**visning -en -ar**	1
Besitz	(ett)	**ägande -t**	10
besitzen		**äga -er -de -t**	1
besorgt		**orolig -t -a**	6
besser		**bättre**	1
bestehen aus		**bestå -r bestod bestått av**	5
Besuch	ett	**besök -et --**	7
Betonung	en	**betoning -en -ar**	10
betreiben		**utöva -r -de -t**	4
betreuen		**handleda -er -dde -tt**	9
Betreuer	en	**handledare -n --**	8
Betrieb	en	**verksamhet -en -er**	9
Betriebsfeier	en	**företagsfest -en -er**	3
Betriebsleiter	en	**företagsledare -n --**	9
Bett	en	**säng -en -ar**	1
Bevölkerung	en	**befolkning -en -ar**	1
bevor		**innan**	RB1
Bewegung	(en)	**motion -en**	4
Bewerber	en	**sökande den sökande --**	9
Bewerbung	en	**ansökan -- ansökningar; ansökning -en -ar**	9
Bewohner Gotlands	en	**gotlänning -en -ar**	7
bewundern		**beundra -r -de -t**	6
bewusst		**medveten -t medvetna**	2
Beziehung	ett	**förhållande -t -n; relation -en -er**	RB2
bilden		**bilda -r -de -t**	4
Bildungsminister	en	**utbildningsminister -n -ministrar**	10
bis dahin		**innan dess**	5
Bischof	en	**biskop -en -ar**	7
blau		**blå -tt -a**	3
blau-weiß gestreift		**blåvitrandig -t -a**	1
bleiben		**bestå består bestod bestått**	6
Blick	en	**utsikt -en -er; vy -n -er**	1
Block	ett	**block -et --**	10
Blumenbeet	en	**rabatt -en -er**	1
Blumengesteck	en	**blombukett -en -er**	9
Bluse	en	**blus -en -ar**	3
Bogenschießen	ett	**bågskytte -t -n**	4
Bootssteg	en	**brygga -n -or**	7
Brand	en	**brand -en -bränder**	2
Braut	en	**brud -en -ar**	9
Breite	en	**bredd -en -er**	3
bringen		**föra för förde fört**	2
Bronze	(ett)	**brons -et**	2
Broschüre	en	**broschyr -en -er**	8
Bruder (fam.)	en	**brorsa -n -or**	8
Brunnen	en	**fontän -en -er**	7

Bücherregal	en	**bokhylla -n -or**	1
Bundeskanzler, Bundeskanzlerin	en	**bundeskansler -n -kanslar**	2
bunt		**färgglad -glatt -a**	1
Bürger	en	**medborgare -n --**	10
bürgerlich		**borgerlig -t -a**	10

C

Chaos	ett	**kaos -et --**	6
Charakterzug	ett	**karaktärsdrag -et --**	6
Chemie	(en)	**kemi -n**	8
Comic	en	**serietidning -en -ar**	2
Couchtisch	ett	**soffbord -et --**	1
Credit Point	ett	**högskolepoäng -et --**	8

D

d.h.		**d.v.s. (det vill säga)**	1
Da lobe ich mir ...		**Tacka vet jag...**	2
da sein		**vara framme**	2
Dachboden	en	**vind -en -er**	1
dagegen		**däremot**	1
dagegen sein		**vara emot**	10
damit		**så att**	5
dank		**tack vare**	7
Danke im Voraus		**Tack på förhand**	5
das 12. Jahrhundert		**1100-talet**	7
das Abitur machen		**ta studenten**	5
das ganze Jahr über		**året om**	7
das Interesse des Lesers wecken		**fånga läsarens intresse**	9
Dauer	en	**varaktighet -en -er**	9
dazu		**därtill**	4
dazu gehören		**höra till**	9
Decke	ett	**tak -et --**	1
Demokratie	en	**demokrati -n -er**	10
demütig		**ödmjuk -t -a**	6
der ein oder andere		**en och annan**	2
derzeit		**i nuläget**	2
des Amtes entheben		**avsätta -er avsatte avsatt**	10
des Weiteren		**ytterligare**	5
diagnostizieren		**diagnostisera -r -de -t**	9
dicht		**tätt**	1
die Scheidung einreichen		**ta ut en skilsmässa**	2
die Verbindung aufnehmen		**ta upp kontakten**	6
Dieb	en	**tjuv -en -ar**	5
Diebstahl	en	**stöld -en -er**	5
Dienstleistung	en	**tjänst -en -er**	5
Dienstleistungsgedanke	(en)	**serviceanda -n**	9
dienstleistungsorientiert, kundenfreundlich		**serviceinriktad -t -e**	9
Dom	en	**domkyrka -n -or**	7
dominant		**dominerande**	6
Doppelhaus	ett	**parhus -et --**	1
Dorfbewohner	en	**bybo -n -r**	2
dort		**där**	2
dorthin		**dit**	2
draußen; out, außer Mode		**ute**	2
Dreizimmerwohnung	en	**trea -n -or; trerumslägenhet -en -er**	1
dritte Klasse		**trean**	8
drohen		**hota -r -de -t**	2
drucken		**trycka -er -te -t**	2
Durchbruch	ett	**genombrott -et --**	4
durchführen		**genomföra genomför genomförde genomfört**	4
durchkommen		**gå igenom**	10
Dusche	en	**dusch -en -ar**	1

E

Ehrengast	en	**hedersgäst -en -er**	7
Ehrlichkeit	(en)	**ärlighet -en**	6
Eifersucht	(en)	**svartsjuka -n**	6
eifersuchtig		**svartsjuk -t -a**	6
Eigenschaft	en	**egenskap -en -er**	6
eigentlich		**egentligen**	2
Eigentumswohnung	en	**bostadsrätt -en -er**	1
Eignung	(en)	**lämplighet -en**	9
ein Bewerbungsgespräch führen		**intervjua -r -de -t**	9
ein bisschen mehr		**lite till**	7
ein Paar Fäustlinge	ett	**par vantar**	3
ein Paar Handschuhe	ett	**par handskar**	3
ein Paar Schuhe	ett	**par skor -na**	3
ein Paar Strümpfe	ett	**par strumpor**	3
einander		**varandra**	1
einander sehen		**ses ses sågs setts**	5
einbauen		**installera -r -de -t**	1
Einbrecher	en	**inbrottstjuv -en -ar**	5
einbringen		**lägga fram**	10
Einbruch	ett	**inbrott -et --**	5
eine Ausbildung machen		**utbilda sig -r -de -t**	8
eine Person, die bei den Eltern wohnt	en	**mambo -n -r**	1
eine Schönheits-OP durchführen lassen		**plastikoperera sig -r -de -t**	2
eine wichtige Rolle spielen		**spela en viktig roll**	4
einen Termin machen		**boka -r -de -t tid**	5
einen Text auf bestimmte Informationen durchsehen		**sökläsa -er -te -t**	8
Einfamilienhaus	en	**villa -n -or**	1
Einfluss	(en)	**inverkan --**	3
eingeteilt		**indelad -t -e**	8
Einheit	en	**enhet -en -er**	10
einreichen		**lämna -r -de -t in**	5
Einrichtung	en	**inredning -en -ar**	2
einsetzen		**tillsätta -er tillsatte tillsatt**	10
Einstellung	en	**inställning -en -ar**	8
einteilen		**dela -r -de -t upp**	8
Eintritt	ett	**tillträde -t -n**	9
Einwanderer	en	**invandrare -n --**	8
Einwanderung	en	**invandring -en -ar**	10
einweihen		**inviga -er -de -t**	7
einzeln		**enskild -t -a**	10

einziehen		**flytta -r -de -t in**	1
Eisenerz	(en)	**järnmalm -en**	7
Eiskunstlauf	(en)	**konståkning -en**	4
Elternhaus	ett	**föräldrahem -met --**	1
E-Mail	ett	**e-mejl -et --**	5
empfangen		**ta emot**	9
empfangen (Adj.)		**emottagen -t -emottagna**	9
eng		**trång -t -a**	3
engagiert		**engagerad -t -e**	8
entfernen		**ta bort**	5
entgleisen		**spåra -r -de -t ur**	2
entstehen		**bli blir blev blivit till; uppstå uppstår uppstod uppstått**	7
Entwicklung	en	**utveckling -en -ar**	6
entzückend		**tjusig -t -a**	3
er oder sie (geschlechtsneutral)		**hen**	2
Erfahrung	en	**erfarenhet -en -er**	8
Erfolg	en	**framgång -en -ar**	8
erforschen		**utforska -r -de -t**	7
ergreifen		**gripa -er grep gripit**	2
erheblich		**betydligt**	4
erhöhen		**höja -er -de -t**	10
erhöht		**höjd -t -a**	10
Erhöhung	en	**ökning -en -ar**	10
erlaubt		**tillåten -t -tillåtna**	1
erleben		**uppleva -er -de -t**	6
erleiden		**drabbas drabbas drabbades drabbats**	6
ermordet		**mördad -t -e**	2
ernsthaft		**allvarlig -t -a**	6
erreichen		**nå -r -dde -tt (upp till)**	3
errichten		**uppföra uppför uppförde uppfört**	7
erschaffen		**skapa -r -de -t**	7
erstochen		**knivmördad -t -e**	2
erwachsen		**vuxen -t vuxna**	6
erweitert		**utökad -t -e**	10
Erziehung	(en)	**uppfostran --**	4
Essen machen		**fixa -r -de -t mat**	8
Esstisch	ett	**matbord -et --**	1
Etage	en	**våning -en -ar**	1
etwa		**drygt**	7
etwas (zeitlich) schaffen		**hinna hinner hann hunnit med**	8

F

Fach	ett	**ämne -t -n**	8
Facharztbetreuung	(en)	**specialistsjukvård -en**	9
Fahrer	en	**förare -n --**	2
Fahrstuhl	en	**hiss -en -ar**	1
Familienleben	ett	**familjeliv -et --**	5
faulenzen		**lata sig -r -de -t**	3
Fenster	ett	**fönster fönstret --**	1
fertig geschrieben		**färdigskriven -t skrivna**	9
Fertigkeit	en	**färdighet -en -er**	8
fest angestellt		**fast anställd**	9
festlegen		**bestämma -er bestämde bestämt; fastställa -er -de -t**	1
Feuer	en	**eld -en -ar**	2
figurbetont		**figurnära**	3
Finanzkrise	en	**finanskris -en -er**	2
Finanzminister	en	**finansminister -n -ministrar**	10
Fischerboot	en	**fiskebåt -en -ar**	7
Fischerdorf	ett	**fiskesamhälle -t -n**	7
Flachbildfernseher	en	**platt -TV -n**	1
flüchten		**fly -r -dde -tt**	2
Flüchtling	en	**flykting -en -ar**	2
Flur	en	**hall -en -ar**	1
folgende		**följande**	6
forschen		**bedriva -er -drev -drivit forskning**	9
Forscher	en	**forskare -n --**	9
frei		**ledig -t -a**	5
freiberuflich tätig sein		**frilansa -r -de -t**	5
Freiheit	(en)	**frihet -en**	10
freiwillig		**frivillig -t -a**	8
fremd		**främmande**	8
Fremdenführer	en	**guide -n -er**	7
Freund aus Kindertagen	en	**barndomsvän -nen -ner**	6
freundlich		**vänlig -t -a**	1
Freundschaft	en	**vänskap -en -er**	6
Freundschaftsanfrage	(en)	**vänförfrågan -- vänförfrågningar**	5
frisch gestrichen		**nymålad -t -e**	1
frisch renoviert		**nyrenoverad -t -e**	1
fröhlich		**glad glatt glada**	6
fühlen		**känna känner kände känt**	1
führen		**styra styr styrde styrt**	10
führen (Touristen)		**guida -r -de -t**	7
fünfte Klasse		**femman**	8
für etwas verantwortlich sein		**ansvara -r -de -t för**	3
Fußboden	ett	**golv -et --**	1

G

Garage	ett	**garage -t --**	1
Gardine	en	**gardin -en -er**	1
Garten	en	**trädgård -en -ar**	1
Gärtner, Gärtnerin	en	**trädgårdsmästare -n --**	9
Gebäck	en	**bakelse -n -r**	7
geblümt		**blommig -t -a**	3
Gebrauchsanweisung	en	**bruksanvisning -en -ar**	5
gedruckter Text	en	**utskrift -en -er**	8
Gefühl	en	**känsla -n -or**	6
gefunden		**hittad -t -e**	2
gegen		**mot**	4
Gegend	ett	**område -t -n**	1
Gegenteil	en	**motsats -en -er**	6
gegenüber		**mitt emot**	1
Gegner	en	**motståndare -r --**	2

Gehalt	en	**lön -en -er**	3
Gehaltserhöhung	en	**löneförhöjning -en -ar**	3
gekrönt werden		**krönas kröns kröntes kröns**	4
gelb		**gul -t -a**	3
Geldleistung	ett	**bidrag -et --**	2
gelingen		**lyckas lyckas lyckades lyckats**	6
gemein		**elak -t -a**	6
Gemeinde	en	**kommun -en -er**	10
Gemeinde (Kirche)	en	**församling -en -ar**	9
Gemeindearbeit	ett	**församlingsarbete -t -n**	9
Gemeinderat		**fullmäktige Pl**	10
gemeinsam		**gemensam -t -ma**	10
gemeldet		**folkbokförd -t -a**	10
gemustert		**mönstrad -t -e**	3
gemütlich		**trivsam -t -ma**	1
genäht		**sydd -tt -a**	9
genannt werden		**kallas kallas kallades kallats**	4
genießen		**njuta njuter njöt njutit**	7
gepunktet		**prickig -t -a**	1
Geräteschuppen am Strand	en	**sjöbod -en -ar**	7
Gericht	en	**domstol -en -ar**	9
gern lieber am liebsten		**gärna hellre helst**	5
geschäftliches Dokument	en	**affärshandling -en -ar**	9
Geschäftsreise	en	**affärsresa -n -or**	2
geschickt		**duktig -t -a**	8
Geschlecht	ett	**kön -et --**	3
geschmiert		**bredd -tt -a**	9
Geschwindigkeit des Studiums	(en)	**studietakt -en**	8
gesellschaftswissenschaftliche Linie	ett	**samhällsvetenskapsprogram -met --**	8
gesenkt		**sänkt -- -a**	10
Gesetzesvorschlag	ett	**lagförslag -et --**	10
Gestaltung	ett	**upplägg -et --**	8
gestreift		**randig -t -a**	3
gestresst		**stressad -t -de**	9
gesund		**kry -tt -a**	9
gesundheitliche Perspektive	ett	**hälsoperspektiv -et --**	4
Gesundheitssport, Breitensport	en	**motionsidrott -en -er**	4
getauft		**döpt -- -a**	9
getrenntlebend		**särbo**	1
gewählt		**vald -t -a**	10
gewalttätig		**våldsam -t -ma**	6
Gewichtheben	(en)	**tyngdlyftning -en**	4
gewinnen		**vinna -er vann vunnit**	2
gezeichnet		**tecknad -t -e**	2
glatt		**slät -t -a**	2
Gleichberechtigung	(en)	**jämlikhet -en**	10
Gold	(ett)	**guld -et**	2
Goldrahmen	en	**guldram -en -ar**	1
Golf	(en)	**golf -en**	4
Gott		**Gud**	2
Gottesdienst	en	**gudstjänst -en -er**	9
grau		**grå -tt -a**	3
Größe	en	**storlek -en -ar**	3
größer		**större**	1
großer Wert wird gelegt auf		**stor vikt läggs vid**	9
grün		**grön -t -a**	3
gründen		**etablera -r -de -t; grunda -r -de -t**	7
Grundlage	en	**stomme -n -ar**	10
Grundschule	en	**grundskola -n -or**	8
Grundstück	en	**tomt -en -er**	1
Grundwert	en	**värdering -en -ar**	10
günstig		**billig -t -a**	1
Gürtel	ett	**skärp -et --**	3
gut geplant		**välplanerad -t -e**	1
Gymnasium	ett	**gymnasium gymnasiet gymnasier**	5
Gymnastik	(en)	**gymnastik -en**	4
Gymnastik	en	**gympa -n -or**	4

H

Hälfte	en	**hälft -en -er**	1
Handball	(en)	**handboll -en**	4
Handhabung	(en)	**hantering -en**	10
hängen		**hänga -er -de -t**	1
Hansestadt	en	**hansestad -en hansestäder**	7
hart		**hård hårt hårda**	3
Hausarzt ,-ärztin	en	**husläkare -n --**	2
Hausaufgabe	en	**läxa -n -or**	2
Häuschen	ett	**torp -et --**	1
Haushalt	en	**statsbudget -en -ar**	10
Haustier	ett	**husdjur -et --**	1
Haut	(en)	**hy -n**	2
hauteng		**tajt -- -a**	3
Hemd	en	**skjorta -n -or**	3
herabsetzen		**sänka -er -te -t**	10
heraus		**ut**	2
herausfinden		**ta reda på**	2
Herausforderung	en	**utmaning -en -ar**	9
Herd	en	**spis -en -ar**	1
herrlich		**härlig -t -a; ljuvlig -t -a**	1
herrschen		**råda -er -dde -tt**	3
heutzutage		**nuförtiden**	5
hierher		**hit**	2
Hilfetelefon bei Gewalt gegen Frauen		**kvinnofridslinjen**	6
hin und wieder		**då och då**	2
hinaus		**ut**	2
hinein		**in**	2
hineinstürmen		**storma -r -de -t in**	2
hingestellt		**framställd -t -a**	9
hinter		**bakom**	1
Hintergrund	en	**bakgrund -en -er**	3
hoch		**hög -t -a**	1
Hochhaus	ett	**höghus -et --**	1
Hochschule	en	**högskola -n -or**	8
Hochschullinie	ett	**höskolespår -et --**	8
Hochsprung	ett	**höjdhopp -et --**	4
holen (Medaille, Sieg)		**ta tar tog tagit hem**	4
Holzhaus	ett	**trähus -et --**	1

Hörschwäche	en	**hörselnedsättning -en -ar**	8
Hose	ett	**par byxor**	3
hübsch		**snygg -t -a**	3
Humor	(en)	**humor -n**	6
Hut	en	**hatt -en -ar**	3

I

identifizieren		**peka -r -de -t ut**	3
im Stress stehen		**stressa -r -de -t**	9
im Vorjahr		**i fjol**	2
in alle Richtungen		**åt alla håll**	2
in die erste Klasse gehen		**gå i ettan; gå i första klass**	8
in Göteborg typisches dreistöckiges Wohngebäude	ett	**landshövdingehus -et --**	1
in sich gekehrt		**inåtvänd -t -a**	6
in Stichpunkten		**i punktform**	9
Inflation	en	**inflation -en -er**	2
Informatiker	en	**datavetare -n --**	9
Ingenieursabschluss	en	**civilingenjörexamen -- examina**	8
inklusive		**ingå -r gick gått**	1
Inland-, national		**inrikes**	2
innen, drinnen		**inne**	2
innovativ		**innovativ -t -a**	8
interviewen		**intervjua -r -de -t**	9

J

Jackett	en	**kavaj -en -er**	3
Jahrhundert	ett	**sekel seklet sekel; århundrade -t -n**	7
jeder dritte		**var tredje**	1
jedoch		**dock**	10
jmd. gelingt etwas		**lyckas lyckas lyckades lyckats med**	9
Jogging	(en)	**joggning -en**	4
Jugendlicher, Jugendliche	en	**ungdom -en -ar**	2
Jungfernfahrt	en	**jungfrufärd -en -er**	7
Jura	(en)	**juridik -en**	5

K

Kammer	en	**kammare -n --**	10
Kampfsport	(en)	**kampsport -en**	4
Kanzel	en	**predikstol -en -ar**	9
kapieren		**fatta -r -de -t**	9
kariert		**rutig -t -a**	3
Karrierist	en	**karriärist -en -er**	6
Kauf mit Rückgaberecht	(ett)	**öppet köp**	3
Kaufmann	en	**handelsman -nen handelsmän**	7
Kehrseite	en	**baksida -n -or**	5
Keller	en	**källare -n --**	1
kennen lernen		**lära lär lärde lärt känna**	8
Kenntnis	en	**kunskap -en -er**	8
kenntnisvoll		**kunnig -t -a**	7
Kinderbetreuung	(en)	**barnomsorg -en**	10
kinderfreundlich		**barnvänlig -t -a**	1
Kirchenlied, Psalm	en	**psalm**	9
Kissen	en	**kudde -n -ar**	1
Kita	ett	**daghem -met --**	8
Klasse	en	**klass -en -er**	8
Klassenkamerad, Klassenkameradin	en	**klasskamrat -en -er**	5
Klassenstufe	en	**årskurs -en -er**	8
Klatsch	(ett)	**skvaller skvallret**	2
Klatschzeitung	en	**skvallertidning -en -ar**	2
Kleid	en	**klänning -en -ar**	3
Kleidungsstück	ett	**klädesplagg -et --**	3
kleiner		**mindre**	1
Kleinunternehmen	ett	**småföretag -et --**	10
Klimaveränderung	en	**klimatförändring -en -ar**	2
knallhart		**stenhårt**	8
kochen (Kaffee)		**brygga -er -de -t**	9
Kollege	en	**kollega -n -or**	9
Komiker	en	**komiker -n --**	10
komisch		**konstig -t -a**	2
Kommilitone	en	**kurskamrat -en -er**	8
Kommilitone (fam.)	en	**kursare -n --**	8
Kommunalrat	ett	**kommunalråd -et --**	2
Kompass	en	**kompass -en -er**	4
komplettieren		**komplettera -r -de -t**	9
königsblau		**kungsblå -tt -a**	3
Königsfamilie	en	**kungafamilj -en -er**	2
konservativ		**konservativ -t -a**	10
Kontakt haben		**umgås umgås umgicks umgåtts**	6
Koordinator, Koordinatorin	en	**koordinator -n -er**	7
Korb	en	**korg -en -ar**	1
Kostüm	en	**kostym -en -er**	3
kräftig		**kraftigt**	4
Krafttraining	(en)	**styrketräning -en**	4
Krawatte	en	**slips -en -ar**	3
Kronleuchter	en	**kristallkrona -n -or**	1
Küche	ett	**kök -et --**	1
Kühlschrank	ett	**kylskåp -et --**	1
kündigen		**säga -er sa sagt upp**	6
Kunstspringen	ett	**simhopp -et --**	4
Kunstwerk	ett	**konstverk -et --**	7
Kupfer	(en)	**koppar -n**	7
Kurs für Fortgeschrittene		**avancerad -t -de**	8

L

landen bei		**hamna -r -de -t på**	10
ländliches Gebiet	en	**landsbygd -en -er**	10
Landwirt, Landwirtin	en	**lantbrukare -n --**	9
Landwirtschaft	ett	**jordbuk -et --**	9
lang		**lång -t -a**	1
Langhantel	en	**skivstång -en skivstänger**	4
Langlauf	(en)	**längdåkning -en**	4
langsam		**långsamt**	4
langweilig		**tråkig -t -a**	6
Lass uns ...		**Låt oss...**	5
Lebensgefährte, Lebensgefährtin	en	**sambo -n -r**	1
Lebenslauf	ett	**cv -t -n**	9

6

DEUTSCH - SCHWEDISCH

Deutsch		Schwedisch	
Lebensmittelgeschäft	en	**matvaruaffär -en -er**	9
lebhaft		**pigg -t -a**	7
Lecker!		**Mums!**	7
Legislaturperiode	en	**mandatperiod -en -er**	10
Lehrplan	en	**läroplan -en -er**	8
lehrreich		**lärorik -t -a**	2
leider		**dessvärre**	5
lernen		**lära sig lär lärde lärt**	3
Lernschwierigkeiten	ett	**inlärningshinder -hindret --**	8
Lesen	(en)	**läsning -en**	8
lieb		**snäll -t -a**	6
liefern		**leverera -r -de -t**	9
Liegestütz	en	**armhävning -en -ar**	4
Lifestylemagazin	ett	**livsstilsmagasin -et --**	2
Linie im Gymnasium	ett	**program -met --**	8
links		**till vänster**	1
links von		**till vänster om**	1
Lippenstift	ett	**läppstift -et --**	7
locker		**lös -t -a**	3
Logopäde	en	**logoped -en -er**	9
loyal		**lojal -t -a**	6
Lücke	en	**lucka -n -or**	6
lügen		**ljuga -er ljög ljugit**	6
lustig		**lustig -t -a**	10

M

Deutsch		Schwedisch	
Mädchen	ett	**flickebarn -et --**	9
malerisch		**pittoresk -t -a**	7
Mama (fam.)	en	**morsa -n -or**	8
Mantel	en	**rock -en -ar**	3
Mantel für Frauen	en	**kappa -n -or**	3
Maschinenbau	(en)	**maskinteknik -en**	8
Masterarbeit	en	**masteruppsats -en -er**	8
Mathetest	ett	**matteprov -et --**	8
Medaille	en	**medalj -en -er**	2
medizinische Erstversorgung	(en)	**primärvård -en**	9
mehr		**fler**	6
Mehrfamilienhaus	ett	**flerfamiljshus -et --**	1
Mehrheit	en	**majoritet -en -er**	6
Meinungsumfrage	en	**opinionsmätning -en -ar**	10
meist		**mestadels**	2
Meisterin	en	**mästarinna -n -or**	2
Mensch mit Behinderung	en	**funktionshindrad den funktionshindrade -e**	10
Metall	en	**metall -en -er**	1
Michelinmännchen	en	**michelingubbe -n -gubbar**	3
Miete	en	**hyra -n -or**	1
Mieter	en	**hyresgäst -en -er**	1
Mietwohnung	en	**hyresrätt -en -er**	1
Mine	en	**gruva -n -or**	7
Ministerium	ett	**departement -et --**	10
Ministerpräsident	en	**statsminister -n -ministrar**	10
misshandeln		**misshandla -r -de -t**	6
Misshandlung	(en)	**misshandel -n**	6
mit dem Ziel		**med sikte på**	8
mit Hilfe von		**med hjälp av**	3
mit Klebeband kleben		**tejpa -r -de -t**	3
mit Westausrichtung		**i västerläge**	1
Mitglied	en	**medlem -men -mar**	4
mittelalterlich		**medeltida**	7
Mittelstufe der schwedischen Grundschule	ett	**mellanstadium mellanstadiet mellanstadier**	8
Mitternachtssonne	(en)	**midnattssol -en**	7
Mittsommerabend	en	**midsommarafton -en midsommaraftnar**	7
Mode	ett	**mode -t -n**	2
Moderator, Moderatorin	en	**programledare -n --**	2
Möglichkeit	en	**möjlighet -en -er**	8
möglichst bald		**snarast möjligt**	9
Moment	en	**momang -en -er**	5
Monarch	en	**monark -en -er**	4
Monat (Abk.)		**mån (månad)**	1
Motor	en	**motor -n -er**	7
mühsam		**jobbig -t -a**	9
Muskelkater	en	**träningsvärk -en -ar**	4
müssen		**vara tvungen att**	8
Mütze	en	**mössa -n -or**	3

N

Deutsch		Schwedisch	
nach außen gerichtet		**utåtriktad -t -e**	6
nach oben		**upp**	2
nach unten		**ner**	2
nach vorne		**fram**	2
Nachbar, Nachbarin	en	**granne -n -ar**	1
Nachbarland	ett	**grannland -et --**	4
Nachrichtensendung	en	**nyhetssändning -en -ar**	10
Nachteil	en	**nackdel -en -ar**	5
Nahverkehr	(en)	**lokaltrafik -en**	10
nationalistisch		**nationalistisk -t -a**	10
Nationalpark	en	**nationalpark -en -er**	7
naturwissenschaftlicher Zweig	ett	**naturvetenskapsprogram -met --**	5
neben		**vid**	1
nebenan		**bredvid**	1
Nebenrolle	en	**biroll -en -er**	6
nett		**trevlig -t -a**	1
neu		**ny -tt -a**	1
neuestes		**senaste**	2
neulich		**häromdagen**	6
neunte Klasse		**nian**	8
nicht		**icke**	5
Nichtraucher		**rökfri -tt -a**	1
niedlich		**gullig -t -a**	8
niedrig		**låg -t -a**	1
niedriger		**lägre**	1
Niveau	en	**nivå -n -er**	8
noch heute		**än idag**	4
noch nicht		**ännu inte**	2
Nordic Walking	(en)	**stavgång -en**	4
nörgelig		**tjatig -t -a**	9
Note	ett	**betyg -et --**	8

O

Deutsch		Schwedisch	Kap.
Oase	en	**oas -en -er**	7
oben		**uppe**	2
oberhalb		**ovanför**	1
Oberstufe der schwedischen Grundschule	ett	**högstadium högstadiet högstadier**	8
obligatorisch		**obligatorisk -t -a**	8
obwohl		**fast; trots att**	1
öffentlichen Dienst	(en)	**offentlig sektor den offentliga sektorn -er**	10
Olympische Spiele		**OS = Olympiska spelen**	2
Opfer	ett	**offer offret --**	2
ordentlich		**ordentlig -t -a**	6
Orienterungslauf	(en)	**orientering -en**	4
Ort	ett	**ställe -t -n**	7

P

Deutsch		Schwedisch	Kap.
Paar, das nicht gemeinsam lebt	en	**särbo -n -r**	1
pachten		**arrendera -r -de -t**	9
Pädagogik	en	**pedagogik -en -er**	8
Papa (fam.)	en	**farsa -n -or**	8
Partei	ett	**parti -et -er**	10
Patient	en	**patient -en -er**	9
peinlich		**genant -- -a; pinsam -t -ma**	5
Pfarrer, Pfarrerin	en	**präst -en -er**	9
Pflanze	en	**växt -en -er**	7
pflanzen		**plantera -r -de -t**	9
pflegen		**sköta -er skötte skött om**	9
Pflegepersonal	(en)	**vårdpersonal -en**	8
Phrase	en	**fras -en -er**	6
Physiotherapeut	en	**fysioterepeut -en -er**	9
physisch		**fysiskt**	6
Pianist	en	**pianist -en -er**	8
Polarlicht	(ett)	**norrsken -et**	7
Popsänger, Popsängerin		**popsångare -n --**	2
populärwissenschaftliche Zeitschrift	en	**populärvetenskaplig tidskrift den populärvetenskapliga tidskriften -er**	2
Postbearbeitung	(en)	**posthantering -en**	9
posten		**lägga -er la lagt ut**	5
prachtvoll		**praktfull -t -a**	7
praktisch		**praktisk -t -a**	1
Präsident	en	**president -en -er**	2
Praxis	en	**mottagning -en -ar**	9
preisgeben		**delge delger delgav delgivit**	5
Pressekonferenz	en	**presskonferens -en -er**	2
Probezeit	en	**provanställning -en -ar**	9
Professor	en	**professor -n -er**	6
Promi	en	**kändis -en -ar**	2
Provinziallandtag	ett	**landsting -et --**	10
Prozentpunkt	en	**procentenhet -en -er**	10
prüfen		**granska -r -de -t; kolla -r -de -t**	9
psychisch		**psykiskt**	6
Puppe	en	**docka -n -or**	3

Q / R

Deutsch		Schwedisch	Kap.
Qualifikation	en	**kvalifikation -en -er**	9
Radfahren	(en)	**cykling -en**	4
rasend		**rasande**	6
Rasenfläche	en	**gräsmatta -n -or**	1
Raum	en	**lokal -en -er**	9
Rechenschaftsbericht	en	**redovisning -en -ar**	9
rechts von		**till höger om**	1
reden (fam.)		**snacka -r -de -t**	8
redigieren		**redigera -r -de -t**	9
Regal	en	**hylla -n -or**	10
Regalschiff	ett	**regalskepp -et --**	7
Regenschauer	en	**regnskur -en -ar**	2
Regierung	en	**regering -en -ar**	2
Regierungsvorlage	en	**proposition -en -er**	10
Region	en	**region -en -er**	10
reichen		**räcka -er- te -t**	1
Reichstag	(en)	**riksdag -en**	10
Reihenhaus	ett	**radhus -et --**	1
Reiten	(en)	**ridning -en**	4
Rektor	en	**rektor -n -er**	7
Renaissance	(en)	**renässans -en**	7
renovieren		**renovera -r -de -t**	3
Rentner, Rentnerin	en	**pensionär -en -er**	4
restaurieren		**restaurera -r -de -t**	7
Rettungsdienst	en	**räddningstjänst -en -er**	10
Rezeptionist	en	**receptionist -en -er**	9
Ringmauer	en	**ringmur -en -ar**	7
Rock	en	**kjol -en -ar**	3
romantisch		**romantisk -t -a**	7
rosa		**skär -t -a**	3
rot		**röd rött röda**	3
Rudern	en	**rodd -en -er**	4

S

Deutsch		Schwedisch	Kap.
Satz	en	**mening -en -ar**	6
Schaden nehmen		**ta skada**	6
schaffen		**orka -r -de -t**	4
Schalentier	ett	**skaldjur -et --**	7
schätzen		**uppskatta -r -de -t**	6
Schauspielerin	en	**skådespelerska -n -or**	2
scheinbar		**tydligen**	2
scherzen		**skämta -r -de -t**	6
schießen		**skjuta -er sköt skjutit**	2
Schlafzimmer	ett	**sovrum -met --**	1
schlampig		**slarvig -t -a**	6
Schlittschuhlaufen	(en)	**skridskoåkning -en**	4
Schluss machen		**göra slut**	6
Schminke	ett	**smink -et --**	3
Schnabel	en	**näbb -en -ar**	9
schnell		**snabbt**	4
Schnitzerei	ett	**snideri -et -er**	9
Scholle	en	**rödspätta -n -or**	8
schön		**fin -t -a**	1

Alphabetische Wortliste Deutsch - Schwedisch

Deutsch		Schwedisch	Kap.
Schrank	ett	**skåp -et --**	1
schrecklich		**förskräcklig -t -a**	2
Schrei	ett	**skrik -et --**	2
Schreiben	(en)	**skrivning -en**	8
Schreibtisch	ett	**skrivbord -et --**	1
Schulbank	en	**skolbänk -en -ar**	6
Schuld	en	**skuld -en -er**	2
Schulterpresse	en	**axelpress -en -ar**	4
Schwäche	en	**svaghet -en -er**	9
schwarz		**svart -- -a**	1
Schwedischunterricht für Einwanderer		**sfi (svenska för invandrare)**	8
Schwester (fam.)	en	**syrra -n -or**	8
schwierig		**besvärlig -t -a**	9
Schwimmen	en	**simning -en -ar**	2
schwitzen		**svettas svettas svettades svettats**	4
Sebstverwaltung	ett	**självstyre -t -n**	10
sechsstöckiges Haus	ett	**sexvåningshus -et --**	1
sechste Klasse		**sexan**	8
Seelsorge	(en)	**själavård -en**	9
Sehnsucht haben		**längta -r -de -t**	4
Seifenoper	en	**såpopera -n -or**	8
Seilbahn	en	**linbana -n -or**	7
Sekretär, Sekretärin	en	**sekreterare -n --**	9
selbstkritisch		**självkritisk -t -a**	9
selbstlos		**altruistisk -t -a**	6
Selbstständigkeit	(en)	**självständighet -en**	1
selbstsüchtig		**självisk -t -a**	6
selbstverwaltend		**självstyrande**	10
Selbstwertgefühl	en	**självkänsla -n -or**	6
Semester	en	**termin -en -er**	5
Sendung	ett	**inslag -et --**	3
Seniorenbetreuung	(en)	**åldringsvård -en**	10
Senkung	en	**minskning -en -ar**	10
sensationell		**sensationell -t -a**	2
seriös		**seriös -t -a**	2
Sessel	en	**fåtölj -en -er**	1
sich abspielen		**utspela sig -r -de -t**	9
sich anmelden		**anmäla sig -er -de -t**	3
sich ausdrücken		**uttrycka sig -er -te -t**	RB2
sich beeilen		**skynda sig -r -de -t**	3
sich befassen mit		**ägna sig -r -de -t åt**	5
sich befinden		**befinna sig -er befann befunnit**	4
sich bewegen		**röra sig rör rörde rört**	1
sich denken		**tänka sig -er -te -t**	1
sich die Haare schneiden lassen		**klippa sig -er -te -t**	3
sich ein Bild machen		**få en uppfattning**	5
sich entscheiden		**bestämma sig -er -bestämde bestämt**	3
sich erinnern		**minnas minns mindes mints**	5
sich etwas leisten können		**ha råd med**	1
sich fragen		**undra -r -de -t**	2
sich freuen		**se fram emot**	5
sich handeln um		**handla -r -de -t om**	5
sich isolieren		**isolera sig -r -de -t**	6
sich kämmen		**kamma sig -r -de -t**	3

Deutsch		Schwedisch	Kap.
sich kümmern um		**ta hand om**	5
sich melden		**höra av sig**	5
sich neu erfinden		**göra om sig**	3
sich schämen		**skämmas skäms skämdes skämts**	6
sich scheiden		**skilja sig -er skilde skilt**	3
sich sorgen		**oroa sig -r -de -t**	3
sich um jmd./etw. kümmern		**bry -r -dde -tt sig om**	3
sich unterziehen		**genomgå -r genomgick genomgått**	3
sich verbreiten		**sprida sig -er spred spridit**	4
sich verirren		**gå vilse**	4
sich vorbereiten		**förbereda sig -er -de -tt**	3
sich waschen		**tvätta sig -r -de -t**	3
sich wiederholen		**upprepa sig -r -de -t**	9
sich wohl fühlen		**trivas trivs trivdes trivts**	6
sicher		**visst**	2
sichtbar		**synlig**	1
siebte Klasse		**sjuan**	8
Silber	(ett)	**silver silvret**	2
Singelhaushalt	ett	**singelhushåll -et --**	1
sinken		**sjunka -er sjönk sjunkit**	10
sinnvoll		**meningsfull -t -a**	7
Sitzung	ett	**sammanträde -t -n**	9
Skifahren (alpin)	(en)	**utförsåkning -en**	4
Skilauf	ett	**skidlopp -et --**	4
Slalomstange	en	**slalomport -en -ar**	4
so tun als ob		**låtsas låtsas låtsades låtsats**	6
Sofa	en	**soffa -n -or**	1
Software	en	**programvara -n -or**	9
sollen uns vorliegen		**skall vara oss tillhanda**	9
somit		**därmed**	7
Sommersonnwende	ett	**sommarsolstånd -et --**	7
soziale Gruppe	en	**samhällsgrupp -en -er**	4
Sozialhilfe	en	**socialtjänst -en -er**	10
Sozialkunde	(en)	**samhällskunskap -en**	8
sozialkundliche Fächer		**SO (samhällsorienterande ämnen)**	8
Sozialpsychologie	(en)	**socialpsykologi -n**	6
Spalt	en	**spricka -n -or**	7
sparen		**spara -r -de -t**	3
spätestens		**senast**	9
Spiegel	en	**spegel -n speglar**	1
Spiel	en	**match -en -er**	4
Spielplatz	en	**lekplats -en -er**	1
Spitzentreffen	ett	**toppmöte -t -n**	2
Sportart	en	**idrottsgren -en -ar**	4
sprengen		**spräcka -er -te -t**	2
spritzen		**spruta -r -de -t**	RB2
Spülmaschine	en	**diskmaskin -en -er**	1
Staatsangehörigkeit	ett	**medborgarskap -et --**	10
Staatsanwalt	en	**åklagare -n --**	5
Stadtmitte	ett	**centrum -et centra**	1

Stadttheater	en	**stadsteater -n -teatrar**	7
Stadtwanderung	en	**stadsvandring -en -ar**	7
ständig		**jämt**	6
Stange	en	**pinne -n -ar**	9
Star	en	**stjärna -n -or**	6
stärker		**starkare**	2
statt finden		**äga -er -de -t rum**	7
Statue	en	**staty -n -er**	7
stehlen		**stjäla stjäl stal stulit**	5
steigen		**gå -r gick gått upp; stiga -er steg stigit**	2
steigern		**öka -r -de -t**	4
Stein	en	**sten -en -ar**	7
Steinhaus	ett	**stenhus -et --**	1
Stelle	en	**tjänst -en -er**	5
Stellenanzeige	en	**platsannons -en -er**	9
sterben		**gå bort**	2
Steuer	en	**skatt -en -er**	9
Stilveränderung	en	**omgörning -en -ar**	3
Stock	en	**stav -en -ar**	4
stolz		**stolt -- -a**	7
Strafstoß	en	**straffspark -en -ar**	4
Streber	en	**plugghäst -en -ar**	6
Stress abbauen		**stressa -r -de -t av**	9
stressig		**stressig -t -a**	1
strukturiert		**välorganiserad -t -e**	9
Studentenzimmer	ett	**studentrum -met --**	1
Stuhl	en	**stol -en -ar**	1
Stundenplan	ett	**schema -t -n**	8
Suche	en	**sökning -en -ar**	2
Suchmaschine	en	**sökmotor -n -er**	2
süß		**söt -t -a**	5

T

Tag	en	**dag -en -ar**	1
Tageszeitung	en	**dagstidning -en -ar**	2
Tanz	en	**dans -en -er**	4
Täter	en	**förövare -n --**	2
Tatort	en	**brottsplats -en -er**	2
Taufe	ett	**dop -et --**	9
taufen		**döpa -er -te -t**	9
teamfähig		**samarbetsvillig -t -a**	9
Teamfähigkeit	en	**samarbetsförmåga -n -or**	9
Technik	(en)	**teknik -en**	8
teilnehmen		**delta -r deltog deltagit**	2
Teilnehmer	en	**deltagare -n --**	3
teilweise		**delvis**	6
Teilzeit	en	**deltid -en -er**	9
Temperatur	en	**temperatur -en -er**	10
Tennis	(en)	**tennis -en**	4
Teppich	en	**matta -n -or**	1
Terrasse	en	**altan -en -er**	1
Test	ett	**prov -et --**	2
Tierarzt, Tierärztin	en	**veterinär -en -er**	9
Tipp	ett	**tips -et --**	9
Tischler	en	**snickare -n --**	9
Tischlerei	ett	**snickeri -et -er**	9
Top	ett	**linne -t -n**	3
Topfpflanze	en	**krukväxt -en -er**	1
Tor	ett	**mål -et --**	4
Tourist	en	**turist -en -er**	7
träge		**slö -tt -a**	9
tragen		**bära bär bar burit**	3
tragen (Kleidung)		**ha har hade haft på sig**	3
trauen		**lita -r -de -t på**	2
traurig		**ledsen -t ledsna**	6
Trauung	en	**vigsel -n vigslar**	9
Trimmen	en	**trimning -en -ar**	3
tun dürfen		**få får fick fått lov**	10
Turnen	en	**gympa -n -or**	4
Turnier	ett	**tornerspel -et --**	4
Tüte	en	**kasse -n -ar**	3
TV-Möbel	en	**TV-bänk -en -ar**	1

U

u.a. (unter anderem)		**m.m. (med mera)**	9
üben		**öva -r -de -t**	8
überlegen		**fundera -r -de -t**	6
Überschrift	en	**rubrik -en -er**	9
Übersetzer, Übersetzerin	en	**översättare -n --**	5
übersetzt werden		**översättas översätts översattes översatts**	5
Übersetzungsbüro	en	**översättningsbyrå -n -er**	5
überzeugt		**övertygad -t -e**	9
Umarmung	en	**kram -en -ar**	5
umfassen		**omfatta -r -de -t**	10
Umfeld	(en)	**omgivning -en**	9
umgehend		**omgående**	5
Umkleidekabine	ett	**provrum -met --**	3
Umtauschrecht	(en)	**bytesrätt -en**	3
Umwelt	en	**miljö -n -er**	10
unbefristete Anstellung	en	**tillsvidareanställning -en -ar**	9
unbefugt		**obehörig -t -a**	5
unehrlich		**oärlig -t -a**	6
unfreundlich		**ovänlig -t -a**	6
ungeduldig		**otålig -t -a**	9
ungefähr		**ungefär**	1
unglaublich		**otroligt**	3
unhöflich		**ohövlig -t -a**	6
Universität	ett	**universitet -et --**	8
unproblematisch		**oproblematiskt**	4
unseriös		**oseriös -t -a**	2
unsicher		**osäker -t -osäkra**	2
unten		**nere**	2
untenstehend		**nedanstående**	6
unter		**under**	1
untergehen		**gå under**	RB1
unterhaltsam		**underhållande**	7
Unterhaltung	en	**konversation -en -er**	8
Unterhose für Frauen	ett	**par trosor**	3
Unterhose für Männer	ett	**par kalsonger**	3
Untermieter	en	**inneboende -den inneboende --**	1
Unternehmenschef	en	**företagschef -en -er**	5
Unterricht	(en)	**undervisning -en**	8

unterstreichen		**stryka -er strök strukit under**	6
unterstrichen		**understruken -t understrukna**	RB2
Unterstufe der schwedischen Grundschule	ett	**lågstadium lågstadiet lågstadier**	8
unterstützen		**stödja stödjer stödde stött**	6
Unterstützung	ett	**stöd -et --**	6
Untersuchung	en	**undersökning -en -ar**	2
untreu		**otrogen -t -otrogna**	2
unverändert		**oförändrat**	10
unverändert liegen bei		**ligga kvar på**	10
unzuverlässig		**opålitlig -t -a**	6
Urlaub	en	**semester -n semestrar**	5
ursprünglich		**ursprungligen**	10

V

Vase	en	**vas -en -er**	1
Verantwortung	ett	**ansvar -et --**	10
verantwortungsvoll		**ansvarsfull -t -a**	10
verbessern		**förbättra -r -de -t**	8
Verbesserung	en	**förbättring -en -ar**	10
verdächtigen		**misstänka -er -te -t**	6
Verfasser, Verfasserin	en	**skribent -en -er**	3
verflixt		**jädrar**	8
Verfügung	(ett)	**förfogande -t**	5
Verhandlung	en	**förhandling -en -ar**	2
Verkäufer, Verkäuferin	en	**expedit -en -er**	9
verkleiden		**klä -r -dde -tt ut**	3
verlangen		**kräva -er -de -t**	7
verletzen		**skada -r -de -t**	2
verletzt		**skadad -t -e**	2
verliebt		**kär -t -a**	RB2
verlieren		**förlora -r -de -t; tappa -r -de -t**	2
vermindern		**minska -r -de -t**	6
Vernügungspark	en	**nöjespark -en -er**	7
veröffentlichen		**offentliggöra gör gjorde gjort**	5
veröffentlicht		**publicerad -t -e**	9
verschlafen		**försova sig -er försov försovit**	3
verschmutzen		**smutsa -r -de -t ner**	RB2
Versicherung	en	**försäkring -en -ar**	5
Versicherungsfirma	ett	**försäkringsbolag -et --**	5
verteidigen		**försvara -r -de -t**	9
vertiefen		**fördjupa -r -de -t**	8
vertreten		**representerad -t -e**	10
verursachen		**medföra medför medförde medfört**	10
Verwaltung	(en)	**förvaltning -en**	9
Verwandlungseffekt	en	**förvandlingseffekt -en -er**	3
verwenden		**anlita -r -de -t**	5
vierte Klasse		**fyran**	8
Vierzimmerwohnung	en	**fyra -n -or**	1
Vogelwelt	ett	**fågelliv -et --**	7
Volksabstimmung	en	**folkomröstning -en -ar**	2
Volksbewegung	en	**folkrörelse -n -r**	4
Vollzeit	en	**heltid -en -er**	9
von außen		**utifrån**	2
von dort		**därifrån**	2
von etwas abhängen		**bero -r -dde -tt på**	1
von oben		**uppifrån**	2
von unten		**nerifrån**	2
von vorne		**framifrån**	2
von weither		**bortifrån**	2
von zu Hause		**hemifrån**	2
vor		**framför**	1
Voranmeldung	(en)	**föranmälan --**	7
Voraussetzung	en	**förutsättning -en -ar**	3
vorbeugend		**förebyggande**	6
Vorlesung	en	**föreläsning -en -ar**	8
Vorort	en	**förort -en -er**	1
Vorschlag	ett	**förslag -et --**	10
Vorstellungsgespräch	en	**anställningsintervju -n -er**	5
Vorteil	en	**fördel -en -ar**	5
vorwiegend		**främst**	5

W

Wachablösung	en	**vaktavlösning -en -ar**	7
Wahl	ett	**val -et --**	2
Wahlbeteiligung	ett	**valdeltagande -t -n**	10
wählen		**rösta -r -de -t**	10
Wähler	en	**väljare -n --**	2
Wahlprogramm	ett	**valprogram -met --**	10
während		**medan**	1
wahrscheinlich		**troligen**	5
Wand	en	**vägg -en -ar**	1
Wanderweg	en	**vandringsled -en -er**	7
wäre		**vore**	2
Wärme	(en)	**värme -n**	2
Waschbrett	en	**tvättbräda -n -or**	4
Waschküche	en	**tvättstuga -n -or**	1
weg		**bort**	2
wegen		**angående**	1
Weile	en	**stund -en -er**	5
weiß		**vit -t -a**	1
Welch ein Luxus!		**lyxigt nog!**	1
Wellensittich	en	**undulat -en -er**	9
Weltkrieg	ett	**världskrig -et --**	4
Weltkulturerbeliste	en	**världsarvslista -n -or**	7
weniger		**färre**	6
wenigstens		**åtminstone**	5
wenn		**om**	5
Wert legen auf		**sätta värde på**	9
wesentlich		**väsentlig**	4
widerspiegeln		**återspegla -r -de -t**	6
wieder heiraten		**gifta -er -e -t om sig**	2
Wiedergeburt	(en)	**reinkarnation -en**	4
Wikingerzeit	(en)	**vikingatid -en**	4
winzig		**pytteliten pyttelitet pyttesmå**	1
wird vermietet		**uthyres**	1
Wirtschaft	(en)	**ekonomi -n**	2

Wirtschaftslinie	ett	**ekonomiprogram -met --**	8
Wirtschaftsprüfer	en	**revisor -n -er**	7
wissenschaftlich		**vetenskaplig -t -a**	2
Wissenschaftsgeschichte	(en)	**vetenskapshistoria -n**	7
wohin		**vart**	2
wohl		**nog**	5
wohlbekannt		**välkänd -t -a**	9
Wohngemeinschaft	ett	**kollektiv -et --**	1
Wohnung	en	**lägenhet -en -er**	1
Wohnung, Haus	en	**bostad -en bostäder**	1
Wohnzimmer	ett	**vardagsrum -met --**	1
Wolkenkratzer	en	**skyskrapa -n -or**	7
Wort	ett	**ord -et --**	2
Wunder	ett	**underverk -et --**	7
wunderbar		**underbar -t -a**	1
wünschen		**önska -r -de -t**	1
wünschenswert		**önskvärt**	9
wütend		**arg -t -a; ilsken -t ilskna**	6

Y/Z

Yoga	(en)	**yoga -n**	4
Zahnarztwesen	(en)	**tandvård -en**	10
Zahnpflege	(en)	**tandvård -en**	10
Zimmer mit Küche (Abk.)		**rok (rum och kök)**	1
Zitat	ett	**citat -et --**	9
zu etw. gehören		**ingå ingår ingick ingått**	10
züchten		**odla -r -de -t**	1
zufrieden		**nöjd -t -a**	9
Zugang	(en)	**tillgång -en**	5
Zukunft	(en)	**framtid -en**	8
zukünftig		**blivande**	4
zur Zeit		**för närvarande**	9
zusammen		**ihop**	1
zusammenbauen		**montera -r -de -t**	9
zusammenfassen		**sammanfatta -r -de -t**	8
Zusammenhang	ett	**sammanhang -et --**	3
zusammenlebend (Paar)		**sambo**	1
zusammenstellen		**sammanställa -er -de -t**	10
Zuschauer	en	**tittare -n --**	3
Zustand	ett	**tillstånd -et --**	2
zustimmen		**hålla -er höll hållit med**	6
zuverlässig		**pålitlig -t -a**	6
zweite Klasse		**tvåan**	8
Zweizimmerwohnung	en	**tvåa -n -or; tvårumslägenhet -en -er**	1
zwingen		**tvinga -r -de -t**	2
zwischen den Weltkriegen		**under mellankrigstiden**	4

33, 50 Shutterstock (Microgen), New York; **35,** 50.1 iStock / Getty Images Plus; **7,** 63 Shutterstock (Volina), New York; **32,** 50.7 Shutterstock (Petr Bonek), New York; **10,** 48.2 Shutterstock (tartanparty), New York; **8.1** iStock / Getty Images Plus; **8.2** iStock / Getty Images Plus; **8.3** E+; **8.4** Shutterstock (PlusONE), New York; **8.5** E+; **8.6** E+; **8.7** iStock / Getty Images Plus; **8.8** E+; **9.1** iStock / Getty Images Plus; **9.10** iStock / Getty Images Plus; **9.11** iStock / Getty Images Plus; **9.12** iStock / Getty Images Plus; **9.2** iStock / Getty Images Plus; **9.3** iStock / Getty Images Plus; **9.4** Shutterstock (J.Croese), New York; **9.5** iStock / Getty Images Plus; **9.6** iStock / Getty Images Plus; **9.8** iStock / Getty Images Plus; **9.9** iStock / Getty Images Plus; **10.1** iStock / Getty Images Plus; **13** Shutterstock (Zastolskiy Victor), New York; **15** Shutterstock (rook76), New York; **16** .2 Shutterstock (SeventyFour), New York; **16.1** Shutterstock (Hans Christiansson), New York; **16.3** Shutterstock (Stanislau Palaukou), New York; **16.4** DigitalVision Vectors; **16.5** Shutterstock (oleschwander), New York; **16.6** Shutterstock (MITstudio), New York; **19** Gutesa; **24** Shutterstock (LynxVector), New York; **26** Shutterstock (Billion Photos), New York; **27** Shutterstock (Roxana Bashyrova), New York; **30** Shutterstock (Syda Productions), New York; **31** E+; **33.1** Shutterstock (Prostock-studio), New York; **33.2** Shutterstock (Iakov Filimonov), New York; **34** Shutterstock (Ververidis Vasilis), New York; **34** Shutterstock (Michael715), New York; **36** Shutterstock (katatonia82), New York; **39** Shutterstock (David Thyberg), New York; **40** Shutterstock (NakoPhotography), New York; **41.1** Shutterstock (Monkey Business Images), New York; **41.2** Shutterstock (rvlsoft), New York; **45** Shutterstock (stockfour), New York; **46** Shutterstock (alicedaniel), New York; **47** Shutterstock (goodluz), New York; **49.1** Shutterstock (goodluz), New York; **49.2** Shutterstock (Y Photo Studio), New York; **50.2** Shutterstock (Jacek Chabraszewski), New York; **50.3** Shutterstock (Minerva Studio), New York; **50.4** Shutterstock (GROGL), New York; **50.5** Shutterstock (Kaderov Andrii), New York; **50.8** Shutterstock (vectorfusionart), New York; **50.9** Shutterstock (Arthur-studio10), New York; **51** Shutterstock (Look Studio), New York; **52.1** Shutterstock (Jacob Lund), New York; **52.1** Shutterstock (View Apart), New York; **52.2** Shutterstock (Monkey Business Images), New York; **53.1** Getty Images (Uwe Krejci), München; **53.2** Shutterstock (Jack Frog), New York; **55** Getty Images (ArtMarie), München; **56** Getty Images (Geber86), München; **58** Shutterstock (VGstockstudio), New York; **60.1** Shutterstock (trabantos), New York; **60.2** Shutterstock (Anette Andersen), New York; **60.3** Shutterstock (RPBaiao), New York; **60.4** Shutterstock (Milind Arvind Ketkar), New York; **62.1** Getty Images (swedewah), München; **62.2** Shutterstock (Magnus Binnerstam), New York; **62.3** Shutterstock (Dignity 100), New York; **62.4** Shutterstock (Jens Ottoson), New York; **62.5** Shutterstock (Mariia Golovianko), New York; **62.6** Shutterstock (yegorovnick), New York; **66.1** Getty Images (Anna Yu), München; **66.2** Shutterstock (Janusz Pienkowski), New York; **66.3** Shutterstock (Syda Productions), New York; **67** Shutterstock (Mikael Damkier), New York; **68.1** Shutterstock (wavebreakmedia), New York; **68.2** Shutterstock (Monkey Business Images), New York; **70** Shutterstock (Monkey Business Images), New York; **71.1** Shutterstock (Pro Image Content), New York; **71.1** Shutterstock (Kevincho.Photography), New York; **72** Shutterstock (Hans Christiansson), New York; **73** Shutterstock (Monkey Business Images), New York; **74** Shutterstock (Magnus Binnerstam), New York; **75** Shutterstock (Lucky Business), New York; **76.1** Shutterstock (welcomia), New York; **76.2** Shutterstock (Likoper), New York; **77** Shutterstock (Kzenon), New York; **80** Shutterstock (Estrada Anton), New York; **81.1** Shutterstock (ArchiVIZ), New York; **81.2** Shutterstock (wavebreakmedia), New York; **81.3** Shutterstock (Antonio Gravante), New York; **81.4** Shutterstock (Tsuguliev), New York; **82.1** Shutterstock (Kzenon), New York; **82.2** Shutterstock (Rawpixel.com), New York; **83** Shutterstock (Antonio Guillem), New York; **84.1** Shutterstock (lightofchairat), New York; **84.2** Shutterstock (lightofchairat), New York; **85** Shutterstock (ESB Professional), New York; **86** Shutterstock (Tommy Alven), New York; **87** Shutterstock (Sakala), New York; **88** Shutterstock (Antonio Guillem), New York; **90** Shutterstock (Ricardo Esplana Babor), New York; **91.1** Shutterstock (andriano.cz), New York; **91.2** Shutterstock (ArtFamily), New York; **92** Shutterstock (almgren), New York; **93.1** Shutterstock (Nadezhda Kharitonova), New York; **93.2** Shutterstock (Rido), New York; **93.3** Shutterstock (mimagephotography), New York; **94.1** Shutterstock (ninikas), New York; **94.2** Shutterstock (Maria Bocharova), New York; **95.1** Shutterstock (GoodMood Photo), New York; **95.2** Shutterstock (michaeljung), New York;